乡村里的烛光

XIANG CUN LI DE ZHU GUANG

农村教育烛光行动探索与展望

霍金花　主编

群言出版社
QUNYAN PRESS
·北京·

图书在版编目（CIP）数据

乡村里的烛光：农村教育烛光行动探索与展望 / 霍金花主编 . -- 北京 : 群言出版社 , 2023.4
ISBN 978-7-5193-0788-2

Ⅰ . ①乡… Ⅱ . ①霍… Ⅲ . ①乡村教育－研究－河南 Ⅳ . ① G725

中国版本图书馆 CIP 数据核字（2022）第 229024 号

策划编辑　杨　舰
责任编辑　李　群
助理编辑　张　程
封面设计　赵　钧
封底篆刻　焦新帅

出版发行：群言出版社
地　　址：北京市东城区东厂胡同北巷1号（100006）
网　　址：www.qypublish.com（官网书城）
电子信箱：qunyancbs@126.com
联系电话：010-65267783　65263836
法律顾问：北京法政安邦律师事务所
经　　销：全国新华书店

印　　刷：北京九天鸿程印刷有限责任公司
版　　次：2023年4月第1版
印　　次：2023年4月第1次印刷
开　　本：710mm×1000mm　1/16
印　　张：17.5
字　　数：260千字
书　　号：ISBN 978-7-5193-0788-2
定　　价：88.00元

乡村里的烛光

农村教育烛光行动探索与展望

2012年年底，习近平总书记在走访民盟中央机关时，听取了“烛光行动”工作汇报，强调民盟“烛光行动”意义深远，对推动“两基”工作作出了重要贡献，树立了民盟良好的社会形象。

——《统战新语》2016年10月19日

序

全国人大常委会副委员长、民盟中央主席　丁仲礼

2017年民盟中央换届以来，因为对口河南开展脱贫攻坚民主监督，民盟中央多次到河南进行调研。期间，调研组了解到“农村教育烛光行动”在河南的开展情况，河南民盟这些年来取得的成绩和围绕“农村教育烛光行动”开展的研究让我们印象深刻。

自2007年民盟中央在全盟倡导开展“农村教育烛光行动”以来，民盟河南省委会坚持从硬件和软件两个方面入手，一边捐建硬件，帮助有需要的学校改善办学条件，在全省18个地市都建立了民盟烛光小学；一边努力吸收整合“新东方教育科技集团”“北京四中网校”等优质教学资源，在基础教育发展较为薄弱的农村地区传播先进教育理念，帮助这些地方的教师提高教育教学水平。

长期以来，“奔走国是，关注民生”是民盟的优良传统和孜孜追求。早在民盟成立之初的抗战时期，民盟就明确提出了“反对独裁，要求民主；反对内战，要求和平”的政治主张，为国家人民免受战乱之苦这个最大的民生积极努力。新中国成立以后，面对满眼疮痍、经济凋敝的局面，民盟紧紧团结在中国共产党周围，为建设中国特色社会主义、解决民生问题汇聚民盟力量。新的历史时期，1979年10月，民盟举行第四次全国代表大会，决定把民盟工作重点转移到为社会主义现代化建设服务的轨道上来，为国家发展和人民幸福“出主意、想办法，做好事、做实事”，通过实践走出了一条开发民盟智力资源，参与国家和区域经济社会发展的新路子。进入新时代，民盟各级组织坚持突出重点、量力而行、讲求实效、持之以恒的方针，紧紧围绕党和国家中心工作，在教育、科技、文化等与民生休戚相关的领域持续发力，尤其是在参与教育改革和智力扶贫方面，进行了不少有益的探索。“农村教育烛光行动”正是民盟中央聚全盟之力打造的一个工作品牌。

河南民盟对“农村教育烛光行动”的探索和研究是民盟“奔走国是，关注民生”优良传统在中原大地上的赓续，为民盟开展农村教育研究和社会服务工作提供了一个延绵十五年的中原样本，让我们清晰地看到了中原大地上农村教育十五年来的发展变迁以及民主党派深度参与、支持地方发展的过程。他们所积累的经验也将为接下来乡村振兴工作中如何运用教育教学手段解决问题提供参考。希望《乡村里的烛光——农村教育烛光行动探索与展望》这本书出版发行之后，能够得到盟内外关注，引发出更多关于农村教育问题的思考和讨论，进而不断汇聚各方力量参与到农村教育事业发展。

2022 年 11 月

目　录

第一章 “农村教育烛光行动”的背景及意义

第一节 概述

中国民主同盟（简称“民盟”）是主要由从事文化教育以及科学技术工作的高、中级知识分子组成的，具有政治联盟特点的，接受中国共产党领导、同中国共产党通力合作，进步性与广泛性相统一、致力于中国特色社会主义事业的参政党。根据2020年年底的统计，全国33.06万盟员中有51.5%的盟员都工作在高等教育、基础教育界。作为民盟的主界别之一，教育也成为民盟自改革开放以来发挥党派优势特色、积极履行参政党职能的重要领域。多年来，民盟围绕推动国家教育事业发展“出主意、想办法，做好事、做实事”，作出了积极贡献，同时这也形成了民盟的品牌与特色。民盟“农村教育烛光行动”就是这些品牌中的一个亮点。

“农村教育烛光行动”是由民盟中央倡导，从2007年开始在全国各级盟组织自上而下推广实施的，旨在“帮助加强农村教师队伍建设，推动城乡教育公平”的社会服务持续性活动。之所以取“烛光”之意，就是希望可以集民盟十万名教育工作者（“蜡烛”）的力量，帮助农村教育第一线的千万支“蜡烛”，以更明亮和炙热的“烛光”温暖农村孩子的心。

15年以来，“农村教育烛光行动”不断扩大覆盖范围，创新工作形式，深化行动内涵，积极调动盟内外力量共同参与，先后开展了“烛光行动——新东方教师社会责任行”“责任情系中原 烛光照亮未来”“烛光行动 筑就梦想”“东部十省市民盟组织教育精准帮扶毕节试验区”“黔西南名师大讲堂”“双师课堂”“新东方梦想直播课”“乡村科技夏令营”等系列活动。据不完全统计，“农村教育烛光行动”已在全国30个省、自治区、直辖市盟组织全面展开，累计培训教师约50万人次，捐赠图书160万余册，协调捐赠图书室、活动室以及教学器材，款物价值近

10亿元，为提高农村教育教学质量，改善农村教师的工作环境和生活条件，促进城乡义务教育均衡发展作出了民盟的贡献。

第二节 “农村教育烛光行动”的背景

“农村教育烛光行动”的产生是基于对当时农村义务教育发展阶段和主要问题的研判，源于民盟作为参政党所肩负的历史使命和政治责任，承继于民盟多年的农村教育帮扶实践。它的产生有着深刻的时代背景、坚实的党派基础和深厚的历史渊源。

一、“农村教育烛光行动”开展的时代背景

改革开放后，我国农村义务教育不断克服困难，取得了非常大的进步。从“人民教育人民办”到政府逐步承担起义务教育的责任，农村义务教育在硬件条件上显著改善，教育经费保障机制逐步建立。在“农村教育烛光行动”的酝酿提出之时即2006年，我国已在全国完成了基本普及九年义务教育和基本扫除青壮年文盲的历史性任务。但是，农村义务教育整体薄弱的状况仍未得到根本扭转，教师队伍建设滞后、教学质量偏低的问题成为制约农村义务教育进一步发展的桎梏，也成为解决城乡教育公平，促进城乡、地区之间协调发展的“拦路虎”。

中共中央、国务院非常重视城乡义务教育均衡发展问题，在党的十七大工作报告和2007年政府工作报告中，都明确提出要加强教师队伍建设，重点提高农村教师素质。教育、教师，特别是贫困地区和农村义务教育发展与教师队伍建设成为全面建设小康社会事业的重点和难点，事关国家发展全局。“农村教育烛光行动”正是基于这样的时代背景和对农村义务教育发展阶段的判断而产生的，并将“通过帮助加强农村教师队伍建设，来推动城乡义务教育均衡发展和社会公平，促进教育公平，进而推进社会公平”作为开展这一行动的长远政治目标。这也充分彰显了民盟作为参政党的时代任务和政治职责。

二、“农村教育烛光行动”开展的党派基础

教育是最大的民生工程，也一直是民盟的主要界别之一和人才优势所在。“农村教育烛光行动”提出之时，全盟有11万盟员都工作在教育战线。搞好中国教育，民盟责无旁贷。改革开放以后，在不同历史时期，民盟结合党和国家的中心任务，将“奔走国是，关注民生”的优良传统薪火相传，持之以恒地为教育事业的发展鼓与呼、帮与促。比如，教育体制改革、实行义务教育、教育战略地位的确立、改善教师待遇、基础教育特别是农村基础教育经费保障机制的确立，还有关于素质教育战略的确立等建议，都得到了中共中央的重视与采纳。1989年3月，中共中央领导人在批复民盟建议时，指示相关部门：今后在研究有关教育方面的问题时，一定要有民盟的同志参加。可以说，改革开放以来，中国教育改革发展进程中迈出的每一步中都可以看到民盟的身影，听到民盟的声音。这种与生俱来的党派特色和组织优势，为“农村教育烛光行动”的顺利开展奠定了坚实的人才智力基础。

三、“农村教育烛光行动”的历史渊源

民盟与中国农村教育的渊源由来已久。民盟前辈很早就关注中国乡村教育问题。追溯到20世纪二三十年代，诸多民盟先贤秉承教育救国、教育兴国的理想，开展了大量教育实践和探索。他们身体力行，积极投身于中国农村教育和乡村建设。不论是“以县域开展教育试验区”的梁漱溟、晏阳初，还是“以学校为主体进行教育试验”的陶行知，他们的思想和实践不仅在当时产生了很大的影响，对我们解决现实的农村教育问题、推动今天的教育改革，仍然有积极意义和重要价值。黄炎培先生于20世纪初就开始推行职业教育，张澜先生在家乡举办了新型的学堂，这些也都和农村教育有着紧密的联系。

改革开放以后，民盟在为中国教育特别是农村教育发展“出主意、想办法”，进行建言献策的同时，还在农村贫困地区积极“做好事、做实事”，开展了多种形式的教育扶贫活动，如办学、办讲座等。1981年3月，费孝通提出“广开言路、广开学路、广开才路”的主张，

此后，各种形式的办学、办班活动在民盟组织内部兴盛起来。同时，民盟中央和各级地方组织还经常邀请盟内专家学者到各地讲学。起初的智力扶贫以到农村贫困地区开展讲学活动居多。1983 年年初，民盟积极响应中共中央提出的支援西部“老少边穷”地区的号召，在盟内逐步开展智力支边工作，其中影响比较大的是民盟中央、北京市和天津市的盟员专家赴新疆开展的支教活动。随着我国教育事业改革发展的不断深化，进入 21 世纪之后，民盟在农村教育实践方面的工作重点逐步转向帮助农村中小学改善办学条件、提高教育质量，尤其是将助学活动与扶贫工作紧密结合起来等方面。“农村教育烛光行动”的实施秉承了民盟多年关注乡村教育的优良传统，是民盟自改革开放以后在智力支边、教育扶贫工作内涵和外延上的延续与升华。

第三节 “农村教育烛光行动”的发展历程

一、发展历程

2005—2007 年，民盟组织教育专家和学者探讨教育问题，开始以帮扶西部农村教育为试点。在 2007 年 7 月召开的民盟社会服务工作会上，“农村教育烛光行动”正式启动，并开始在全盟广泛铺开。为适应发展变化的时代需求，“农村教育烛光行动”逐步丰富和深化形式、内容，全面促进了教育帮扶工作。

（一）“农村教育烛光行动”的发起

“春蚕到死丝方尽，蜡炬成灰泪始干。”这个形象的比喻道出了“农村教育烛光行动”题目的由来。2005—2006 年，在一次会议上，一位盟员提出了教育方面可以集中力量做一件大事的建议。就此，盟内外同志进行了系列探讨。针对当时城乡教育发展不平衡，农村教师队伍素质亟须提升的现状，大家一致认为，可以将着力点放在提升乡村教师素质、推动城乡教育公平上。2006 年开始，民盟中央与部分省级盟组织共同筹划并进行了试点探索。2007 年年初，有中央媒体在报道中提到，民盟要推出“西部教育烛光行动”，尽管这与“农村教育烛光行动”正式启动时用名有所区别，但也从一个侧面反映出“农村教育烛光行动”在酝酿之初是将行动的重点放在了西部。

（二）“农村教育烛光行动”在全盟开展

2007 年 7 月 5 日，民盟中央在贵州安顺召开社会服务工作会议，全体与会代表发出倡议书，呼吁各地各级盟组织和广大盟员积极参与“农村教育烛光行动”。7 月 21 日，民盟中央对全盟下发《民盟中央关于开展“农村教育烛光行动”的意见》。

民盟中央关于开展“农村教育烛光行动”的意见

教育是实现科学发展和构建和谐社会的重要基础，农村教育是社会主义新农村建设的重要方面。当前，我国农村基础教育办学条件已总体改善，农村义务教育经费保障机制也已建立，但农村师资力量还相对薄弱，这已成为当前影响农村基础教育提高质量的主要制约因素。民盟是主要由从事文化教育以及科学技术工作的高、中级知识分子组成的参政党，全国盟员特别是其中十万教师和教育工作者始终牵挂着农村教师和农村教育。为延续和发扬民盟积极支持农村教育发展的传统，发挥民盟的教育优势，为提高农村教师素质和农村教育水平做好事、做实事，民盟中央决定在全盟启动“农村教育烛光行动”。为此提出如下意见。

一、“农村教育烛光行动”的指导思想

（一）开展“农村教育烛光行动”是民盟树立和落实科学发展观，参与社会主义新农村建设和全面建设小康社会的一项重要举措，是民盟发挥特色和优势，积极履行参政党职能的体现。开展好此项行动，对于提高农村教师的业务素质和教学水平，提高农村基础教育教学质量，促进城乡教育均衡发展具有积极的现实意义，各级盟组织要高度重视，根据具体情况积极参加“农村教育烛光行动”。

（二）民盟“农村教育烛光行动”不是重复或平行开展当地教育系统现行的教师培训工作，而是对其的补充和深化。行动应坚持“布点少、针对性强、水平高和辐射带动”的特点。要加强与教育部门、学校和行业协会等的联系与合作，争取当地教育行政部门的支持与指导，多渠道争取社会力量的支持。

（三）要坚持“农村教育烛光行动”的高质量，工作中应加强各级盟组织上下联动、提倡“东西”联手支援、注意发挥优秀教师和专家的作用。在实践中探索建立和完善长效工作机制，能够持续有效地把这项工作开展下去。全盟应坚持数年、形成规模、做出实效，力争在几年内使相当数量的农村教师得到实际有效的帮助，提高当地农村学校的教育和管理水平。

二、“农村教育烛光行动”的内容和方式

（一）根据当地农村教育和农村教师的状况和需要，以提高师资水平和教育教学质量为目标，组织盟内外的教师、专家等，有针对性地开展帮助和培训活动。

（二）根据各地民盟组织开展教师培训的实践，有以下培训方式可供参考：

1. 组织讲师专家团，到市、县或乡对农村一线教师，或骨干教师，或培训者，开展讲座、示范教学、教学活动等。

2. 利用网络和培训课程软件等现代教育技术手段开展远程培训。

3. 选择一所教师进修学校或示范校，作为民盟“烛光行动”的支教培训基地。

4. 城市中小学、中高等师范院校教研室、教研（年级）组、教师个人等不同层次和形式，与农村学校建立“1＋1”的结对联系，开展长期交流与帮助。

5. 与教育行政部门和学校合作，参与或承担部分师资培训的专家工作。

6. 组织开展对农村教师培训的工作研究、教育科学研究和政策研究，为提高培训工作的质量效益和改善农村师资状况献计出力。

7. 在民盟组织援建的学校，原则上都应开展包括教师培训等内容的后续合作与支援工作，努力建设成为当地管理水平和教学质量较高的优秀学校和教师培训基地。

8. 组织协调少量农村中小学校长、教师赴发达地区中小学进行短期进修。

9. 探索在建立稳妥的生活和工作保障机制前提下，选送少量优秀盟员教师到定点农村学校支教数周，帮助建立教学研究的机构、骨干和机制。

10. 民盟联系的教育机构和有关企事业单位，根据自己的专长和能力，面向农村开展各种形式的教师培训和解困工作。

（三）在开展“农村教育烛光行动”的学校，视必要与可能，帮助解决农村教师的实际困难，改善其基本的工作和生活条件。

三、“农村教育烛光行动”的实施步骤和方法

（一）行动的实施于 2007 年全面开展，分步推进。各省、市级盟组织可以根据当地实际和自身条件，自行选择地点、内容和方式分头开展。全盟的重点是西部和中部，提倡和鼓励东部支援西部。行动的重心是农村义务教育阶段师资，适当时候，可以扩大到中职教育乃至部分高中教育。由点开始，到线、片、面逐步开展，争取经过几年努力，在每个省和在全国有相当数量的农村教师从“农村教育烛光行动”中得到有效帮助，从而使千千万万农村孩子受益。

（二）行动的方法要注重实效，讲求科学。要注意发挥师范院校、教育科研机构和优秀教师中的盟员专家的作用，盟中央成立“农村教育烛光行动”专家顾问组，有条件的盟组织可成立专家顾问和研究小组，利用民盟的专业特色和优势，提高行动的科学性、针对性和专业水平。行动既要帮助农村教师研究课程和教材、改进教学方法、提高教学质量、改善学校日常管理，也要注意引导他们树立现代教育理念，注重实践教育科学规律，注重人的发展。行动既关心农村教师的全面发展，

更要引导农村教师关心学生的全面成长特别是人格培育和思想品德教育。

四、“农村教育烛光行动”的保障措施

（一）加强组织领导。“农村教育烛光行动”由民盟中央发起、协调和支持，由社会服务部具体负责联络。西部和中部的民盟组织，要指定部门和专人负责，做好培训需求和选点的调研，制订相应的培训计划及组织落实工作；东部省市的民盟组织，要组织力量，在本省市开展相应工作的同时，积极参与支援西部省（区市）的行动。

（二）积极主动争取党委统战部门和政府财政、教育等部门的工作指导和必要的条件支持，以及社会有关方面的支持和帮助。

（三）加强各地之间的交流和协作。逐步建立长效工作机制，保证“农村教育烛光行动”有效开展。在民盟中央和各省（区市）级盟组织中建立“农村教育烛光行动”的领导、组织和协调的工作机制，各地对行动中的进展、经验和所面临的问题、困难等进行交流、研讨和协调，利用盟内外的渠道宣传行动实施中的先进事迹和人物。每年召开一次“农村教育烛光行动”工作座谈会，在省（市）级组织间及时总结经验，进行工作交流、协作和研讨，民盟中央将在行动实施一段时间后，开展经验交流和表彰，进一步发扬民盟助教扶贫、无私奉献的优良传统。

五、本文件系指导性文件。各级盟组织可以根据上述意见的原则和有关要求，结合当地的实际情况，制订具体的计划和实施方案。

中国民主同盟中央委员会

2007年7月21日

在这次社会服务工作会议上，与会全体代表发出了倡议书。

民盟“农村教育烛光行动”倡议书

农村义务教育是社会主义新农村建设和全面建设小康社会的重要基础。改革开放以来，农村基础教育的办学条件得到了很大改善，政府的义务教育经费保障机制也已逐步建立。现阶段，农村基础教育发展的主要任务是提高教育教学质量，其中关键是进一步提高农村教师的业务素质和教学水平。

积极支持教育发展，参与社会主义新农村建设是民盟发挥特色，履行参政党职能的重要体现。多年来，民盟情系教育，更关注农村基础教育和第一线教师。全体盟员有高度的政治热情，有强烈的社会责任感，有对教育的热爱，有对教师和农村的深厚感情，特别是全国盟员中有十万教师和教育工作者，我们这十万支红心“蜡烛”，心系全国农村教育第一线千千万万支令我们尊敬的“蜡烛”，我们愿意和有关部门、学校、教师通力合作，为提高农村师资水平贡献力量，让农村教师以更明亮和炽热的烛光去照亮和温暖农村孩子的心。为此，我们完全赞同民盟中央的号召，并倡议立即在全盟启动“农村教育烛光行动”，旨在通过对农村中小学教师开展各种各样的培训和帮助以提高农村教师素质和农村教育水平，让农村孩子和城市孩子一起健康成长。

为此，我们呼吁全体盟员密切关注此项工作，并呼吁有条件的盟员积极投入到“农村教育烛光行动”中来，并发出以下倡议：

一、今夏在全盟启动“农村教育烛光行动”，全面开展、分步推进；东西互助、上下联手；坚持数年、取得实效。

二、各地各级盟组织根据当地情况，创造条件，积极组织实施“烛光行动”，并在实践中探索持续开展农村教师培训的工作机制和有效途径。

三、各地各级盟组织之间互相学习，相互促进，加强开展“烛光行动”的交流与合作。

“国运兴衰，系于教育；三尺讲台，关乎未来。”我们呼吁各地各级盟组织和广大盟员积极参与“烛光行动”，帮助广大农村教师发挥更多的光和热，让千千万万支蜡烛点燃农村孩子对未来的希望。

民盟社会服务工作会全体代表

2007 年 7 月 5 日

截至2010年12月，“农村教育烛光行动”已在全国30个省、自治区、直辖市盟组织中全面展开，共培训乡镇、农村中小学校长及一线骨干教师 8.7 万人，援建学校 66 所，捐赠图书 23 万余册。

为了更好地响应中共中央的号召，配合《国家中长期教育改革和发展规划纲要》的实施，民盟中央于2010年召开了“民盟烛光教育论坛”及社会服务工作研讨会，并下发《民盟“农村教育烛光行动”工作方案》，就全盟“农村教育烛光行动”的工作目标、任务和机制作出进一步规划。

随着实践的丰富和经验的总结，“烛光行动”的内核逐渐成熟和完善。当时的初衷是“教师培训”，后来逐步扩展为三大核心内容：一是关注农村教师的专业发展，以多种形式帮助教师提升教育理念、业务素质和教育教学水平；二是关注农村教师的自由全面发展，力所能及地帮助改善贫困地区农村教师的工作生活状态和条件；三是关注有关制度建设，开展调查研究、建言献策，推动完善农村教师队伍建设和农村教育发展的政策、法律和社会环境。这三大核心内容分别从专业技能、生活水平、制度建设方面全面关注农村教师的专业发展、生活质量和农村教育的健康发展。在帮扶模式上，各地不断创新，比如捐款捐物、结对帮扶、“送下去，请进来”开展教师培训、援建“烛光学校”、整合社会力量帮扶等。

“农村教育烛光行动”自开展以来，成效显著，为民盟履行社会服务职能提供了广阔的平台，扩大了宣传，得到了社会的广泛好评。2009 年全国“两会”期间，时任中共中央总书记胡锦涛同志专门提到民盟开展的“农村教育烛光行动”，并表示肯定和支持，鼓励将其打造成“精品工程”。2011 年 11 月，民盟“农村教育烛光行动”被评为

“各民主党派、工商联、无党派人士为全面建设小康社会作贡献社会服务优秀成果”，并得到时任中共中央政治局常委、全国政协主席贾庆林同志的高度评价。2012 年 1 月，“农村教育烛光行动”荣获“2011 年度中国扶贫创新项目奖”；9 月，国务院授予民盟中央“全国‘两基’工作先进单位”荣誉称号。同年 12 月，习近平总书记走访民盟中央机关，听取了“烛光行动”工作汇报，强调民盟“烛光行动”意义深远，对推动“两基”工作作出了重要贡献，树立了民盟良好的社会形象。是月，“农村教育烛光行动”入选国务院扶贫办 100 个社会扶贫创新案例。

（三）“烛光行动”不断深入发展

2010 年，《民盟中央关于地方组织开展社会服务工作的几点意见》中指出，“对社会服务范畴的认识要随着时代发展不断变化”；同年 8 月，在“民盟烛光教育论坛”上，时任民盟中央副主席李重庵强调，“特别希望各地盟组织针对当地情况，突出自己的特色，使‘农村教育烛光行动’不断丰富内涵”。明确了“农村教育烛光行动”实现可持续发展的途径。

随着教育、科技的发展进步，“农村教育烛光行动”的内涵进一步扩大。在提升教师素质的三大核心内容之外，又将帮扶学校软硬件设施建设、帮助提高学生学习条件等纳入进来。并且随着形势的发展，其工作重心也由提升教师素质转向提升教师素质、办学条件、学生受教育条件等多个重心上来。同时，不同地区根据各自的实际需求，灵活选择内容与形式，突出了“农村教育烛光行动”的灵活性和全面性。

例如，2011 年，民盟中央和北京四中网校签署战略合作协议，开展民盟远程教育“农村教育烛光行动”。2016—2019 年，民盟中央与北京四中网校在全盟广泛实施“互联网 + 教育”的大型助教、助学活动。2018 年，由盟员企业家俞敏洪等成立的“情系远山”公益基金会加入“农村教育烛光行动”中来。据不完全统计，截至 2022 年 4 月，小学英语双师课堂项目共计服务 19 个省的 140 个县，累计帮扶 867 所学校，受益学生 136184 人次，受益乡村老师 2864 人次。“县域高中生成长计划”

累计覆盖22个省的85个县，累计覆盖144所学校，受益学生179919人次，受益教师5199人次。再如，民盟中央在江苏、山东、上海、江阴、青岛等地设立“农村教育烛光行动”培训基地，连续数年成功举办多期“农村教育烛光行动”校长骨干教师培训班；还有民盟山东省委会的“乡村少年科学营”，民盟江苏、福建、吉林省委会通过设立奖教助学基金方式奖掖资助农村教师及贫困学生等，都拓展了“农村教育烛光行动”的工作领域，是“农村教育烛光行动”在新的历史条件下作出的积极探索。

围绕国家发展战略目标，“农村教育烛光行动”的中心任务也在不断调整。2015年，中共十八届五中全会提出2020年实现全面脱贫的战略目标后，民盟中央和各级地方组织紧密围绕加强教育脱贫、阻断贫困代际传递的要求，将“农村教育烛光行动”与脱贫攻坚工作相结合，以“农村教育烛光行动”既有平台为基础，扩展帮扶内容及形式，着力推进定点扶贫地区脱贫及脱贫成果巩固工作。例如，民盟中央建立东部十省市帮扶机制，牵头东部十省市民盟组织与毕节市七星关区44所中小学校结成对口帮扶关系，并组织全国优秀盟员教师在七星关区开展支教活动；协调北京、天津、湖北等地名师为广宗中小学校教师开展全学科培训和心理课程辅导；筹措资金为河北省广宗县广宗一中安装远程教学设备，实施“双师课堂”远程实时教学；民盟河南省委员会把民盟“烛光学校”作为开展脱贫攻坚民主监督工作的观测点，深入调研，搜集信息，为教育扶贫提供建议和意见，为打赢脱贫攻坚战发挥了积极作用，等等。2020年年底，随着我国脱贫攻坚目标任务的如期完成，“农村教育烛光行动”也开启了新的“任务”——“围绕服务好乡村振兴战略，重点推动农村学校软件建设和农村学生全面发展”，这为下一阶段烛光行动的开展指明了方向。

二、特点

（一）立足界别，体现民盟的参政党属性和党派特色

作为以文化教育科技为主要界别的参政党，民盟有着与生俱来的

党派属性和特色。在2020年12月中共中央印发的《中国共产党统一战线工作条例》中关于民主党派有如下定义：“民主党派是接受中国共产党领导、同中国共产党通力合作的亲密友党，是中国共产党的好参谋、好帮手、好同事，是中国特色社会主义参政党。”“农村教育烛光行动”关注和支持农村教师队伍建设和农村教育发展，正体现了民盟作为一个参政党的本色和特色，是民盟秉承优良传统，履行参政党职能的重要体现，也是中国共产党领导的多党合作和政治协商制度的具体实践；是民盟为帮助加强农村教师队伍建设，推动城乡义务教育均衡发展，努力促进城乡教育公平集全盟力量做出的新的努力，也是在新时期为民盟盟员服务社会、履职建言提供新载体和平台，增强民盟凝聚力，扩大民盟社会影响力和社会聚合力的创新尝试。这种知民情、惠民生、增活力、扩影响的职能特点，也决定了“农村教育烛光行动”与一般社会团体或慈善机构的支教活动存在着根本不同。

（二）拾遗补缺，做好教育行政部门教师培训的有益补充工作

2010年，《民盟中央关于地方盟组织开展社会服务工作的几点意见》中指出：“在实际工作中要把工作的切入点选择在那些人民群众需要，党委和政府想做又一时顾及不到，而盟组织又有能力的事情上，切实对党委和政府的工作起到助手和补充的作用，即拾遗补缺。”“农村教育烛光行动”正体现了这一定位。

“农村教育烛光行动”并不是教育行政部门培训的复制和重复，“农村教育烛光行动”更加注重培训教师新的教育理念和教师的基本素质及全面素质的提高，更加关注农村教师队伍的长期建设和全面建设，具有“布点少、针对性强、水平高和辐射带动”的特点，是教育行政部门师资培训的一个有益补充。

（三）凝聚合力，形成上下联动、东西互动、内外协同的格局

“农村教育烛光行动”自开展以来，得到了全盟各级组织的高度重视和大力支持。民盟中央领导带领专家组多次到贫困地区考察调研，研究部署工作，并调动盟内外资源支援“老少边穷”地区的教育发展，

各地方民盟组织积极响应，扎实推动，形成了上下联动、东西互动、内外协同的全方位格局。

1. 中央、省、市三级盟组织合作联动不断加强。2008 年 3 月，民盟中央联合西部十省市举办“农村教育烛光行动”培训者研修班，这是中央和地方盟组织首次联合开展“农村教育烛光行动”。之后，这一形式得到了继续深化，比如民盟中央联系协调北京新东方教育科技集团开展的暑期“烛光行动——新东方教师社会责任行”活动就是“农村教育烛光行动”三级联动的成功实践。

2. 东西互动，省际合作不断深化。“农村教育烛光行动”自开展以来，东部地区省市民盟组织积极发挥教育优势，支援西部贫困地区教育，省际合作不断深入。如民盟上海市委在中西部援建十余个“烛光行动”项目，持续开展夏令营活动；江苏、浙江、福建、山东、广东等地民盟组织立足本地实际，积极组织中西部地区教师到教育发达地区集中培训、跟岗实践，都是东西互动，推动“农村教育烛光行动”不断深化的真实写照。

3. 多渠道争取政府和其他社会力量的支持，不断拓展行动的内容和形式。一方面，加强与教育部门、学校和行业协会等的联系与合作，争取当地教育行政部门的支持与指导；另一方面，多渠道争取其他社会力量的支持。“农村教育烛光行动”自开展以来，民盟相继与北京新东方教育科技集团、美国科技教育协会、清华大学教育扶贫办公室、北京四中网校、友成企业家扶贫基金会、章如庚慈善基金会等单位、企业合作，民盟河南省委员会与河南省基础教育教学研究室联合开展示范课大赛，举办“农村教育烛光行动”研讨会，充分利用双方的优势，合力推动“农村教育烛光行动”的开展，取得了良好的成效和广泛的社会影响。

（四）发挥优势，体现量力而行、尽力而为的工作准则

民盟的优势是广大盟员的热情投入和智力资源，相比较而言，民盟组织在项目资金方面的资源有限，因此“农村教育烛光行动”始终

坚持从民盟自身的优势和特色出发，把智力资源作为“农村教育烛光行动”的基础资源，将智力参与作为“农村教育烛光行动”的基本形式，量力而行、尽力而为，以教育软件帮扶为主，硬件支持为辅。同时，注意覆盖面和工作内容的选择，突出重点，以尽可能最大化地发挥资源的社会效用。

（五）注重实效，着眼工作的针对性和科学性

“农村教育烛光行动”在开展过程中十分注重工作的针对性和科学性，无论是项目实施前还是实施过程中，都要深入调研，找出当地农村教育的薄弱环节，采用契合项目校实际需求的形式，努力做到有的放矢，提高行动的实效性。例如民盟河南省委员会通过深入调研，有针对性地援建民盟烛光学校，截至2022年3月，已援建21所民盟烛光学校，在帮扶硬件建设的同时，也同步启动软件帮扶，取得了非常好的效果。再如，2015年起开展的“黔西南名师大讲堂”活动，从开始的主科培训到之后的全科培训，乃至音、体、美等艺术教育培训的大幅增加，都是根据学校和师生实际需求的变化，与当地教育部门及时沟通后量身定制，受到当地广大师生的钟爱。还如，2018年民盟与“情系远山”公益基金会联合发起的捐赠“双师课堂”和英语资源库，都是从项目校实际出发，契合当地需求，因地制宜，收效显著。以河北省广宗县广宗一中为例，仅2020年本科上线人数就比2019年增长了16%。

（六）创新发展，丰富活动的内容形式

“农村教育烛光行动”在开展之初，各地多是在延续传统支教工作的基础上，以开展送教下乡，捐赠教学用品、图书等活动为主。随着行动的逐步深入，活动的内容形式不断创新丰富，“农村教育烛光行动”逐步向纵深层面开展。以教师培训为例，“农村教育烛光行动”全面铺开之初，各地的教师培训形式主要是线下的教师培训，以“请进来，走出去”居多。而随着互联网技术的发展，社会力量的参与，为“农村教育烛光行动”带来了新的帮扶方式：线上教师培训、线上

全科直播课。2011年以来，先后有北京四中网校、新东方“双师课堂”“情系远山”公益基金会等机构加入进来，用“远程授课”的方式公益助教。2021年8月，受疫情影响，原本安排好的“烛光行动——新东方教师社会责任行汝阳站公益培训活动”无法开展，民盟河南省委员会决定改为线上培训。新东方7位老师开展了为期两天的线上培训课，汝阳县共计1224人次参训，观看了初中英语、初中数学、小学英语、家庭教育课程，取得了很好的培训效果。这不仅突破了教育帮扶的时空限制，还全方位、多层次地满足了不同受众的需求，对线下教育形成了有力补充，为在疫情防控常态化开展培训工作，摸索出了一条路子。

第四节 “农村教育烛光行动”的意义

发挥特色和优势，开展“农村教育烛光行动” 主动服务教育事业发展，是民盟参与社会主义新农村建设和全面建设小康社会的一项重要举措；是民盟积极履行参政党职能，践行新型政党制度重要论述的创新实践；也是民主党派参与国家政治生活和现代化建设的生动体现，具有重大政治意义和现实意义。

一、是践行习近平总书记新型政党制度重要论述的创新实践

自中共十八大以来，党中央对统一战线工作高度重视，“新型政党制度”对加强和完善新时代多党合作事业提供了基本遵循和方向指南。国务院发表《中国新型政党制度》白皮书，中共中央先后出台了关于参政党建设的3个文件、5个纪要，对民主党派的发展指明了方向。民盟中央高度重视、积极践行，多次对各地方组织发挥党派职能作用、积极探索履职新模式提出要求。开展“农村教育烛光行动”正是践行习近平总书记关于新型政党制度重要论述、携手探索新时代新型政党制度新路径的又一具体实践。

二、是参政党勇于担当、履职尽责的具体体现

中国共产党领导的多党合作和政治协商制度是我国的一项基本政

治制度，是具有中国特色的社会主义政党制度。民主党派积极参与社会主义现代化建设，又是中国共产党领导的多党合作和政治协商制度的内在要求。在伟大的社会主义现代化建设进程中，为党分忧，为民尽责，是民主党派积极践行“四新”“三好”的应有之义。中共中央、国务院非常重视城乡义务教育均衡发展问题，民盟开展“农村教育烛光行动”助力城乡义务教育均衡发展，为农村教育事业发展集智赋能，就是勇于担当、履职尽责的生动体现。

在我国多党合作长期实践中，根据国家发展战略目标，民主党派发挥自身优势，围绕中心服务大局，是中国多党合作制度的政治优势，也是中国特色社会主义民主政治不断发展的必然要求。从这个意义上讲，“农村教育烛光行动”不仅仅是民盟开展的一项单纯的具体工作，更是中国特色社会主义参政党参与国家政治生活的一种新形式，是坚持和完善中国共产党领导的多党合作和政治协商制度的新探索，是更好地发挥中国特色社会主义政治制度的优越性的重要实践。

三、拓宽了参政党参与中国特色社会主义建设的新渠道

民主党派是接受中国共产党领导、同中国共产党通力合作的亲密友党，是中国共产党的好参谋、好帮手、好同事，是中国特色社会主义参政党。作为参政党之一，民盟通过开展“农村教育烛光行动”，关注和支持农村教师队伍建设和农村教育发展，推动城乡义务教育均衡发展，是履行参政党职能的重要体现，也是中国共产党领导的多党合作和政治协商制度的新实践。

这一新实践，是参政党履行职能的有益探索，是参政党服务社会的具体体现，是社会主义民主政治的新发展。“农村教育烛光行动”拓宽了民主党派在新时期参与中国特色社会主义建设的渠道，也为在新时期参政党服务社会、履职建言探索出了新载体和新平台。其既是对中国特色社会主义民主政治的极大充实和发展，也是参政党履行好职能、拓宽服务社会渠道的一次重要实践。“农村教育烛光行动”具有一定的政治意义，彰显了我国政治制度的优势。

四、是参政党服务社会的一次新创举

民盟作为中国特色的社会主义参政党，继承“奔走国是，关注民生”的优良传统，围绕国家重大战略，发挥界别优势，开创性实施“农村教育烛光行动”。经过多年努力，成效显著。“农村教育烛光行动”被评为“各民主党派、工商联、无党派人士为全面建设小康社会作贡献社会服务优秀成果”，荣获“2011 年度中国扶贫创新项目奖”，入选国务院扶贫办 100 个社会扶贫创新案例。2012 年 12 月，习近平总书记走访民盟中央机关时，对“农村教育烛光行动”给予充分肯定。

“农村教育烛光行动”的实施，不仅具有多党合作制度的政治意义，也具有民主党派服务社会的现实意义，也是展示和提高民主党派政治参与水平的良好平台。因此，我们可以说，“农村教育烛光行动”是参政党服务社会的一次新创举。

毫无疑问，通过开展“农村教育烛光行动”，参政党能够更加全面地把握国家建设进程中重大政策决策的制定、推进、落实情况，深入了解我国重大政策落实过程中可能遇到的各种困难和问题。“农村教育烛光行动”事实上已经成为参政党深入实践一线、更好地了解国情民情的重要契机，成为各参政党全面展示和提高履职能力的重要实践。

第二章 “农村教育烛光行动”在河南的实践

第一节 部署与开展概况

中原之中，大河之南，古往今来，河南被赋予了太多的定义。一马平川，中原沃土。河南位于我国中东部、黄河中下游，因大部分地区位于黄河以南，故称河南。远古时期，黄河中下游地区河流纵横、森林茂密、野象众多，河南被形象地描述为人牵象之地，这就是象形字“豫”的来源，也是河南简称“豫”的由来。河南是中华民族和华夏文明的重要发祥地，历史悠久，文化灿烂，人杰地灵，名人辈出。

河南民盟组织成立于 1947 年 3 月，是河南唯一成立于新中国成立前的民主党派。“奔走国是，关注民生”，是民盟的优良传统；为党分忧，为民尽责，是民盟义不容辞的责任。作为以文化教育为主界别的民主党派，河南民盟长期关注河南教育事业的发展。

2007 年，民盟中央在全盟启动“农村教育烛光行动”。8 月，民盟河南省委在郑州召开专题会议，贯彻落实民盟中央关于在全盟开展“农村教育烛光行动”的精神。会议传达学习了《民盟中央关于开展“农村教育烛光行动”的意见》，印发了《民盟“农村教育烛光行动”倡议书》。

会议要求全面贯彻落实民盟中央会议精神，弘扬民盟“奔走国是，关注民生”的优良传统，积极围绕“出主意、想办法，做好事、做实事”的工作方针，广泛动员全省各级民盟组织和广大盟员积极参与开展“农村教育烛光行动”，要发挥优势、凝聚合力、上下联动、内外协同，切实增强责任感、使命感，加强组织协调，做好服务引导，营造浓厚氛围，汇聚强大动力，坚持把参政议政、社会服务与“农村教育烛光行动”工作相结合，找准切入点、关键点，搭建平台、扩大宣传、凝心聚力、做出成效，塑造社会服务工作新品牌。进一步履行参政党的社会责任和历史担当，努力为河南农村地区教育事业发展闯出新路子，在多党合作服务改革发展实践中探索新经验，在助力省政府专项工作的目标实现中贡献新智慧。

一分部署，九分落实。民盟河南省委带领全省各级民盟组织和广大盟员，以“心”为烛，以“爱”为光，一届接着一届干，一锤接着一锤敲，积极探索开展“农村教育烛光行动”途径、模式，持续扩大“农村教育烛光行动”的覆盖范围，不断创新工作方式，丰富行动内涵，一步一步把“农村教育烛光行动”做深、做实。经过15年的努力，协调捐赠各类物资价值超亿元，援建21所民盟烛光学校，培训教师21500余名。为推进河南农村地区教育事业的发展，促进城乡义务教育的均衡发展贡献了民盟的力量。

第二节 援建民盟烛光学校 提升硬件建设水平

经过河南人近60年的赓续奋斗，河南的教育有了长足的发展，但依然面临着严峻挑战，大而不强，发展不平衡、不充分的问题比较突出，科学的教育理念尚未牢固确立，基本公共教育服务均等化水平有待提升，教师队伍建设有待加强，硬件设施需要改善，制约改革发展的体制机制障碍依然较多。

“不调研，不发言。”为全面了解河南农村地区教育发展现状，更加有针对性地开展“农村教育烛光行动”，2007年8月—10月，民盟河南省委组织盟员教育专家选择豫西、豫东、豫北、豫南和太行山区、黄河滩区等8个有代表性的地区，就当地基础教育现状，如校园环境、教学设施、学校管理、教学水平等进行了专题调研。调研发现，农村地区基础教育存在诸多问题，特别是硬件设施，好多学校教室破旧不堪，有的甚至是危房。到了阴雨天气，外面下雨，里面漏雨；到了冬天，外面下雪，里面飘雪。操场没有平整硬化，更无绿化，雨天泥泞不堪，大风天气尘土飞扬。学校管理水平亟待提高，教学设备、教学仪器严重匮乏，教师教学能力、教师待遇和社会地位与时代发展相脱节等。

调研组分析研讨后，向盟省委提出建议：开展“农村教育烛光行动”从建设平台做起，首先援建民盟烛光学校，改善校园环境，呼吁提高教师待遇和社会地位。加强校长、骨干教师培训工作，帮助学校提升管理水平，助力教师提升教学能力。争取用 5 年左右的时间，把民盟烛光学校打造成当地示范性学校，辐射带动周边地区学校发展。

“欲致鱼者先通水，欲致鸟者先树木。”盟省委非常重视调研组的建议，决定首先从援建民盟烛光学校开始，建设开展“农村教育烛光行动”的平台。盟省委要求，动员河南全盟尤其是盟员企业家的力量，整合盟内外一切可以利用的资源，在全省 18 个地级市每个地级市援建一所民盟烛光学校，以民盟烛光学校为平台开展“农村教育烛光行动”，民盟烛光学校要建设成为当地示范性学校。星星之火，可以燎原，以之影响带动周边地区学校发展，助推城乡教育均衡发展。

工作部署后，立即投入“战斗”，研讨援建民盟烛光学校的流程，编制工作推进方案，同时发动盟员企业家捐款。5 年的时间，捐款达到 634 万元。“农村教育烛光行动”之所以取得今天的成就，盟省委的周密部署、细致安排、深入动员，起到了关键作用；盟员企业家牢记社会责任，不忘使命担当，踊跃慷慨捐款，起到了重要作用。

在援建民盟烛光学校过程中，河南民盟各级组织积极推进学校建设，多方协调资金支持学校建设。据不完全统计，全省各级民盟组织累计协调资金 3178.9 万元。

“农村教育烛光行动”是一项崭新的工作，没有现成的道路可走，没有现成的经验可循，也没有现成的理论可以照搬，一切都要靠在实践中探索，投石问路，摸着石头过河，边探索边总结。

“路漫漫其修远兮，吾将上下而求索。”经过一段时期艰难的探索、实践、总结、改进，盟省委制定了一系列开展“农村教育烛光行动”的工作规范：向民盟中央请示，规范了民盟烛光学校名称：地名 + 民盟烛光小学；结合河南农村实际情况制定了《援建河南民盟烛光学校选址条件》《援建河南民盟烛光学校流程》等文件；协调河南省红十字会为捐款的盟员企业家出具捐赠票据、发放捐赠证书，并减免捐款手续费。盟省委专门成立了民盟河南省委基础教育工作委员会，随后又成立了捐建河南民盟烛光学校资金和工程质量监管小组，服务河南民盟烛光学校援建和教育教学质量提升。

援建河南民盟烛光学校选址条件

民盟烛光行动是在2007年由民盟中央倡导，旨在发挥民盟的界别优势和十几万教育工作者的优势，培训农村教师、援建烛光学校、扶助贫困学童、促进教育公平，同在一片蓝天下，让农村的孩子享受城市孩子一样的教育。

为更好地推进民盟烛光小学建设，经主委会研究，民盟河南省委员会就民盟烛光小学的选址工作，制定以下条件。

一、当地盟组织团结向上，具有较强的凝聚力，积极开展民盟“烛光行动”，愿意将新援建的民盟烛光小学，作为市委会长期开展“烛光行动”的定点学校。在选点和建设民盟烛光小学的过程中，应当向市委统战部汇报沟通，寻求支持和帮助。

二、当地党委政府积极、重视、全力支持民盟烛光小学援建的各项工作。

三、当地党委政府和教育部门愿意与省市盟组织长期合作，支持民盟“烛光行动”，把援建学校命名为“××民盟烛光小学”，并将其作为省市民盟长期开展烛光行动的定点学校。

四、为便于民盟烛光小学各项建设，民盟烛光小学最好选址在当地党委政府积极性高、盟组织在当地有较强协调能力或有盟员在当地政府担任实职的市县（区）。

五、新援建的民盟烛光小学应是合村并校后纳入政府教育部门规划的农村小学，交通相对便利，现有教室年久失修，需要新建教学楼。

六、民盟河南省委协调捐赠资金50万元人民币，支持民盟烛光学校建设，援建资金不用于学校的原有教学设施的维修和改造。援建资金中40万元用于教学楼主体建设，剩余10万元，待工程验收合格后，用于支付工程设计、教学配套设施等费用。

七、民盟河南省委员会负责委托有资质的设计单位，根据民盟烛光学校的文化理念，统一规划、统一风格，进行民盟烛光学校的规划和施工图设计。

八、当地政府按学校规划设计要求，积极提供剩余的配套资金，并提交配套资金承诺函。

九、当地党委政府成立“民盟烛光小学项目建设工作领导小组”，确定一名县领导作为项目负责人，对民盟烛光小学质量负总责，严格施工程序，确保民盟烛光小学工程质量万无一失。

十、民盟市委员会通过当地政府，按照以上选点条件，挑选两个以上备选学校，提交书面材料（配套资金来源、学校简介、学校现状图、初步规划简图），报盟省委办公会初选援建学校。

十一、由民盟烛光小学筹建工作组现场考查两所备选学校，报盟省委主委会研究决定，将其中一所作为民盟烛光小学的援建学校。

十二、当地党委政府向盟省委提交“××民盟烛光小学”建设承诺函（配套资金承诺、工程建设机构）后，盟省委向县政府复函，同意在该地援建“××民盟烛光小学”。

中国民主同盟河南省委员会

2007年10月30日

援建河南民盟烛光学校流程

1. 捐款人与河南省红十字会签订捐赠函，拨付捐赠资金。

2. 当地民盟市委员会，通过当地政府，按照《援建河南民盟烛光学校选址条件》，挑选两个以上备选学校，提交书面材料（配套资金来源、学校简介、学校现状图、初步规划简图），报盟省委办公会确定援建学校的考察对象。

3. 民盟烛光小学筹建工作组现场实地考察备选学校，双方初步商定“××民盟烛光小学”的援建地址，并现场填写《民盟河南省委拟援建民盟烛光小学校基本情况表》，加盖公章，报盟省委主委会研究决定。

4. 盟省委主委会同意后，盟省委与当地县政府签订《援建“××民盟烛光小学”协议书》。

5. 民盟河南省委员会委托郑州大学城市规划设计研究院，对民盟烛光小学进行统一设计。

6. 当地政府向设计单位提交民盟烛光小学所在地勘察报告、地震评估报告等材料。

7. 捐赠资金通过河南省红十字会，根据工程进度分二期拨付到当地政府指定账户。

8. 民盟烛光小学筹建工作组，在教学楼主体工程一楼完工后，到现场对民盟烛光小学的工程质量进行考察，并商定第一期捐赠资金拨付事宜。

9. 工程验收合格后，当地政府应向盟省委提交“××民盟烛光小学”施工总结材料（工程完工后照片），并附竣工质检报告复印件。

10. 民盟烛光小学筹建工作组在工程竣工后，到现场考察工程质量，听取汇报，协商第二期资金的使用和落成典礼事宜。

11. 举办落成捐赠公益活动。

中国民主同盟河南省委员会

2007年10月30日

说尽千言万语，不如干成实事一桩。在摸索着做了大量文案工作的同时，援建民盟烛光学校的其他工作也在同步向前推进。2007年11月，应民盟开封市委邀请，民盟河南省委员会调研组到开封市通许县进行民盟烛光学校选址调研，先后调研了两个乡镇。经过认真研究，综合分析，最终决定援建通许县练城乡杨庄小学，学校冠名为：杨庄民盟烛光小学。

确定援建学校后，盟省委按照预定方案迅速展开了后续工作。按照援建民盟烛光学校流程，与通许县人民政府共同商讨确定了援建方案，签订了援建协议，并商定 2009 年春天举行教学楼奠基仪式。

一切，都在有条不紊地向前推进……

春天是生机勃勃的季节，满怀希望，孕育收获。2008 年 4 月 19 日，对杨庄村周边的老百姓来说是个值得铭记的好日子。天空飘着细细的雨丝，田野里绿油油的麦苗在春雨的滋润下显得更加生机盎然。杨庄民盟烛光小学校园里，彩旗飘飘，锣鼓喧天，热闹非凡，老百姓们或打着伞或披着雨衣，争相拥到校园里，欢庆杨庄民盟烛光小学教学楼举行奠基仪式。在蒙蒙的春雨中，民盟中央和盟省委的领导来到校园，出席奠基活动。民盟中央高度赞扬盟省委积极筹措资金改善农村办学条件，组织盟内的专家、教师对农村教师进行形式多样的帮助和培训，实践了民盟“农村教育烛光行动”的宗旨。杨庄民盟烛光小学奠基开工，是盟省委积极实施 “农村教育烛光行动”的具体行动。希望盟省委、盟市委利用好这个平台，全面展开，大胆尝试，积极探索“农村教育烛光行动”的长效工作机制，为全盟深入持久开展“农村教育烛光行动”提供宝贵经验。随后，李重庵副主席等挥锹铲土为杨庄民盟烛光小学教学楼奠基，一铲铲带着春天气息的泥土像种子一样伴随着丝丝春雨洒入基坑，只待雨过天晴，在阳光的温暖下破土而出，生根发芽，茁壮成长。

杨庄民盟烛光小学教学楼顺利奠基，标志着民盟河南省委援建民盟烛光学校的序幕正式拉开。

2008 年 4 月 19 日，杨庄民盟烛光小学教学楼奠基

杨庄民盟烛光小学是盟省委援建的第一所学校，也是今后援建学校的样板工程。盟省委高度重视，教学楼工程开工后，盟省委的同志多次带领工程质量监管小组的专家到现场查验施工质量，发现问题，及时与当地政府协商进行修正。在修正的同时，不断总结经验，持续完善工作流程，为今后的工作打下坚实的基础。

在盟省委、盟市委等各方的共同努力下，不到一年的时间，盟省委筹集 30 万元，地方政府配套 30 万元援建的杨庄民盟烛光小学教学楼顺利落成并通过质量监管部门验收。教学楼共两层，建筑面积 850 平方米，设置 10 个标准化教室、2 个远程网络教室，崭新的课桌、椅子等设施全部配备到位。

2009 年 4 月，又是一个充满勃勃生机的春天，蓝天白云映衬下的国旗在美丽的校园上空迎风飘扬。校园里，微风习习，花香缕缕，一派鸟语花香的景象，到处洋溢着春天的气息和活力。阳光照耀下的教学楼，庄重漂亮，熠熠生辉。操场上大红拱门高高拱起，张扬地向人们昭示着杨庄民盟烛光小学教学楼落成典礼捐赠仪式。民盟中央、中共河南省委统战部、盟省委的领导出席落成典礼。落成典礼仪式上，盟省委、盟市委与杨庄民盟烛光小学签署了帮扶协议；盟省委向学校捐赠了价值 3 万元的体育器材，盟员企业家李梓正向学校捐款 10 万元；盟市委向学校捐赠价值 4000 元的图书等。随后不久，盟省委又向学校捐赠了电脑、图书等，帮助学校建成了电脑教室、图书室。面貌焕然一新的杨庄民盟烛光小学成为当时周边农村地区硬件配套设施一流的学校。

2009 年 4 月，杨庄民盟烛光小学落成

杨庄民盟烛光小学漂亮的校园

2008年5月12日14时28分，一场特大地震灾害骤然降临在四川省汶川等地，数万生命顷刻陨落！刹那间，山河为之含悲，草木为之含泪，举国为之同殇。这场突如其来、举世罕见的大灾难，给国人留下了不堪承受的伤痛。

一方有难，八方支援。河南广大盟员与灾区人民紧紧地站在了一起、心连在了一起。民盟河南省委员会迅速募集了价值16余万元的生活用品运送到灾区，并与河南省红十字会、河南省音乐家协会共同举办了《心系灾区小伙伴》钢琴音乐祈福会，为灾区募集100余万元。在征得民盟中央同意后，盟省委决定把全省6800余名盟员捐赠的特殊盟费共计716174.65元，在地震灾区捐建一所小学。

2009年4月，在民盟四川省委的帮助下，中共江油市委统战部与民盟河南省委取得联系，期望援建江油市太平镇龙门村小学。江油位于四川盆地北部，西北部属东北—西南走向的龙门山—大巴山台缘褶断带，地震中损失严重。龙门村小学是太平镇中心二小下属的一个村小学，在“5·12”汶川大地震中，龙门村小学的校舍受到极大损坏，教室垮塌3间，围墙垮塌78米，全部教室墙体裂口、地面裂缝，经鉴定为危房，全部拆除，学生只能在板房里上课。根据国务院的工作部署，河南省对口江油开展灾后恢复重建工作。2009年5月，民盟河南省委经过调研，与中共江油市委统战部签订协议，援建龙门村小学，学校建成后冠名为“龙门民盟烛光小学”。

2009年6月，援建工作正式启动。民盟河南省委专门向建筑设计单位提出了要求，学校主体建筑抗震达到8级以上。施工期间，民盟河南省委多次委托民盟四川省委到施工现场调研工程情况，要求监理单位每个施工环节、所用建材都拍照传到民盟河南省委，确保工程质量，确保如期完工，让孩子们早日到教室上课。在各方的共同支持帮助下，2009年10月底，经过半年的紧张施工，学校顺利落成。

龙门民盟烛光小学

当地村民甚是感激，立碑记之：“戊子四月，汶川地震，损失惨重。河南民盟，六千八百余盟员，捐工资七十一万。特殊盟费，重建学校，位于龙门。己丑九月，学校既成，学子学习有保障，栋梁用功有其所。民盟河南省委主委储亚平题曰：龙门民盟烛光小学。公元二〇一〇年六月。”

龙门民盟烛光小学校碑记

2009年12月17日，龙门民盟烛光小学举行落成典礼。已从地震的阴影中走出来的孩子们穿着漂亮的校服，脸上洋溢着幸福的笑容，一遍遍唱着《感恩的心》表达着自己的感激之情。来自民盟中央及民盟河南省委、民盟云南省委、民盟黑龙江省委、民盟四川省委等9个省级盟组织的专职副主委或秘书长出席典礼。民盟中央高度肯定了民盟河南省委的工作，表示将把对龙门民盟烛光小学纳入正在全盟开展的“农村教育烛光行动”工作中，把学校作为“农村教育烛光行动”的基地学校，与民盟河南省委、民盟四川省委一起发挥民盟的智力优势，开展多种形式的“烛光行动”支教活动，在帮助改善硬件设施的同时，加大对学校智力支持力度，帮助提高学校的教育质量和教学水平，注重提高教师的教育理念和业务素质，努力把龙门民盟烛光小学建设成为教学设施先进、教学水平一流，在江油乃至绵阳具有一定辐射带动作用的示范学校。

2010年3月，民盟河南省委又捐赠20万元，江油市政府拨付灾后重建资金10万元，用于地坪硬化和校园绿化，学校建设总投资达到了101.6万元。一所占地4800平方米、建筑面积423平方米、质量一流、安全坚固、环境优美、校园和谐的学校展现在人们面前。龙门民盟烛光小学是民盟河南省委援建的第二所民盟烛光学校，也是全国唯一一所由省级民主党派组织在四川地震灾区援建的学校。

历史的画卷总是在前后相继中铺展，时代的华章总是在接续奋斗中书写。2011年，民盟河南省委认真研究总结了前期开展“农村教育烛光行动”的工作经验。在此基础上，盟省委对民盟烛光学校建设流程、设计规划等相关工作进行了完善改进。新的规范细化了援建民盟烛光学校流程，优化了援建民盟烛光学校的环节，美化了民盟烛光学校的外观设计，加速了民盟烛光学校的援建速度。新的规范，新的起点，新的速度，民盟烛光学校建设进入了“快车道”。

2011年5月26日，一个喜气洋洋的日子，碧空如洗，万里无云，由民盟中央协调资金40万元，商水县政府配套70万元援建的小集光汇烛光学校顺利落成。时任全国人大常委会副委员长、民盟中央主席蒋树声为学校题写校名：光汇烛光学校。落成典礼仪式上，民盟河南省委、民盟周口市委向光汇烛光学校捐赠了价值十多万元的文具、图书、课桌、电脑以及体育器材等。援建光汇烛光学校是盟省委开展“农村教育烛光行动”又一具体举措，也是“同心同行建中原”的具体体现。

光汇烛光学校

星光不问赶路人，时光不负奋斗者。商水县小集光汇烛光学校落成后不久，西峡县田关民盟烛光中心小学、南乐县东寺庄民盟烛光小学、禹州市神垕民盟烛光小学……相继落成。截至 2022 年 2 月，省盟共援建 21 所民盟烛光学校。

幸福是奋斗出来的，事业是干出来的。在学校的建设过程中，既要做大量看得见、摸得着的工作，又要做大量“润物细无声”的事情。为保证工程质量，民盟省市机关的同志经常带领工程质量监管小组的盟员专家深入灰尘飞扬的施工现场，遇到阴雨天气，常常是一脚水一脚泥，灰头土脸更是家常便饭。每一所民盟烛光学校的建设，都凝聚了省市民盟人的心血，都流淌着工作人员的辛勤汗水，也留下了许多感人事迹。在商水县小集光汇烛光学校建设期间，由于工作繁忙，时时放心不下学校建设工作的盟市委领导只能趁着早上或中午休息时间赶到工地查看情况，经常顾不上吃饭。有一次饿慌了，就顺手在工地的蒸笼里拿起一个馒头，边啃边查看情况，在场的学校校长感动得热泪盈眶。为了让杨庄民盟烛光小学的孩子尽快用上电脑，民盟省委机关的同志押着装有电脑的大货车带着技术员连夜赶路，到达学校后，马不停蹄开始调试安装，一直干到第二天凌晨四点才安装完毕。在工作中，像这样的事迹，还有很多很多……这些心血、汗水、感人事迹，像烛光一样，照亮乡村孩子未来的路；像春雨一样洒落在乡村的土地上，化作了浓浓的爱，浸润着孩子们的心田，让孩子们眼里有光、心中有梦、脚下有路。

河南民盟烛光学校落成时间表

序号	学校名称	落成时间
1	开封市通许县杨庄民盟烛光小学	2009 年 4 月 9 日
2	四川省江油市龙门民盟烛光小学	2009 年 12 月 17 日
3	新乡市红旗区明昌民盟烛光学校	2010 年 5 月 8 日
4	周口市商水县小集光汇烛光学校	2011 年 5 月 26 日
5	南阳市西峡县田关镇民盟烛光中心小学	2011 年 5 月 28 日
6	濮阳市南乐县东寺庄民盟烛光小学	2011 年 12 月 21 日
7	许昌市禹州市神垕民盟烛光小学	2012 年 4 月 13 日
8	信阳市商城县鲇鱼山民盟烛光小学	2012 年 11 月 2 日
9	鹤壁市山城区陈家湾民盟烛光小学	2013 年 9 月 3 日
10	安阳市滑县北杨柳民盟烛光小学	2013 年 11 月 14 日
11	商丘市民权县白云民盟烛光小学	2014 年 5 月 5 日
12	郑州市新郑市薛店镇民盟烛光小学	2014 年 5 月 9 日
13	新乡市卫辉市庞庄百威英博民盟烛光小学	2014 年 5 月 12 日
14	焦作市示范区聂村民盟烛光小学	2016 年 3 月 16 日

续表

15	驻马店市泌阳县高邑民盟烛光小学	2016 年 3 月 25 日
16	济源市五龙口镇民盟烛光小学	2016 年 9 月 23 日
17	三门峡市渑池县藕池民盟烛光小学	2017 年 4 月 18 日
18	洛阳市洛宁县马店民盟烛光小学	2019 年 6 月 12 日
19	平顶山市石龙区民盟烛光小学	2019 年 12 月 19 日
20	漯河市召陵区庙王民盟烛光小学	2021 年 10 月 23 日
21	洛阳市汝阳县内埠民盟烛光小学	2022 年 2 月 22 日

南阳市西峡县田关镇民盟烛光中心小学

濮阳市南乐县东寺庄民盟烛光小学

信阳市商城县鲇鱼山民盟烛光小学

鹤壁市山城区陈家湾民盟烛光小学新颜旧貌

安阳市滑县北杨柳民盟烛光小学新颜旧貌

商丘市民权县白云民盟烛光小学

郑州市新郑市薛店镇民盟烛光小学

济源市五龙口镇民盟烛光小学

洛阳市洛宁县马店民盟烛光小学新颜旧貌

第三节 提升教师素养 实施软件帮扶

从古至今，师资从来都在教育中发挥着至关重要的作用，决定着教育的未来，民盟河南省委自然也明白这个道理。工欲善其事，必先利其器。在开展“农村教育烛光行动”中，盟省委在提升硬件建设的同时，也开始实施软件帮扶，提升教师素养。“软硬”兼施，相辅相成，相互促进，推动“农村教育烛光行动”走实、走深。

一、开展教师培训活动，实施教师素养提升计划

2008年8月20日，在民盟中央的大力支持下，由民盟河南省委举办的“烛光行动——新东方教师社会责任行”教师培训公益活动在焦作正式拉开序幕。来自焦作市贫困农村地区、偏远山区、贫困滩区的高中、初中、小学的800余名教师参加了为期10天的全封闭培训。新东方教育科技集团选拔来自北京、广州、上海等地的优秀培训师开展培训活动。培训师们备课充分，讲课充满激情。把游戏引入语法课堂，与学员互动；将笑话放入单词记忆之中，提高记忆效率。让老师们开阔了视野，转变了教学理念，起到了良好的培训效果。在培训之前，盟省委还特别协调组织杨庄民盟烛光小学的教师到焦作参加培训。

“烛光行动——新东方教师社会责任行”开班仪式

这次培训活动的成功举办，标志着盟省委实施的教师素养提升计划迈出了重要一步，为今后全方面、多维度提升教师素养提供了借鉴。

2009 年 8 月，盟省委在周口开展“烛光行动——新东方教师社会责任行”教师培训公益活动，培训教师 400 余人。

新东方教育科技集团原高级副总裁陈向东授课

“责任情系中原 烛光照亮未来”河南教育行启动仪式暨新闻发布会

2010年，盟省委在总结开展“烛光行动——新东方教师社会责任行”

教师培训公益活动经验的基础上，决定结合河南实际，在全省实施“责任情系中原 烛光照亮未来”河南教育行活动，用3年的时间走遍全省18个地级市。同年3月，“责任情系中原 烛光照亮未来”河南教育行教师培训公益活动在濮阳启动。俞敏洪为1500名教师举办专题讲座，分享心得体会。随后，“责任情系中原 烛光照亮未来”河南教育行教师培训公益活动迅速展开，先后走进濮阳、洛阳、漯河、开封、许昌、商丘、鹤壁等城市。

2010—2012年，用了不到3年的时间，“责任情系中原 烛光照亮未来”河南教育行教师培训公益活动走进全省18个地级市，举办励志教育和学习方法等专题讲座19场，培训教师13000余人，受益学生达3万余人，产生了良好的社会影响。

为持续推进“农村教育烛光行动”，进一步提升教师素养，盟省委在全省启动“烛光行动 筑就梦想”河南教育行活动。计划利用3—5年的时间，在全省每个省辖市选1个县开展活动，重点培训农村的骨干教师、种子老师，扶持品学兼优的贫困学子，影响有影响力的老师，帮助需要帮助的学生，通过受益老师和学生的示范带动作用，服务农村教育，促进教育公平，推进全省城乡义务教育均衡发展。2013年8月，“烛光行动 筑就梦想”河南教育行活动第一站在濮阳市濮阳县拉开序幕。民盟中央常委、新东方教育科技集团董事长俞敏洪做了《教师的素质和情怀》专题报告，分享自己教书育人的心得体会。来自北京、西安、上海的10名优秀培训师，为濮阳500余名城乡骨干教师开展了为期一周的全封闭培训，取得了良好的效果。

随后，“烛光行动 筑就梦想”河南教育行活动在济源、驻马店市驿城区、信阳市商城县、洛阳市洛宁县和汝阳县、商丘市夏邑县、焦作市博爱县、鹤壁市淇滨区、郑州市新郑市等地陆续开展。

斗转星移，风雨兼程。到2017年“烛光行动 筑就梦想”河南教育行活动如期完成了原定的计划，共培训教师7000余名，为推进城乡义务教育均衡发展做出了民盟应有的贡献。

二、举办“农村教育烛光行动”研讨会和民盟烛光学校示范课大赛活动

至2014年5月，盟省委已援建13所民盟烛光学校，学校数量达到了一定规模，在社会上有了很好的影响力。为提升民盟烛光学校教育教学质量，深入推进民盟“农村教育烛光行动”，在中共河南省委统战部的支持下，民盟河南省委员会经与河南省教育厅商讨，决定与河南省基础教育教学研究室（现更名为河南省基础教育课程与教学发展中心）联合举办“农村教育烛光行动”研讨会和民盟烛光学校示范课大赛。

经过民盟河南省委基础教育工作委员会的努力，2014年6月，盟省委和省基础教育教学研究室联合下发示范课大赛通知，10月共收到河南省内12所民盟烛光学校语文、数学、英语参赛课件36节课，经过专家评审，评选出一等奖3个、二等奖6个、三等奖9个。

河南民盟烛光小学“烛光杯”大赛评奖活动

2014年12月，盟省委在周口市召开首届“农村教育烛光行动”研讨会。河南各市级盟组织负责“农村教育烛光行动”工作的专职副主委、盟务专干和12所民盟烛光学校的校长、骨干教师参加了会议。

“农村教育烛光行动”自启动以来，取得了良好的成效，赢得了社会各界的广泛好评。但也存在着一些问题，盟省委希望通过召开研

讨会，进一步调动全省各级盟组织开展“农村教育烛光行动”的积极性、主动性，凝聚各方力量，进一步提升河南“民盟烛光小学”的教育教学质量，为促进教育公平，推动城乡义务教育的均衡发展，贡献更大的力量。

在研讨会上，盟省委表彰了示范课大赛获奖教师，与会人员交流了开展“农村教育烛光行动”的心得体会，获奖代表进行了发言，总结了前期工作的经验，现场参观了周口市商水县小集光汇烛光学校。

首届“农村教育烛光行动”研讨会

这次研讨会为全省各市级盟组织今后如何更好地开展“农村教育烛光行动”提供了借鉴，助推“农村教育烛光行动”到了一个更高的起点。

2015年10月，经民盟濮阳市委员会积极争取，第二届“农村教育烛光行动”研讨会在濮阳举办。在原有日程的基础上，这次研讨会增设了示范课点评环节，基础教育委员会专门邀请了河南省基础教育课程与教学发展中心的3位专家和省级名师，对获奖示范课进行点评，使参会的教师受益匪浅，进一步提高了教师参加示范课大赛活动的积极性，为提升农村地区教师教学水平做出了贡献。

为示范课获奖教师颁发证书

自2014年开始，盟省委每年都选择一个市举办“农村教育烛光行动”研讨会，为推进农村教育事业发展贡献智慧和力量。

示范课点评活动

连续在本省举办多次“农村教育烛光行动”研讨会后，盟省委决定让河南民盟烛光学校的校长、骨干教师走出去，看看外面的世界，听听外面的声音。在民盟中央社会服务部的大力支持下，2019 年 10 月，盟省委选派 10 名校长、骨干教师远赴江苏省江阴市，参加民盟中央举办的“农村教育烛光行动”培训班。江阴有着浓厚的历史文化底蕴，是著名教育家顾明远的家乡。这次培训形式十分新颖，有跟岗学习，有分组研讨，有名师授课，课程也各有侧重，学员反响非常好。2021年10月，民盟河南省委再次与民盟中央联合在江苏省江阴举办了“农村教育烛光行动”培训班。河南选派15名校长参加培训，培训班经过精心筹备，课程经过精心设计，培训环节经过精心策划，培训取得了预期效果。

2021年，民盟“农村教育烛光行动”校长培训班（江阴）

像很多事情一样，不是看到希望才去坚持，而是坚持了才会有希望。从2014年举办第一届“农村教育烛光行动”研讨会开始，民盟河南省委坚持每年举办一次研讨会，哪怕是2020年出现了新冠肺炎疫情，还是选择疫情的“窗口”期，在郑州举办了“农村教育烛光行动”研讨会。每次都根据新形势对研讨会内容进行优化、更新，让参会的校长、教师有不同的收获、不一样的感受。至2021年10月，盟省委已连续举办八届“农村教育烛光行动”研讨会和示范课大赛活动，参会人员近千人，72名教师获得表彰，为把民盟烛光学校打造成为当地示范性学校打下了坚实的基础。

2018 年 11 月，“教育扶贫 · 烛光行动”培训班在济源举办

2020 年 8 月，“烛光行动”培训班在郑州举办

三、整合资源，巧借外力，推动“农村教育烛光行动”扎实开展

惟改革者进，惟创新者强，惟改革创新者胜。在开展“农村教育烛光行动”过程中，经常会遇到资源有限、力量不够的困难。自己的路只能靠自己走出来。针对这些困难，盟省委发挥民盟联系面广的优势，借鸡下蛋、借船下海，整合资源，巧借外力，借势推动“农村教育烛光行动”扎实开展。

2009年5月，在民盟中央的帮助下，盟省委与美国科技教育协会建立了联系。美国科技教育协会是由一群华裔学人于1980年在美国纽约成立的非营利、非政治性的文教机构。协会宗旨是促进中美民间文教交流，协助提升中国贫困地区教育质量和普及科技知识。科技教育协会没有基金，经费来自海外及中国民间捐款（个人及各种团体机构等）。他们认助中国乡村教育项目系列有三大重点：一是提供图书、鼓励读写，通过认助乡村学校图书室和举办有奖征文活动实施。二是提供乡村少年助学金，协助贫困青少年完成义务教育或高中教育。三是开展改进教学活动，美国科技教育协会每年暑假均与国内有关单位联合举办“海内外基础教育研讨会”，进行教师培训，邀请海内外著名专家参与讲学，交流国内外教育信息，扩大教师视野。

经盟省委认真研究后，决定与美国科技教育协会在两个方面开展合作：一是提供图书、鼓励读写；二是开展改进教学活动。具体合作方式为：盟省委负责推选乡村学校，美国科技教育协会筹集资金通过国内知名书店购买国学经典图书，图书书目由国内教育专家提供，学校收到图书后反馈感谢信、学生阅读时的照片等。盟省委负责推选乡村学校校长，参加美国科技教育协会举办的“海内外基础教育研讨会”，参会费用大部分由美国科技教育协会负责。这样的合作是比较切合实际的，当时的农村经济条件有些差，学校图书匮乏，消息闭塞，孩子们渴望有书看，校长们期望走出去，看看外面的世界，听听外面的声音。

2009年7月，盟省委尝试选派了两位乡村学校校长参加在广西举办的“2009年海内外基础教育研讨会”，推选了两所乡村学校接受图书捐赠。项目实施后，各方反馈良好，取得了预期的效果，校长们欢迎，老师们赞成，孩子们高兴。2010年7月，再次选派两名校长参加在黑龙江举办的“2010年海内外基础教育研讨会”，同时推选两所学校接受图书捐赠。两年成功的合作，为往后开展长期合作奠定了良好的基础。从2011年开始，美国科技教育协会把每年参加研讨会的人数增加到10名，相当于每年给培训费约3万元，捐赠图书的学校增加到6所，每所学校资金约 5000 元，相当于每年捐赠价值 3 万元的图书。2013 年起，增加了体育器材、音乐器材资助项目，学校根据需求自行采购，美国科技教育协会提供资金支持。2019 年起，增设了乡村教师创新奖，为每个成功申报创新项目的教师提供 3000 元。

参加第 49 届海内外基础教育研讨会

参加乡村教师研修培训

在 14 年的合作中，累计培训 160 名校长，32 名获得乡村教师创新奖，捐赠图书50000册及部分音乐、体育器材，合计总价值达118万元。合作项目内容不断更新，也给合作带来了持续的生命力。至今，盟省委与美国科技教育协会的合作仍在持续中。

网络技术和计算机技术的发展，不仅改变着人们的生产、生活方式，也改变着学校的教育教学方式。随着网络技术的普及，越来越多的中小学开始利用网络教育资源开展教学活动。基于“互联网+教育”的发展趋势，民盟中央决定倡导在全盟广泛实施大型助教、助学活动——民盟远程教育“烛光行动·千校计划”，依托北京四中网校，从2016年开始在全国捐赠1000所学校《数字化校园平台》，积极推进“互联网+教育”的发展，以教育信息化促进教育现代化，加快助推我国从教育大国向教育强国迈进。在线教学平台是依托北京四中丰富的教学经验和北京四中网校十余年信息化教学成果，从教育信息化全局出发研发的一整套先进的、融合北京四中优质教育理念与资源的数字校园解决方案。在线教学平台积累了海量的微课、试题、高清视频、教学参考、优秀课件等优质教学资源，支撑课堂改革的实施。捐赠的在线教学平台涵盖“资源平台”“教学平台”两大基础模块。资源平台是学校对教学资源进行共享、存储、管理的平台。平台解决了学校现阶段在资源获取和分享中的困难，给教师们提供了一个便捷、广阔的资源空间。

盟省委抓住机会，联系民盟中央社会服务部，在河南启动实施民盟远程教育“烛光行动·千校计划”。2017年3月，盟省委在夏邑县第一初级中学举行民盟远程教育“烛光行动·千校计划”夏邑县捐赠活动，向夏邑县38所中小学捐赠价值1428万元的数字校园平台资源。

随后，捐赠活动在开封、驻马店、新乡、南阳、平顶山等市陆续开展，累计捐赠数字校园平台资源价值4125万元，受益学校165所。

第四节 动员全部力量 向纵深推进

在民盟河南省委的倡导下，各级盟组织、专委会纷纷行动起来，开展多姿多彩、各具特色的活动，不断充实、丰富“农村教育烛光行动”的内容和内涵，推动“农村教育烛光行动”向纵深发展。

民盟河南省委员会基础教育委员会发挥人才优势，围绕“农村教育烛光行动”，积极开展形式多样的活动。一是聚焦社会关注的热点和难点问题，开展实地调研，积极建言献策。组织盟员分别到周口项城市永丰镇闫庄村、安阳善应镇张家庄针对乡村教育开展社会调研，详细调研农村学校教学质量提升以及农村学校生源流失等情况。多次组织专家深入民盟烛光小学，和学校领导、教师座谈，深入了解学校硬件配套设施及师生学习、工作、生活等基本情况以及学校教师的需求，围绕学校在校园文化建设和特色教育发展等方面进行探讨交流。2021 年下半年，基础教育委员会到南阳市南召县、淅川县，针对山区义务教育阶段学校和教学点教育教学情况进行深入调研，并与当地教育行政部门、教研部门进行座谈，了解实际困难，探讨解决问题的途径。二是在民盟烛光学校实施“五个一工程”。为助力其教育教学质量的进一步提升，推动“农村教育烛光行动”提质升级，进而带动全省广大农村地区学校基础教育的发展，基础教育委员会在广泛调研和实地考察的基础上，在民盟烛光学校实施“五个一工程”，即“一节优质示范课、一校一特色、一个烛光教育教学云平台、一个学生综合活动实践基地、一批教育扶贫结对帮带学校”。主要内容涉及教师培训、课程指导、教研教学、学生社会实践和劳动实践、学校建设等方面。三是关注乡村教育事业发展，协调各方资源，为贫困地区教育事业出实招，做实事，推进城乡基础教育均衡发展，提升乡村教育质量。关注农村教师的专业成长，开展名师送教、同课异构、教研观摩，以多种形式帮助农村教师提升教育理念、业务素质和教育教学水平。足迹已经遍布洛宁县、滑县、济源市、安阳县、内黄县、宁陵县、禹州市、商城县、项城市等地市，开展了数十场教育帮扶活动。开展了“读万卷书，行万里路”太行山研学旅行活动，组织学生到卫辉市龙卧岩村感受太行山自然山水和丰富的动植物资源，进行了登山拉练活动，学生在研学旅行中感受祖国的大好河山，深刻体会学习先辈们的艰苦奋斗精神，知行合一，强健体魄，锻炼意志，对促进学生全面发展产生了积极的影响。

基础教育委员会开展调研活动

“党盟合作”工作在汝阳启动后，经过基础教育委员会努力争取和多方协调，成功为汝阳申报“全省教育综合改革工作重点推进县”和全国唯一一个县级“全国人工智能助推教师队伍建设试点县”，按照要求，试点地区要在开发教师智能助手应用、创新未来教师培养模式、优化教师智能研修、提升教师智能教育素养、建设与应用教师大数据、智能引领乡村学校与薄弱学校教师发展等方面开展建设，教育部将通过教育信息化 2.0 行动计划、国家级教师队伍建设项目资源为试点建设提供支持。有望破解汝阳农村薄弱学校（含教学点）教师短缺等问题，进一步提升汝阳县教师队伍整体素质，加速推动汝阳县教育高质量发展。向汝阳县捐赠 14 套互联网教研平台终端设备、16 条免费教研专线，助力汝阳科研水平提升和偏远教学点同步教学，组织协调相关人员到郸城、襄城等地学习“县管校聘”改革经验，指导全县 200 余所公办学校全部完成“县管校聘”改革，实现教育资源优化配置。

民盟漯河市委组织105名盟员与105名孩子结成对子，开展“圆梦微心愿”活动，帮助孩子们实现梦想，让孩子们对未来充满憧憬。盟市委还联合市民政局、市教育局等部门启动实施“盟动中原——童声·童心·童梦”合唱教学进农村学校公益教学项目，在全市农村学校开展合唱教学，先后成立30人以上合唱团150个，4500名农村学生接受专业的合唱培训。

民盟安阳市委结合北杨柳民盟烛光小学实际，帮助学校建设特色课程，助力“一校一品”建设。组织盟员书法家长期在学校开设书法课，讲解书法常识，让孩子从小养成练字的好习惯，写出一手好字。邀请盟员专家张万杰到学校开设阅读写作课，张万杰编著过有阅读写作方面的专著，在阅读写作上有着深厚的功底。他的课好懂有趣，深受孩子们的欢迎。

民盟新郑总支部在薛店镇民盟烛光小学开展了种类繁多的创客教育活动，其中以“3D打印、模型切割拼装、儿童版画”最为突出，充分体现出了“做中学”“玩中学”的创客理念，受到了孩子们的欢迎。

为保护孩子视力，民盟河南省非公经济总支部发起了“盟动中原——爱眼护眼健康行”活动，累计募集资金2600万元，救助弱视、低视力学童2500余名，为65000余名中小学生提供近视预防服务。

除此之外，河南民盟其他各级组织也开展了各具特色的品牌活动。民盟南阳市开展爱心助学“代理妈妈”活动，组织盟员与多名贫困儿童结对参加，长期关注留守儿童的心理成长问题。民盟焦作市委多次组织盟内书画家、太极拳大师等对学校“一校一品”（书法）品牌打造、文化墙绘制和太极拳社团活动等进行指导帮助，使得学校的特色建设得到了很大提升。民盟平顶山市委开展名师“烛光送教”行动，组织盟员名师到学校做示范课，取得了良好的成效。民盟河南省委直属第一总支部和民盟河南省文化艺术委员会联合编写了《焦裕禄》系列绘本，无偿捐赠给各民盟烛光小学。民盟河南艺术职业学院总支部长期关注马店民盟烛光小学发展，与学校签署教师培训协议，到学校开展捐赠慰问活动。

在开展各种活动的同时，民盟各市委、省直各基层组织还纷纷向农村的中小学捐款捐物，据不完全统计，累计捐赠价值达千万元。民盟洛阳市委向马店民盟烛光小学捐赠3D打印机、无人机等，让孩子们对未来充满幻想。民盟濮阳市委向学校捐赠科普实验器材，帮助孩子普及科普知识。民盟鹤壁市委向学校捐赠体育器材，丰富了孩子们的体育活动。民盟河南省委直属第一总支部、民盟河南省文化艺术委员会、民盟河南省委直属第二总支部、民盟河南省铁路总支部、民盟河南省科技第一支部为学校捐赠教学器材和课桌椅等，建设“烛光书屋”，帮助学校提升硬件建设，倾力为孩子们打造良好的学习环境。

2020年年初，一场突如其来的新冠肺炎疫情在多个省快速蔓延。党中央、国务院采取果断措施，迅速掀起一场疫情防控阻击战。疫情就是命令，防控就是责任。民盟河南省委成立了新冠肺炎疫情防控领导小组，发布了《致全省盟员的一封信》和《民盟河南省委关于助力统筹推进新冠肺炎疫情防控和经济社会发展工作的通知》，号召全省各级盟组织和盟员们积极参与疫情防控阻击战。受疫情影响，河南民盟烛光学校的孩子们不能到学校上课，盟省委积极争取，在民盟中央的帮助下，向河南民盟烛光小学的孩子们捐赠“新东方中小学全科春季线上同步课”，让孩子们在家上课，做到停学不停课。2021年1月，再次为河南省15个市的26所中小学开通了“梦想直播课堂”。疫情形势好转后，学校复课，孩子们又回到了久违的校园。为防止疫情反弹，河南各级盟组织积极筹集消毒液、口罩等防护物资并运送到学校，助力校园疫情防控工作。据不完全统计，截至2022年3月，河南各级盟组织向学校捐赠价值36万元的防疫物资。

2021年7月下旬，河南遭遇特大暴雨洪灾，部分民盟烛光学校受灾严重。灾情发生后，全国各级盟组织纷纷伸出援助之手，支援学校灾后重建。民盟中央机关干部职工向河南民盟烛光学校捐款7.835万元，民盟上海市委向河南民盟烛光学校捐款 5 万元，民盟安阳市委为北杨柳民盟烛光小学协调捐款 10 万元。民盟郑州市委、民盟鹤壁市委、河南民盟企业家联谊会、民盟河南省文化艺术委员会、民盟河南省电业总支部、民盟河南省非公经济总支部、民盟河南省科技信息总支部及部分盟员武瑞霞、张其涛等分别以盟组织或个人名义踊跃向学校捐款捐物，有力地支持了学校的重建工作。

众人拾柴火焰高。各方力量的参与，为“农村教育烛光行动”注入了动力和活力；各种特色活动的开展，丰富了“农村教育烛光行动”的内容和内涵。“农村教育烛光行动”像一艘在大海上航行的船，在众人的共同推动下，划向大海的深处，更深处……

第五节 建言献策 助力教育事业发展

“农村教育烛光行动”自启动以来，得到了各级民盟领导的关注与支持，各级民盟领导经常深入农村学校开展调研，为促进城乡义务教育均衡发展建言献策、献计出力。

2018 年 5 月，全国人大常委会副委员长、民盟中央主席丁仲礼一行到商丘市民权县白云民盟烛光小学开展教育扶贫调研工作。丁仲礼详细了解教育扶贫政策落实情况，叮嘱要把“两不愁三保障”政策真正落到实处，帮助建档立卡贫困户解决教育上的困难，保证每一个适龄儿童有学上、有书读，不能让一个适龄儿童失学。在听取“农村教育烛光行动”情况汇报后，他对河南民盟的工作给予了充分肯定。

2019 年 6 月，洛阳市洛宁县马店民盟烛光小学落成。正在河南开展脱贫攻坚民主监督调研工作的全国政协副主席、民盟中央常务副主席陈晓光专程到马店民盟烛光小学，为学校揭牌，听取学校建设情况汇报，参观了学校书法教室等。2020 年 9 月，陈晓光在南阳调研期间，特地到西峡县田关镇民盟烛光中心小学调研，指导学校建设发展。

河南民盟“农村教育烛光行动”一直能走在全盟的前列，最重要的因素就是民盟河南省委历届领导的高度重视，他们时刻关注着“农村教育烛光行动”的发展。特别是2017年盟省委换届以后，盟省委领导更加关注“农村教育烛光行动”的发展，哪怕是挤时间、挪时间，也坚持每年出席“农村教育烛光行动研讨会”，为来年开展“农村教育烛光行动”提出要求、指明方向。盟省委领导还经常深入民盟烛光学校，调研“农村教育烛光行动”的开展情况，指导学校建设工作。据不完全统计，民盟中央、民盟河南省委领导先后到民盟烛光学校开展调研活动82次，召开座谈会65场，走访一线教师322人次，提出意见建议356条。

如果把“农村教育烛光行动”比作一艘在大海上航行的船，那么领导的关怀就像灯塔一样，时刻为航行指明航向，指引着船只向大海更深处航行。

在开展“农村教育烛光行动”过程中，盟省委不定期开展问卷调查或组织教育专家、民盟烛光学校校长开展调研活动，形成调研成果，根据发现的问题适时调整相关策略。

2010年5月，民盟中央烛光行动调研“烛光照亮未来 责任情系中原”（河南）座谈会

2010年5月，盟省委邀请民盟中央专家组来河南调研“农村教

育烛光行动”，对调研中发现的问题及时进行梳理，提出解决办法。2011 年 9 月，盟省委与民盟中央联合开展了《农村教师发展需求及外部支持状况调研问卷》《县级教师培训机构现状调研问卷》问卷调研，根据调研结果加强了农村教师培训工作。

2015 年 7 月—8 月，民盟河南省委员会组织河南省基础教育课程与教学发展中心的专家和民盟烛光小学校长分两个阶段对全省民盟烛光学校进行了调研，针对开展“农村教育烛光行动”中遇到的问题，提出了意见和建议，形成了调研报告，为后期有针对性地开展“农村教育烛光行动”奠定了基础。

2015 年河南民盟烛光学校调研报告

一、背景介绍

2015 年 7 月 7 日，民盟河南省委员会在郑州先后召开主委会和常委（扩大）会议。主委会和常委会对如何深入推进、创新“农村教育烛光行动”，加大对民盟烛光小学软件的帮扶力度，提出了在民盟烛光学校开展资助贫困学生的爱心活动；发挥民盟人才优势，开展特色教育等一些意见和建议。

二、调研报告

为落实主委会、常委会工作意见，民盟河南省委员会组建了“农村教育烛光行动”调研组。调研组成员有民盟河南省委员会领导、盟省委基础教育委员会主任、教育专家、市级盟组织专职副主委、社会服务专职干部、民盟烛光学校校长代表等。就民盟烛光学校贫困学生现状，可否开展贫困生救助；学校落成捐赠典礼后，师资力量、教学质量、特设教育、生源状况、设施使用维护等现状以及意见建议，形成了调研提纲，有针对性地组织了调研。

调研组先后对濮阳市南乐县东寺庄民盟烛光小学、安阳市滑县北杨柳民盟烛光小学、 新乡市红旗区明昌民盟烛光学校、新乡市卫辉市庞庄百威英博民盟烛光小学、商丘市民权县白云民盟烛光小学、开封市通许县杨庄民盟烛光小学、三门峡市渑池县藕池民盟烛光小学、信阳市商城县鲇鱼山民盟烛光小学、周口市商水县小集光汇烛光学校九所民盟烛光学校进行了调研，所到之处，当地市县统战部领导、县乡政府和教育部门领导参加了调研。通过实地参观校园、召开教师代表座谈会、听取校长汇报、与部分校长交谈等形式，深入了解全省民盟烛光小学的相关情况，并就今后一个时期“农村教育烛光行动”的思路与打算，听取了民盟烛光学校、当地教育部门、民盟各市委会的意见建议。

调研情况

1. 主要成绩

调研发现，绝大多数民盟烛光小学自揭牌以来，在当地教育部门的重视和领导下，在省市民盟的大力支持下，民盟烛光学校校园环境更加优美，教学设施先进，教学质量显著提升，学生生源增加。部分学校在提高文化课教学质量的同时，学校已在开展书法、绘画、健美操、足球等特色教育。多数学校已成为当地教育部门的示范学校，有的学校教学成绩进入当地前几名，起到了以点带面、辐射周边的示范效果，在促进城乡教育均衡发展中发挥了一定的作用。

民盟各市委会积极开展烛光行动，支持民盟烛光学校的建设和发展。调研中了解到，各民盟市委会，能够长期关注支持烛光学校的建设和发展，每年都坚持开展不同形式的帮扶支教活动，利用盟组织的人才优势和联系广的特点，及时帮助解决烛光小学发展过程中的实际困难。发现一些好的做法，例如：民盟濮阳市委员会，让濮阳市实验小学、市一流的学校，与它们的烛光学校建立对口帮扶关系，民盟烛光学校的教师随时可到濮阳市实验小学听课学习，采取师傅带徒弟的方法，对提高教师教学水平和管理水平，效果很好，很有必要在全盟和民盟烛光学校，进行推广学习。有的市委会，帮助学校在政府和教育部门呼吁和协调增加教师人数，有的组织盟员与民盟烛光学校学生建立手拉手关系，有的给学校建了科普室、图书室、足球场等，推动了烛光学校的发展。

调研活动的开展，使统战部门、地方教育部门进一步认识到民盟烛光学校的政治性、示范性和带动性，对于督促地方教育部门，加大对民盟烛光学校的扶持力度，解决民盟烛光学校的实际困难，具有积极的推动作用，有些问题在现场拍板得到解决。

2. 存在的问题

全省民盟烛光学校和民盟烛光行动基地学校中，个别民盟市委会对民盟烛光学校工作不够重视，与民盟烛光学校联系沟通关系不够。不了解学校教学和发展方面的需求，调动和发挥盟组织和盟员的作用不够，影响民盟烛光学校帮扶工作的推进。

全省民盟烛光小学普遍存在教师缺乏，只能保证语、数、外基本课程的教学，音、体、美大都没有专职教师。教师待遇较低，教师老化流失严重，教师问题是民盟烛光学校的最大问题，已严重制约民盟烛光学校的教育质量的提升和发展。民盟烛光学校大都在乡村，相对偏远，交通不便，待遇较低，如何提高民盟烛光学校教师从教的积极性，让优秀的教师愿意来，留得住，热情高，也是民盟烛光学校提升教育质量，打造特色品牌的关键。

3. 调研结论

民盟河南省委员会“农村教育烛光行动”调研组成员一致认为，关于可否开展贫困生救助活动问题。由于国家九年义务教育的保障作用，民盟烛光小学的孩子都能正常就学，完成学业，有衣穿有饭吃，留守儿童更多的是需要精神上的抚慰。

建议民盟各市委会学习民盟濮阳市委员会帮扶民盟烛光学校的先进经验，让民盟烛光学校和城市优秀小学建立对口帮扶关系，有效提高民盟烛光学校管理和教学水平。

民盟烛光小学的特色教育问题。民盟烛光小学对于开展书法、绘画、足球等特色教育，有一定的积极性，但缺乏专职教师。民盟在这方面具有人才优势，所以，可以在具备一定条件的民盟烛光学校帮助开展特色教育。

建议民盟各市委会对当地民盟烛光学校存在的教师缺乏、待遇较低等问题进行呼吁，帮助协调解决。

三、规划打算

关注教育是民盟的优良传统，“农村教育烛光行动”是民盟发挥界别优势，促进教育公平，推进城乡教育均衡发展的重要工作，是民盟社会服务工作的一项重要内容。在基本完成民盟烛光学校硬件建设的基础上，今后一段时间重点加强学校的软件建设，计划经过几年的努力，促进民盟烛光学校的办学水平进一步提高，在现有的基础上分别提升达到乡、县、市同类学校的先进水平；成为当地教育部门的示范学校、特色学校和品牌学校，使河南民盟烛光学校建设和发展成为全盟“农村教育烛光行动”的亮点和品牌。

具体做法如下：

1. 民盟各市委会继续帮助和支持民盟烛光学校的硬件建设和软件建设。

2. 依托盟省委基础教育委员会，每年定期举办河南省“农村教育烛光行动”研讨会，开展语、数、外优质课示范教学和特色教育培训。

3. 组织民盟烛光学校骨干教师参加省教育厅举办的全省语数外优质课大赛观摩学习。

4. 组织民盟烛光学校骨干教师参加美国科技教育协会举办的教育交流和培训活动。

5. 每年定期在全省民盟烛光学校举办示范课大赛活动，表彰鼓励先进。

6. 组织民盟烛光学校教师参加民盟河南省委员会组织的教师公益培训。

在脱贫攻坚大决战中，盟省委在19所民盟烛光学校建立了脱贫攻坚民主监督观测点，通过学校收集农村教育的一线信息。观测点覆盖范围广、覆盖面大，比较接地气，获得了大量一手资料，了解到许多农村教育的真实情况，盟省委通过进一步有针对性的调研，形成了一批重要成果，通过民主党派的渠道报送相关领导和部门，为河南全省打赢打好脱贫攻坚战贡献了民盟力量和民盟智慧。

民盟中央“双师课堂”调研

郑州市薛店镇民盟烛光小学童声合唱团

2019年，盟省委联合民盟中央开展了一次专项调研活动，针对农村学校教师结构性缺编等问题，引进“双师课堂”项目，为13所学校的40个班的孩子开设了英语、美术“双师课堂”，解决了学校缺乏英语专业、美术专业教师的问题。民盟河南省委、河南省音乐家协会、河南理工大学音乐学院联合开展了“烛光行动——艺术教育进校园”文艺支教项目，安排河南理工大学音乐学院的文艺志愿者长期在学校开设音乐课、组建学校合唱团，解决了部分民盟烛光小学缺乏音乐专业教师无法开设音乐课的问题，受到了学校和孩子们的热烈欢迎。

2021年，在开展“农村教育烛光行动”时，民盟河南省委基础教育工作委员会经过广泛调研，形成了《开展专递课堂试点　提升我省农村偏远地区教学点教育质量》调研报告，分别得到了中共河南省委、省政府领导的批示，试点工作已在汝阳展开。调研报告如下：

开展专递课堂试点　提升我省农村偏远地区教学点教育质量

民盟盟员、河南省基础教研室教育信息中心主任贯天仓，民盟河南省委会参政议政调研处许洪祯，民盟盟员、省政府研究室综合处副处长刘博，民盟盟员、河南省统计局数管中心高级统计师谢军反映：随着我省城镇化率稳步提升，大量农村学龄儿童随父母进城就读，农村就读学生逐年递减，农村教学点学生数量少的情况普遍存在。例如，南阳市50人以下的教学点有1389个，南召县20人以下的教学点有87个。这类学生数少的教学点，普遍存在师资力量不足、课程开设不齐全、教育质量欠佳、教育资源投入产出比不高等问题。近年来，教育部门采取一系列措施稳步推进撤点并校工作，显著改善了此类情况。但由于种种原因，部分教学点尤其是山区偏远地区的教学点，不宜过快撤并。对于不宜撤点并校的教学点，可以通过专递课堂方式作为补充，全面提升我省农村地区小规模教学点的教育质量。

教育部2018年印发的《教育信息化2.0行动计划》提出，引导教育发达地区与薄弱地区通过信息化实现结对帮扶，以专递课堂、名师课堂、名校网络课堂等方式，开展联校网教、数字学校建设与应用，实现“互联网+”条件下的区域教育资源均衡配置机制，缩小区域、城乡、校际差距，缓解教育数字鸿沟问题，实现公平而有质量的教育。这里提出的专递课堂作为一种新的教学模式，可以通过高新技术将相隔千里的教师与学生远程连接，实现远程课堂实时互动，可以有效解决我省偏远地区教学点教育质量提升问题。

专递课堂以网络联校为单位，可以实现主讲教室和听讲教室“1+N”或者“N+N”等教育教学模式，以1所或多所优质学校为网络主校，带动引领N所教学点。优质学校教师在给本校学生开展教学的同时，通过远程教育对教学点学生教学，教学点教师协助优质学校教师完成维护课堂秩序、收发批改作业等教学工作。这种模式，使边远地区上不齐课、上不好课的农村教学点与拥有相对丰富教育资源的城市学校同上一堂课，以共享优质教育资源，提高教学质量，促进教育公平和均衡发展。

目前，我省推广专递课堂的时机已较为成熟。一是目前宽带在农村已经普及，网络基础设施比较完善，具备推广专递课堂的基础条件。二是经过教育部门多年投入，我省绝大多数地区基本完成了“三通两平台”（即宽带网络校校通、优质资源班班通、网络学习空间人人通和教育资源公共服务平台、教育管理公共服务平台）的建设任务，推广专递课堂等远程教育的网络和平台已非常成熟。三是部分优质学校愿意提供帮助。目前，各地对这项工作的期盼和呼声都比较高，但是暂时还没有在现实的教育教学中形成切实可行的模式和方法。

为此，建议我省选择农村偏远地区合适区域进行试点，把专递课堂作为兜底性措施，边试点边总结经验，成熟后逐步在全省有需要的农村偏远地区教学点进行全面推广，推动城乡教育均衡发展、同步提升。

一是出台专项扶持政策提高优质学校参与专递课堂的积极性。例如，通过当地教育部门给市级、县级优质小学分派任务，一个学校包一个教学点。在支教政策方面，可以把教师参与教学点远程教育的时间，考虑按照一定比例（如三比一）折算成农村支教经验，在职称评审中予以认可。对教师参与远程教育的授课时长，要有相应的课时补助，费用由农村教学点所在地教育部门补贴。

二是尽量使接受远程教育的学生水平保持相对一致，以确保教学质量。选择“1 个镇中心校 +N 个教学点”的模式，这样学生能力水平相对一致，便于教师统一课堂进度。目前，到农村学校支教的教师经常被分配到镇中心校，可以以考虑从这些教师中择优从事这项工作。也可考虑在一定期限内，优质学校教师只负责给 N 个教学点学生远程授课，暂不承担本校教学任务。

三是对专递课堂给予相应的经费支持。例如，在教育经费科目设置和使用方面，对“专递课堂”进行支持；也可以考虑采用购买第三方公司服务的方式降低运行成本，克服教学点缺乏专业信息技术人员和运维成本过高难题。

泰山不让土壤，故能成其大；河海不择细流，故能就其深。十年树木，百年树人。15 年前，“农村教育烛光行动”才刚刚萌芽。15 年后的今天，已成长为枝繁叶茂、硕果累累的参天大树。如今，河南的民盟烛光小学校园环境优美、教学设施先进、教学质量显著提升，成为辐射周边的示范性学校，也成了校长、骨干教师的孵化基地，部分民盟烛光小学的副校长到周边学校担任校长职务，部分民盟烛光小学的骨干教师到周边学校担任“师傅”，带领青年教师一起发展，周边学校在民盟烛光学校的影响下也加速了发展的步伐。

根据 2021 年 11 月的统计，河南省内的 19 所民盟烛光学校在校生人数共 8396 人。新郑市薛店镇民盟烛光小学在校学生 1363 人，相比挂牌之初增加了两倍。南乐县东寺庄民盟烛光小学和济源市五龙口镇民盟烛光小学，分别从 230 人、140 人增加到 698 人、443 人，增长率达到 300% 还多。截至 2021 年 11 月， 有 9 所民盟烛光小学在校生人数显著增加，7 所民盟烛光小学在校生人数基本持平，只有 4 所学校在校生人数减少。

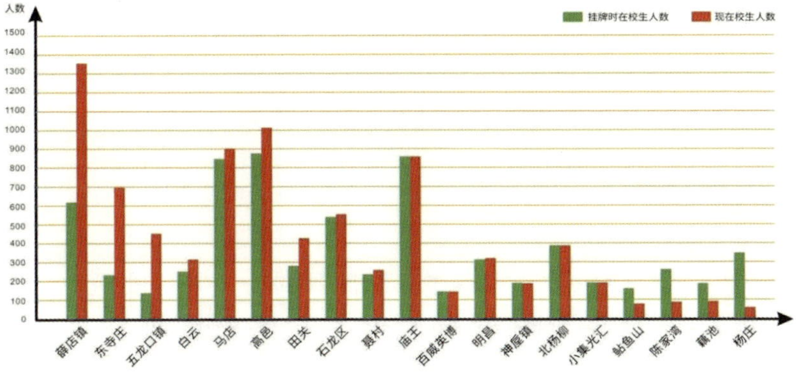

民盟烛光学校挂牌前后在校生人数一栏表 （2021年11月统计）

《人民政协报》《团结报》《河南日报》以《烛光照亮未来，真情成就希望》《乡村不灭的“烛光学校”闪耀中原大地》《在贫困山区点燃一盏烛光》等为题，对盟省委开展“农村教育烛光行动”，推进城乡义务教育均衡发展做出的贡献进行了报道。

道阻且长，行则将至，行而不辍，未来可期。仰望历史的天空，家国情怀熠熠生辉；跨越时间的长河，教育情怀绵绵不断。从历史到现实，教育的书写，大我的境界，始终激励着河南民盟人勇毅前行。奋斗赋予时间以意义，精神照亮民族的未来。站在新的历史起点上，习近平总书记的话语响彻耳畔——“以坚如磐石的信心、只争朝夕的劲头、坚韧不拔的毅力，一步一个脚印把前无古人的伟大事业推向前进。”

…………

时间属于奋进者！历史属于奋进者！披荆斩棘，昂扬的是精神力量；击鼓催征，不变的是追梦步伐。河南民盟人向着更壮阔的征程再出发，向着更大的胜利再前进！

第三章　蓬勃发展的河南民盟烛光学校

第一节　烛光里的孩子

“听老师的话，好好学习。”开封市通许县练城乡杨庄村村民魏亚芳对着两个女儿挥手。

此时，村庄早晨的炊烟未散，红日刚刚越过树梢，阳光沐浴着这座占地不足十亩的乡村小学。校门口，“杨庄民盟烛光小学”八个大字熠熠生辉，老师笑容可掬、孩子们鱼贯而入……

“大女儿读六年级，小女儿读二年级，两人学习都很好，品学兼优，懂感恩、知上进。民盟烛光小学，俺们信得过。”面对我们的询问，魏亚芳既感激又自豪。

一颗初心

杨庄民盟烛光小学的前身是杨庄小学，始建于 1974 年，历经 30 多年风雨，校园早已破败不堪：地面凸凹不平，校舍陈旧，教室多属危房且部分已坍塌，教具及器材缺乏……

2007 年，民盟中央发出倡议，号召各地民盟组织和盟员积极参与“农村教育烛光行动”。行动要求各地挑选经济条件、教育条件相对落后的农村地区建立“民盟烛光学校”，依托盟内资源优势开展帮扶行动，提升偏远地区学校教育条件与水平。随后，民盟河南省委、民盟开封市委经过多次实地考察并与当地政府、教育局沟通协调，最终确定在此建立“民盟烛光学校”。

2008 年，盟省委筹集资金 30 多万元，协调地方政府配套资金 30 多万元，对杨庄小学进行改扩建。一年后，随着崭新教学楼的落成，杨庄民盟烛光小学挂牌成立。

杨庄民盟烛光小学是河南第一所民盟烛光小学，第一任校长魏彩霞撰文写道：“在这片革命老区的偏僻乡村，我们曾是一个仅有几间漏雨大瓦房、四面围墙三面坍塌的小学。作为校长的我，居然能有机会赴南宁师范学院参加由民盟主办的海内外基础教育研讨会，系统学习先进的学校管理方法，太难得了。同时，民盟开封市委还为我们免费培训英语老师，开封市的名校名师跟我们搭建了互动平台，多次给我们上优质示范课……这在以前是不可想象的。这都得益于民盟的帮扶，得益于‘农村烛光教育行动’。我们唯有好好干，才能不负民盟领导重托，才能不负父老乡亲期盼。”

初心纯粹，一如脚下这方光荣朴实的土地。

一片关怀

在杨庄民盟烛光小学蜕变过程中，每一位关心和支持学校建设与发展的民盟盟员都是一支默默燃烧的蜡烛。

李重庵与孩子们互动

2008年春，时任全国人大常委会常委、全国人大法律委员会副主任的民盟中央副主席李重庵亲自赶到杨庄小学参加改扩建奠基。杨庄的村民，清楚地记得李重庵冒雨挖下第一锹土的场景，清楚地记得李重庵说出的铿锵话语：“中国民主同盟长期关心和关注乡村教师的发展，通过开展‘农村教育烛光行动’推动城乡教育均衡发展，同在一片蓝天下，让农村的孩子也能享受到好的教育。”此后，盟省委和盟市委的领导，一次次来到杨庄民盟烛光小学走访、考察、调研、捐助、指导，关心着学校的发展与建设。

日复一日，原先破旧不堪的大瓦房不见了，取而代之的是崭新的教学楼；原先晴天一身土、雨天一身泥的泥土校园不见了，取而代之的是宽阔平整的水泥硬化地面……走进教学楼，可以看到有盟省委、盟市委捐赠的书柜、图书、电脑等；走进餐厅，中午留校就餐的孩子们可以享受到肉、蛋和新鲜的时令蔬菜，而家庭困难的孩子更可免费享用。

就这样，杨庄民盟烛光小学作为民盟在河南第一支被点亮的蜡烛，开始发出明亮的火光。

一种蝶变

弹指间，14 年过去了。与提升硬件设施同步，杨庄民盟烛光小学的教育教学水平也得到了很大的改观。

多年来，在盟市委的积极协调下，先后有多位开封市重点小学的名师、优秀班主任到杨庄民盟烛光小学讲授优质课和示范课，使教师的执教能力和学校的教学质量得到跨越式提升。与此同时，在盟市委牵线下，杨庄民盟烛光小学与河南大学结对成为河南大学实习基地，令孩子们充分感受了大学生哥哥姐姐的蓬勃朝气、青春活力和发散思维、创新教学。于是，一届又一届“烛光学子”走出去，考上初中、高中、大学，奔向通许县、开封市甚至更远的地方求学。

特别值得一提的是，在帮扶杨庄民盟烛光小学过程中，盟市委的针对性做法堪称教科书式的典范：2017 年，盟市委换届后，新一届领导班子专门成立了民盟开封市委会小教支部，除彰显对全市小学教育的重视外，主要是做杨庄民盟烛光小学的对口帮扶。这个支部共有 18 名成员，均来自开封市直重点小学的优秀盟员教师，其中包括 3 位副校长、1 位国家级骨干教师、5 位河南省骨干教师、9 位开封市骨干教师，阵容实力一流。支部成立几年来，支部盟员教师经常组织到杨庄民盟烛光小学进行优质课和示范课宣讲，并和学校老师“一对一”结对帮扶，悉心传授教育教学经验，使杨庄民盟烛光小学教师不用出门就得到名师名家的言传身教，受益匪浅。此外，据不完全统计，自 2009 年杨庄民盟烛光小学成立以来，盟省委、盟市委累计捐赠图书 8000 余册，捐赠价值近 30 万元的教师办公桌椅、书柜、教学器材等。先后协调通许县政府拨付专项资金 132.6 万元用于基础设施改造。2022 年，盟市委为学校捐赠午餐专项费用 7 万余元，并为在校生制作了每人三套、价值 3 万余元的四季校服。

自然而然，硬件设施提升和教育教学改观，杨庄民盟烛光小学取得了水到渠成的理想收获。自挂牌以来，除按教学大纲搞好各科教学外，还因材施教并发掘培养学生的兴趣爱好，先后开展了书法、电脑等多种特色教育课程，提高学生综合素质。在教育质量、学校管理、学科比赛中，学校先后获得市、县、乡表彰近 40 次，学校的发展壮大惠及周边几百个贫困家庭的数千名学生。

“初心不改，道阻且长。”站在校园里，杨庄民盟烛光小学校长李健坚定地说：“接下来，我们会在盟省委、盟市委的关心支持下，努力探索、实施全新的教育教学方式方法，推动杨庄民盟烛光小学走向更加美好的明天！”

第二节　用教育烛光点亮乡村希望

“老师的讲座太精彩了，如沐春风，如饮甘露，让广大师生受益匪浅，增强了我们决战中考的信心……”

“现在我们的学生更爱学物理、化学了……报告对教学起到了积极的促进作用，师生反响很好，让我们收获很多。”

从 2010 年在新乡市明昌民盟烛光学校开展“农村教育烛光行动”以来，民盟新乡市委收到了数十封这样出自明昌民盟烛光学校师生的来信。一封封饱含深情的来信，对帮扶的盟员教师来说，既是轻松的又是厚重的——让大家在无比欣慰的同时深感任重道远。

12 年来，民盟新乡市委与明昌民盟烛光学校的师生从陌生到熟悉，从相识到相知，建立起深厚的友谊。新乡市民盟盟员也为农村地区教育教学质量的提高，为农村学校教学环境和教学条件做了大量扎实的工作。

民盟撒爱，护航烛光照亮求学路

明昌民盟烛光学校的前身明昌学校，是由爱心人士捐建的涵盖小学和初中的完全学校。

但由于学校位于新乡市东郊，且大部分学生都是农村的，学校的教育理念和教学质量亟待提高。2010 年 5 月，盟市委经过调研，报民盟河南省委同意，将明昌学校确定为民盟“烛光行动”定点帮扶学校并举行了“明昌民盟烛光学校”揭牌仪式。盟省委、盟市委向学校捐赠了图书和学习用品。省、市民盟领导与学校教师座谈时表示，盟省委和盟市委一起，发挥民盟的人才优势，协调各方资源，全力支持学校的建设和发展，努力将“明昌民盟烛光学校”建设成“民盟烛光行动”示范性学校，以点带面，辐射周边，推进城乡教育事业的均衡发展。至此，盟市委护航烛光照亮明昌学子求学路不断深入开展，民盟农村教育烛光行动在这里结出了让全体师生无比幸福的果实。

民盟新乡市委到校开展捐赠活动

为进一步改善学校教育教学设施，全面提高学校教育教学质量，

2015 年 5 月 22 日，在“六一”儿童节来临之际，盟市委组织民盟红旗区委、民盟卫滨区委、红旗区妇联、红旗区教育文化体育局为明昌民盟烛光学校捐赠了书包、图书和球类器材，为孩子们送上节日的祝福。“真的太感谢你们了！又是送书包又是捐款。孙女，你一定要好好读书，长大了为社会作贡献呀。”捐赠仪式上，一位老太太牵着孙女走上讲台，用朴实的话语作即兴感恩发言。

2018 年 11 月，经盟市委协调，新乡市图书馆将 1000 余册图书送到明昌民盟烛光学校并设立读者服务站，通过定期更换借阅图书提供公益阅读服务，让更多教师和学生享受到公共文化服务。2019 年 5 月 28 日，在“六一”儿童节即将到来之际，盟市委组织民盟卫滨区委、民盟红旗区委盟员 20 余人来到明昌民盟烛光学校开展“盟动中原——民盟新乡市委员会教育扶贫暨‘六一’儿童节爱心捐赠”活动，向 20 名学生捐赠书包、笔、本、排球、羽毛球等学习和体育用品。

为助力乡村教育扶贫，弘扬中华民族优秀传统文化，丰富校园文化生活，提高学生文化素养，2020 年 6 月 1 日，在“六一”儿童节当天，盟市委再次到明昌民盟烛光学校慰问，为孩子们带去节日的礼物和祝福，与孩子们一起度过了一个“难忘的‘六一’”。2014 年，盟省委为学校捐赠了供阅览室摆放的书桌 20 套约 80 个座位，学校很快成立了图书馆。2015 年，西操场铺上了塑胶地面。2016 年，小学部桌凳更换一新，教学设备更新，安装了 5 台一体机。2020 年，初中部桌凳全部更新，教室地面铺上了地板革，所有教室都安装了一体机，并改善了理化生实验室的条件。2021 年暑假，西操场塑胶地面翻新，东操场铺上了红蓝相间的悬浮地板，天蓝底色嵌入红色跑道，整齐美观，令人赏心悦目。

“盟省委、盟市委经常来我校调研指导，为学校发展出谋划策。”明昌民盟烛光学校校长张锡宇说，“各级统战部门和民盟组织的关心与支持是学校得以长远发展的力量之源。”

民盟扣心，开源引流力求真教育

“烛光行动”贵有烛光，老师就是点燃烛光的人。故而，教师的能力和水平决定着“烛光行动”的质量。为改善明昌民盟烛光学校教师的工作生活环境，加强农村教师队伍建设，民盟各级组织结合学校发展现状，以不同形式帮助教师提升业务素质和教育教学水平。

2021年1月，盟市委赴明昌民盟烛光学校开展“梦想直播课”捐赠活动。“梦想直播课”是盟中央联合新东方公益基金会和新东方在线共同推出的面向全国农村中小学生的寒假班直播课。盟市委为明昌烛光学校申请了义务教育阶段近500个免费名额，每个学生可以在寒假期间在完成老师布置作业任务的同时通过直播课享受新东方名师优质的教育资源。像这样的优质教育资源，明昌民盟烛光学校一直在源源不断地享受。2013年，为提高教职员工教学水平，盟市委为明昌民盟烛光学校免费提供教师培训2人次，组织盟内教师支教一次，通过听课、评课等手段不断提高该校教学水平。2014年9月15日，在明昌民盟烛光学校开展现场捐赠活动，北京四中网校80套教学资源免费落户该校。

在明昌民盟烛光学校门口有一副对联，上联是“为国为民为公为家兴明昌必刻苦学习”，下联是“正人正道正功正业促发展定硕果辉煌”，这正是学校教学宗旨和理念的体现。多年以来，学校以“习得真知、学做真人”为指导思想，不忘初心，内修品质，外承使命，坚持立德树人，办人民满意的教育为根本价值取向，不断探索完善，形成了“千教万教教人求真，千学万学学做真人”的教育理念。

2015年4月9日，盟市委组织两所“民盟烛光学校”十几名教师骨干赴新乡市属重点学校新区小学参观学习。在参观学习中，教师们系统地观摩了该校语、数、外教学，听取了学校管理经验及教学研究汇报，并对参观学习进行了总结座谈交流。

“我们深刻体会到新区小学的校园文化、办学理念、教育教学、学校管理、师生素质的优越性，真正明白了什么叫‘天外有天，人外有人'，值得我们学习的地方太多了。"培训期间，大家结合本校实际情况进行了反思与总结，对学校的教育理念、办学宗旨等有了更深刻的认识。

2018 年 10 月 29 日，新乡市红旗区实验小学副校长、小学英语专家、民盟盟员姚广娟及英语教学骨干教师秦宜宾等人，到明昌民盟烛光学校进行英语教学工作交流。"通过教学交流、观摩学习、送教下乡、教学比赛等活动，感觉自己收获很大，比如尽量在教学过程使用英语教学，借助手势、口令、动作等来挖掘自身教育资源，提升同学们的学习兴趣。"校长张锡宇说，"通过学习和改进，老师们的专业水平提高了，课堂气氛更加活跃了，教学效果更加明显了"。

在张锡宇看来，"烛光行动"更像是乡村一盏不灭的烛火，不仅照亮了乡村无数孩子前行的路，还温暖了乡村贫困家庭的心，指引老师们开阔了视野。

民盟引泉，奉献大爱传递正能量

"烛光行动传大爱。"这是著名学者、民盟盟员季羡林先生亲自为"烛光行动"撰写的题词。在开展帮扶活动时，盟市委始终注意贯彻落实盟中央所确立的活动宗旨，注重发挥其社会宣示作用、示范带动作用和固根扶本作用；关注农村教师个人的专业发展、全面发展，并通过推动制度建设完善农村教师队伍建设。

12 年过去了，明昌民盟烛光学校的教师队伍素质和教学水平发生了深刻变化。教师综合素质得到明显提升，全校现有市级优秀教师 11 人，区级优秀教师 25 人；市级骨干教师 10 人，县级骨干教师 21 人。教育科研工作位于全区前列，办学声望进一步扩大，社会影响力不断增强。

2021 年暑假，连日暴雨和洪水使卫辉很多人失去了家园。看着新闻里一幕幕惊心动魄的救灾画面，一张张恐慌无助的脸庞，一群群背井离乡的身影，民盟盟员、校长张锡宇坐不住了：我们都是新乡人！卫辉有我们的学生！我们是民盟烛光学校，我们要发挥我们的光和热！大灾大难面前，明昌民盟烛光学校迅速投入到为安置受灾群众做准备的工作中去。在这段时间，涌现出很多感动人心的人和事。

7月23日，八（1）班班主任孙姝华以个人名义给庞庄和常村的9位家长打电话，发现电话打不通，就给他们发去微信：“家里怎样了？到关堤来吧，我家里吃住都不是问题。”后来陆续收到了“家里没事，谢谢老师关心”等回复，有的家长还发来了家里的照片让老师放心。“良言一句三冬暖”，孙姝华的问候话语并不多，却足以温暖家长的心窝。

2021年7月25日，明昌民盟烛光学校决定成立赈灾安置点。当第一批受灾群众来到时，准备工作已经基本就绪，校园、宿舍、餐厅都打扫得干干净净，完成了消毒杀菌。考虑到睡上下铺不方便，老师们从五楼宿舍把单人床抬下来，放在一楼宿舍。为保证他们的日常卫生和健康安全，学校又腾出房间买来热水器，找来专业师傅，增加了洗澡间。受灾群众一来校，就能躺到舒适的床铺，吃到可口的饭菜，喝到热腾腾的茶水，洗上舒服的热水澡。

运送救灾物资的车辆来了，老师们排队搬递物品。身体瘦弱的姚玉英老师像汉子一样搬运物品，让人感动。受灾群众没有洗漱用品，姚玉英打电话让家人买了牙膏牙刷晾衣架送到学校。一连几天，姚玉英每天都前来报到，搬运物品，发放物品，没抱怨过一句。没有枕头，田俊老师白天在学校忙，晚上回到家里和婆婆连夜赶制出一百个枕套，第二天带到学校。看着受灾群众一个个领走了软绵绵的枕头，黑眼圈的田俊笑得可美了。

受灾群众中也有不少小学生，学校就安排他们在教室里学习，看书、写作业，遇到问题有老师当场解答。有两个将要上高三的学生，他们的家长担心孩子耽误了学习，向学校反映了情况。张锡宇记在心上，但明昌民盟烛光学校只有小学部和初中部，没有合适的老师辅导他俩学习，怎么办？张锡宇联系了有多年教学经验的高中老师。看着自己的孩子坐在宽敞明亮的教室里安静学习，两个高三学生的家长满意地笑了：“真想不到，自己一分钱没花，明昌学校管吃管住，还管请老师给俺孩子上课！”他们说：“俺到啥时候都忘不了明昌学校的恩人！”

民盟中央原副主席李重庵说过，“烛光行动”是没有结束时间表的。什么时候城乡教育水平的巨大差距有了根本性改变，什么时候“烛光行动”才会告一段落。这是对“烛光行动”意义和价值的最好诠释。“烛光行动”不是短期的行为秀，盟市委将继续贯彻落实盟中央及盟省委的精神，开展更深远、更持久的烛光行动，让更多贫困农村学校得到帮助和支持。

第三节　一所区域性中心小学的成长之路

上午，阳光暖洋洋照着豫东大地。

走进周口市商水县小集光汇烛光学校，我们仿佛进入一片绿色海洋：一棵棵广玉兰青翠欲滴，叶子像打了蜡一样光洁；一方方小草坪纵横交错，浅草犹如洗了澡一般澄澈……放眼望去，从上到下，由近及远，或墨绿，或翠绿，或嫩绿，两层教学楼掩映其间，朗读声此起彼伏，令人心旷神怡。

“看看现在的绿意盎然，想想以前的泥土飞扬，我常有恍若隔世之感。”小集光汇烛光学校校长雷震憨笑着说。雷震是一位有着 40 年教龄的“乡下老教师”，亲见了小集光汇烛光学校的成长、发展和变化，在他看来，“这所学校的改观，都得益于民盟的‘烛光行动’”。

援建助力 旧貌换新颜

小集光汇烛光学校坐落于沙颍河南岸，前身是始建于 1965 年的黄寨镇小集小学。

以前，小集小学校园狭小、房屋低矮、桌椅破旧、设施欠缺，多年风雨侵袭，主建历经沧桑，已成名副其实的“危校”，严重影响教育教学活动的开展。2010 年，经民盟河南省委积极争取，民盟中央协调资金 40 万元，商水县政府配套投入 70 万元，对小集小学全面规划重建。民盟河南省委、民盟周口市委将小集小学纳入“烛光行动”帮扶计划。

2011 年 5 月 26 日，“小集光汇烛光学校”落成暨捐赠典礼举行，时任全国人大常委会副委员长、民盟中央主席蒋树声为学校题写校名，盟省委、周口市委、盟市委有关领导出席落成暨捐赠典礼，盟省委和盟市委向小集光汇烛光学校捐赠了 20 台电脑、150 套桌凳、270 套书包文具以及大批图书和体育器材。仪式上，与会领导指出，援建小集光汇烛光学校，是盟省委、盟市委开展“农村教育烛光行动”的具体举措，也是“同心同行建中原”的具体体现，希望小集光汇烛光学校全体师生积极进取、开拓创新，谱写教育事业新篇章。

相较于小集小学，重建后的小集光汇烛光学校发生了翻天覆地的变化：有集教师办公开会、学生上课自习、电教实验为一体的综合楼，有用于教育教学的体育、音乐、美术、劳动、实验、广播等配套设施设备，有气派的校门、宽敞的教室、硬化的道路，种植了花草树木和配备了标准化器材的运动场、无塔供水装置……这真可谓是“旧貌换新颜”，也为当时商水县小集新农村建设增添了一道亮丽风景。

精准帮扶 更上一层楼

小集光汇烛光学校的建成，为全体师生创设了一方乐教乐学的理想园地。援助继续在路上，盟省委和盟市委随即实施“精准帮扶”，把对小集光汇烛光学校的帮助重点转向对教师的指导，重在提高教师的教育理论水平和教学实践能力。

2011 年 8 月，小集光汇烛光学校挂牌两个多月后，盟省委 2011 年度中小学英语教师培训活动拉开序幕。考虑到小集光汇烛光学校在英语教学方面的薄弱情况，盟省委特意召开专题会议，研究小集光汇烛光学校英语教师参训事宜。此后，在盟省委的安排下，小集光汇烛光学校每年都选派不同学科教师，参加盟省委组织主办的培训活动，有效改善了语文、英语、音乐、美术、体育等学科落后的状况，进而补足教学“短板”。

孩子们在学唱国歌

与此同时，盟市委每年都组织省级教育专家和优秀教师到小集光汇烛光学校开展“烛光行动·同心支教行”活动，或调研或听课或座谈，详细了解学校教育中出现的新情况和教师教学中遇到的新问题，商讨、酝酿、确定系统且全面的“帮扶方案”，令学校和教师受益颇多。这期间，民盟周口师范学院支部委员会更充分发挥了人才和智力的优势作用。2012 年 4 月，民盟周口师范学院支部委员会的盟员教授到小集光汇烛光学校指导教研活动，分享自己在新课程改革中取得的经验和开展校本研修情况，走进教室上示范课，现场展示课堂教学设计、教学方法，会同学校教师交流沟通，围绕课堂、课改等相关问题展开探讨；2013 年 10 月，民盟周口师范学院支部利用“国培计划”河南省中小学骨干教师置换脱产研修项目培训的时机，带领小学语文班优秀学员到小集光汇烛光学校交流座谈……他们从教育理念、教材分析、备课思路、教学安排、家校共育等多个方面，与学校教师开展深入讨论，使小集光汇烛光学校教师对“外面的世界”有了进一步的清晰认识。

为帮助小集光汇烛光学校教师参加盟省委、省基础教育教学研究室主办的示范课大赛，盟市委多次组织民盟系统内资深专家如王迎吉、米学军、万中亚等教授，对参赛教师辅导，帮助他们研究教材、分析学情，制订教学目标、明确教学策略，面对面评课和打磨，在拍摄视频、制作光盘以及穿着和言语等方面，提出建设性意见。

在盟省委和盟市委的精准帮扶下，小集光汇烛光学校各学科教师迅速拔节生长，无论是教学理念还是教学方法，抑或是管理模式等，都发生了蜕变，有效促进了学校整体教育教学质量的提高。从 2012 年起，小集光汇烛光学校先后获得“周口市初级教育示范性学校”“周口市首批素质教育示范性学校”“周口市后勤管理工作先进学校”“周口市中小学师德师风先进单位”“民盟河南省委员会示范课大赛组织奖”“周口市校园绿化美化达标学校”等多项荣誉称号，成为当地示范性学校。

课间，孩子们在跳绳

发挥优势 花开香满园

小集光汇烛光学校的脱胎换骨般变化，令师生感触颇多。

“这所学校，好比是我的孩子。看着它一天天、一月月、一年年茁壮成长，我打心眼里高兴啊！”小集光汇烛光学校校长雷震说。雷震 1982 年走上讲台当教师，2003 年任小集小学校长，2011 年任小集光汇烛光学校校长，朝夕相处，多年相伴，学校的一草一木、一砖一瓦、一人一事早已熟稔于心并融进血脉。

“这里是一个大家庭。我们不称校长、主任、老师，而是叫哥、姐、弟、妹。大家都很亲切随和，让我倍感温暖！”小集光汇烛光学校班主任兼语文教师闫慧勤说。闫慧勤毕业于周口师范学院，2016 年 9 月来到小集光汇烛光学校讲授语文，短短几个月，就“再也不想离开这儿了”，带着孩子们在教室上课、到户外观察，成为同事、孩子及家长称赞的“师德标兵”“优秀教师”，更因“挺着大肚子兼教四、五、六年级的英语课”，成为雷震口中的“平凡又不平凡的人”。

“我会唱《大中国》了，这是我利用学校课后延时服务在音乐社团学的，我准备在今年‘六一’儿童节文艺会演时唱给所有人听……”小集光汇烛光学校六年级学生孙淑涵说。孙淑涵在小集光汇烛光学校学习生活了六年，多次担任数学课代表、班长。在她心里，“老师们和蔼可亲，校长严厉与亲和并重，同学们热心互助”。

俗话说：什么环境养育什么人。在小集光汇烛光学校，像孙淑涵这样评赞母校的孩子比比皆是，“常回家看看”的往届孩子也数不胜数，这多归功于学校创设的“不一定是最好但一定是最适合的育人环境”。现在，小集光汇烛光学校正致力于打造全新环境——“营造书香校园，凸显养成教育”。“为营建氛围，我们策划并开展了丰富多样的读书活动。”雷震说的“读书活动”，是向师生开放图书室、开设阅读课程、每天早上 7 点半开始晨读活动，定期举办“讲故事、背古诗”比赛，每月评选一次“阅读之星”，展示师生优秀读书笔记和优秀晨诵作品等，引领并鼓励学生养成“多读书、多阅读”的良好习惯。

“说起来，这项举措的落地和这些活动的开展，同样离不开盟省委和盟市委的支持和帮助……”雷震信心满满地说，“我们会充分依托并发挥平台和资源优势，多措并举助力民盟‘烛光行动’，同时也让我们小集光汇烛光学校这方小园花开更多、花开更香！”

第四节 一座乡村文化乐园的蝶变之路

四月的下午，春风和煦，西峡县田关镇民盟烛光中心小学的朗朗书声吸引着我们。

进入校门，整洁宽敞的校园和五层综合教学楼映入眼帘。田关镇民盟烛光中心小学校长李洪彬热情地带我们走进荣誉室，“河南省读书教育活动先进单位”“河南省小樱桃杯文明小公民漫画大赛先进集体”“河南省民盟烛光学校示范课大赛组织先进单位”“南阳市教学质量先进单位”“南阳市电化教学工作先进单位”“南阳市教科研工作先进单位”“西峡县三疑三探教学模式五星级窗口学校”……一个个奖牌映入眼帘。李洪彬骄傲地说：“看看现在学校的样子，你们肯定很难想象以前这儿是啥样的！”

田关镇民盟烛光中心小学以前到底是什么样呢？

破茧化蝶 百年老校重生

西峡县田关小学始建于 1917 年，是一所历史悠久积淀深厚的百年老校。

2010 年前，学校发展几近停滞，校舍是陈旧老化的瓦房，操场坑坑洼洼，教学设备落后，学生生源不足。2010 年春，在民盟河南省委号召下，民盟盟员企业家李继琛捐资 45 万元，民盟南阳市委协调资金 100 余万元，建成了田关镇中心小学综合楼，民盟爱心洒向田关教育。2011 年 5 月，“西峡县田关镇民盟烛光中心小学”落成典礼举行，盟省委、盟市委向田关镇民盟烛光中心小学捐赠书包、文具 560 套、图书 2500 册，以及价值 3 万元的体育器材。

2013 年 10 月，为进一步提升田关镇民盟烛光中心小学的教育教学质量，民盟盟员企业家李继琛又捐资 10 万元为学校建了十个“班班通”多媒体教室，大大改善了学校的教学条件，为师生提供了现代化教学体验。

2014 年“六一”儿童节前夕，学校开展爱心助学代理妈妈活动，盟市委组织盟员为学校 18 名贫困儿童送来资助款和学习用品、生活用品，为失去单亲或双亲的贫困儿童撑起了一片爱的天空。

2015 年 12 月，盟市委“冬季送温暖”活动对建档立卡贫困留守儿童开展资助，通过前期实地查看和了解贫困留守儿童的家庭情况，为确定帮扶的贫困家庭学生送来慰问金和棉服，使贫困学生衣食无忧，安心学习。

2016 年 3 月，盟市委组织盟员为学校捐赠图书 2300 余册，建立民盟“烛光书屋”，为全体师生送上精神食粮。

2019 年 10 月，盟市委联合南阳军艺萨克斯培训学校，为学校捐赠陶笛 100 个，并现场为师生进行培训。

2020 年 5 月，盟市委为学校捐赠儿童口罩 3000 只，并走进课堂对师生进行新冠肺炎疫情防控知识讲座。

2020 年 9 月，时任全国政协副主席、民盟中央常务副主席陈晓光到学校调研，深入课堂及少年宫，对学校的教育教学工作高度评价并寄予希望。

2021 年 9 月，受新冠肺炎疫情影响，为保证线上教学开展，盟市委为学校送来 10 套线上教学设备，及时解决了学校线上教学设备落后的问题，为疫情期间学校教育教学质量的稳定和提高提供了强有力的保障。

一次次帮扶，一步步成长，田关镇民盟烛光中心小学焕发了新的生机。盟省委和盟市委多年来持续不断地播撒爱心，全力支持学校的基础建设和协调发展，将学校建设成“环境优美、设施先进、教学一流”的示范性学校，有力助推了城乡教育事业的均衡发展。如今，田关镇民盟烛光中心小学有 10 个教学班、405 名学生、24 名专任教师，教师学历合格率达 100%；有图书 11950 册，人均 29 册；学校设有音乐教室、美术教室、计算机教室、实验室、仪器室、体育器材室和心理咨询室；各室配备齐全，设施先进，均达省定一类标准，于 2016 年顺利通过国家义务教育均衡发展验收。

优势领跑 助力快速成长

看着综合教学楼，教师吴芸感慨地说：“自从综合楼建成以后，各种新设备、新器材源源不断来到学校，城市小学有的我们也有了。通过环境改善，教师的工作心情舒畅了，学生们的学习劲头更足了；环境变美了、设施齐全了、师资力量提升了，流失师生的回归让校园重现生机。通过各项教学交流、观摩、学习、送教下乡、教学比赛等活动，我感觉自己收获很大，在教学过程中我通过借助优质的资源提升了自身的教育教学水平。‘烛光行动’像一盏不灭的烛火，不仅照亮了乡村孩子前进的道路，还温暖了贫困家庭的心，也开阔了老师们的视野。”

建设高质量的教师队伍，不仅是提升育人质量的需要，更是学校发展的源头活水，在民盟优势教育资源的带领下，田关镇民盟烛光中心小学师资力量实现了快速成长。为提高全省偏远农村和民盟烛光学校的教师素质，传播先进教育理念，从 2014 年开始，盟省委联合省教育厅等相关部门，连续 7 年开展“农村教育烛光行动”研讨会及示范课大赛，并多次选派校长、骨干教师赴外省参加专题培训活动。这期间，田关镇民盟烛光中心小学参加校长培训 7 人次，参加教师培训 14 人次，其中有 7 人在示范课大赛中获奖，2017 年荣获“河南民盟烛光学校示范课大赛”组织奖。学校采取新上岗教师培训、学科研讨会、骨干教师观摩课、新老教师结对帮扶等形式促进教师专业发展，盟市委也积极搭建平台，邀请南阳市有关教育专家或骨干教师到校或在线培训，让教师们吸收最新的教育教学理念，通过各种形式引导教师树立专业意识，践行“工匠精神”，做有追求的幸福教师。

焕发活力 集聚效应初显

随着田关镇民盟烛光中心小学软硬件设施和师资力量的不断完善，周边村落的家长不再执着于县城的学校，纷纷让孩子转学回来了。

五年级学生张楷睿的家长张艳霞说：“自从民盟捐建田关镇民盟烛光中心小学以来，我看着学校发生了翻天覆地的变化，环境优美，硬件设施到位，学校管理规范，非常注重学生行为习惯和能力的培养；

教师爱岗敬业，富有爱心且具有很高的教学业务水平。孩子在这里学习感到轻松、愉快，各方面能力得到了提高，不仅学到了知识还懂得了做人的道理，学会了与人相处，看到孩子一天天的变化，我感到由衷的欣慰。这里真是孩子成长的摇篮，让孩子在这儿就读是我们正确的选择。”

二年级学生李智航的家长黄欢欢说：“选择了田关镇民盟烛光中心小学，我们没有遗憾，孩子不仅学习成绩优秀，而且参加学校组织的各种示范活动，自身素质以及各项能力得到了不断的提升。我们知道这一切都不是来自偶然，而是来自学校全体教师的辛勤耕耘以及学校的精细化管理。”

五年级学生丁佩绮是个有点腼腆的小姑娘，但说起在田关镇民盟烛光中心小学的学习生活，她的话多了起来：“我 2017 年进入田关镇民盟烛光中心小学。那时候，我背书很紧张，说话吞吞吐吐，总会因紧张而忘词，大脑一片空白。在老师和同学们的帮助下，我慢慢适应了这里，觉得这里挺好的。我在这里学习五年，贾老师给我带来了许多美好的回忆，叫人回答问题时，如果答得好，她便站在讲台边闭上眼睛仔细聆听，好像在听一首美妙的乐曲，待同学们回答完她会说一句：‘好！很棒！’如果同学们回答得不好，她会鼓励和安慰。学校还收到了民盟领导捐赠的用于德育教育的图书和用于美育教育的陶笛——这不仅开阔了我的眼界，也让我知道人间自有真情在！这些都是我不可磨灭的记忆。”

“爱心情系教育　烛光照亮未来”是田关镇民盟烛光中心小学师生对“烛光行动”的肺腑感言。“我对学校的未来充满憧憬。”李洪彬说，“相信在盟省委和盟市委的引领和关爱下，随着乡村振兴的推进，我们一定能走得更远、走得更好，成为校园景观、人文环境、文化设施独具特色的文化乐园。”

第五节 少年宫绘就七彩梦

“黑白琴键上指尖飞舞，楚河汉界间你来我往，白色宣纸上妙笔生花，击鼓踏奏间动感十足……”

每周二至周四下午，濮阳市南乐县东寺庄民盟烛光小学的少年宫热闹非凡，在老师的带领下，各年级学生穿梭于棋艺、书法、舞蹈、电子琴、剪纸、跆拳道、架子鼓等不同社团，尽情开启多彩课后延时生活。

“说起这座少年宫，必须要感谢民盟的鼎力支持和帮助！”站在少年宫外，东寺庄民盟烛光小学校长韩社霞自豪地说，“我们借助少年宫打造出新的办学特色，少年宫成了我们小学的一张名片，也成了南乐县乡村学校的一道风景！”

老旧村小“华丽转身”

每次回到东寺庄民盟烛光小学，王国选都感慨良多。作为学校前任校长，他见证了这所学校从衰落走向辉煌的历程。

“以前，学校就一条砖铺路，一座还算能用的教学楼和一排旧瓦房，校内是泥土地面，遇到下雨天，师生踩着砖、弯着腰才能进厕所，厕所顶上的薄石棉瓦几乎脱落殆尽。”王国选厚重的声音，将我们的思绪拉回过去。

东寺庄民盟烛光小学前身为东寺庄中心小学，校舍破旧，办学条件落后，生源持续流失。看到城区学校素质教育开展得有声有色，王国选也萌生过将优质教育资源引入学校的念头。但是，学校基础设施差、教师队伍学科较单一等问题，让他心有余而力不足。“缺少体、音、美教师，没有场地和器材，想搞也搞不起来。”王国选说，“直到民盟河南省委、民盟濮阳市委将学校纳入‘农村教育烛光行动’帮扶计划，并筹集资金对学校开展整修和扩建，学校才得以改头换面，迎来发展。”

2011 年 12 月 21 日，东寺庄民盟烛光小学揭牌仪式举行，盟省委为东寺庄民盟烛光小学捐赠了价值 4 万多元的体育器材、书包和文具。随后，在盟省委的支持下，盟市委积极对接各方资源，持续提升东寺庄民盟烛光小学的办学条件：协调濮阳市科学技术协会投资 5 万余元建成一座科技馆，投入使用后成为周边乡镇 30 多所中小学校学生亲身体验的“好去处”；协调濮阳市文明办投资 20 万元建设一座少年宫，指导帮助学校开设社团课程和社团活动；此外，筹集资金购买了价值 1 万元的小学生课外读物，发动民盟盟员捐资购置了 100 套学生桌椅、捐献 400 多册课外读物……盟市委这种全方位、立体化的做法，为东寺庄民盟烛光小学的发展与壮大提供了有力保障。

一年又一年，在农村学校生源持续流失的大环境下，东寺庄民盟烛光小学生源反而增加，在校学生从挂牌初的 200 多人增加到 700 多人，成为一所“乡村名校”。

特色社团　“百花齐放”

2015 年，东寺庄民盟烛光小学少年宫建成使用，拉开了学校特色办学的序幕。

孩子们在上音乐课

为加快东寺庄民盟烛光小学音、体、美教师队伍建设步伐，盟省委带领该校音乐教师到广西师范大学培训，盟市委组织盟内优秀教师到学校开展“音、体、美教师培训”活动，积极为学校教师提供进修学习机会，搭建学习平台。2018 年 4 月，盟市委到东寺庄民盟烛光小学开展“盟动中原——烛光行动”支教助学活动，盟员教育专家进行了美术、戏曲、体育课程教学示范，受到全校师生的热烈欢迎。

“根据学校安排，每个班级都创建学生社团，开学初要做好社团课程计划。”二（3）班数学教师陈卫引介绍，“我们班开设的是口才社团，平时通过带领学生背一背、说一说古诗词、绕口令、顺口溜等，锻炼学生表达能力，做到每个孩子都能张开嘴。”

孩子们在上书法课

在陶艺课上，东寺庄民盟烛光小学的学生跟着教师认真和泥制坯，经过一番打磨，一个个形态各异的泥坯作品跃然眼前；电子琴课深受孩子们喜欢，一曲曲动人旋律随着孩子的敲击发出，引得师生陶醉其中；篮球场上，孩子们或展现优秀的个人技术，或与队友传接配合，随着篮球不时落入篮筐，赛场上发出阵阵欢呼声……

就这样，自 2015 年以来，东寺庄民盟烛光小学先后开设了棋艺、篮球、电子琴、书法、跆拳道、口才等10个学生社团，增设了心理咨询室、陶艺室、书画室等综合素质教育教室，举办了计算机、书法、音乐、戏曲讲座，开设了法制课、音乐课、体育课等一系列特色课程。培养了学生的兴趣与特长，又促进了学生的全面发展，受到社会各界广泛赞誉。二（3）班学生家长王晓英说："东寺庄民盟烛光小学不仅办学条件好、办学质量高，还开设了多种多样的社团课，可以丰富孩子在校生活，是我们家长认可的一所学校，把孩子送到这里，我们做家长的特别放心。"

多管齐下促跨越发展

10年来，东寺庄民盟烛光小学秉承"以德正身，追求卓越"的校训，按照"依法治校、民主理校、文化润校、特色兴校、质量强校"的办学思路，团结拼搏，负重奋进，锐意进取，真抓实干，实现了跨越式发展。这其中，饱含着盟省委和盟市委的浓浓深情。

为提升师资队伍水平。盟市委制定了《支持东寺庄民盟烛光小学推进教育内涵发展实施方案》和《推进教育内涵发展培训计划》，为学校教育教学发展划出路径；开展"烛光点亮未来，光亮伴我前行"活动，牵手濮阳市实验小学并选派20余名教师赴濮阳市实验小学进行"一对一"学习；组织校长、优秀教师参加盟省委举办的示范课大赛活动和海内外基础教育研讨会、乡村教师培训等。2015年10月，盟省委"农村教育烛光行动"研讨会在濮阳市举行。其间，参会人员接受了基础教育专题培训，听评了示范课大赛活动中的获奖课，研讨全省基础教育存在的问题及对策，还对东寺庄民盟烛光小学进行了专题指导。

开展"112"双减行动。"1"即倡导一种理念——改变思维、拥抱"双减"，促进学生全面发展；"1"即践行一套课后延时服务体系，包括作业辅导、书法类社团、体育类社团、艺术类社团；"2"即深化两种途径，教师层面精心备课上课、精心设计作业，学生层面强调乐学习、勤实践。在"双减"背景下大力提升教育教学质量，让学生在校内学足学好，让教师凝心聚力，积极主动改变教育教学观念、策略、教学方式，在专业化、课堂思维化、作业设计化上下功夫，积极拥抱“双减”。

加强德育教育。通过制作德育教育标语、开展建党百年诗歌朗诵活动、组织学生参加“学党史，感党恩，跟党走”演讲比赛、举行传统节日主题班会以及每周一国旗下演讲等，对学生进行德育教育，让道德的种子在学生心中生根发芽。

关爱留守儿童。盟市委以“助力教育脱贫攻坚、关爱留守儿童、关注校园安全”为主题，联手“豫爱同行·研学旅行”公益项目，为东寺庄民盟烛光小学全体学生捐赠“安全小黄帽”，并向10名贫困学生捐赠助学金1万元；开展校园安全公益行活动，为贫困学生捐赠图书1000多册、电脑3台、书包50个等；通过医疗进校园、法律进校园、心理健康咨询进校园等系列活动，引领留守儿童“开开心心上学来，平平安安回家去”。

经过盟省委、盟市委多年的倾力帮扶，东寺庄民盟烛光小学教育内涵不断丰富，特色立校更加突出，先后获得“河南省书法实验学校”“濮阳市依法治校先进单位”“濮阳市标准化学校”“南乐县基础教育工作先进单位”等多项荣誉称号，成为南乐县乃至濮阳市农村教育名校。

“非常感谢盟省委和盟市委多年来的关心支持。”说起未来设想，韩社霞语气坚定地说道，“我们继续以‘让每一个学生幸福成长和促进终身发展’为目标，实现学校发展向内涵型转变，实现管理科学化、师资专业化、质量优质化，在形成自身办学特色的基础上，把学校办成让学生成才、让家长放心、让社会满意的优质学校。”

第六节　育有梦想的学生 办有温度的教育

许昌市神垕民盟烛光小学的前身是禹州市神垕镇南大小学，始建于1984年，是神垕镇南大居委会全体村民共同集资兴建的一所公办小学，历经20多年的风风雨雨，已不堪重负，教室成了危房。早在20世纪初期，教室就已经严重漏雨，外面下大雨，里面下小雨。在下雨的天气里，需用水盆在教室里面接水，接满之后泼在校园里再接，周而复始，要不然，学生们迎接的，不仅仅是房顶上面的漏雨，还有地面上的沼泽，这也成为那个时代南大小学全体师生最独特的记忆。

2009 年，南大小学迎来转机。民盟中央“农村教育烛光行动”照进这所偏远的山区学校，为南大的父老乡亲带来了福音。在民盟各级领导的关心以及各级政府的共同努力下，南大小学更名为“神垕民盟烛光小学”，新建了两栋两层教学楼，硬化了校园地面，配备了教室多媒体系统、实验仪器——自此，南大小学华丽变身，从老旧的村小变成了崭新的年轻学校，坚固明亮的教室、现代化的多媒体教学设备、宽敞的运动场，成了孩子快乐学习的天堂。

在神垕民盟烛光小学落成典礼上，学生代表李承锦说：“校园变美了，教室更加宽敞明亮了，图书室的图书丰富起来了，体育器材也增多了……今后，我们将拥有和城里小伙伴一样的教育环境，享受和城里小伙伴一样的现代化教育。”“农村教育烛光行动”不仅照亮了这一方小小的天地，更给这一方父老乡亲带来了教育公平的慰藉。

民盟扶持 助力成长

硬件设施有了，但薄弱的师资力量和较低的管理水平，是横亘在新生的神垕民盟烛光小学面前的两道难题。为了解决这一难题，民盟河南省委、民盟许昌市委想尽各种办法。

加强教师培训，提高教师的业务素养。盟市委发挥盟内高素养知识分子多的优势，采用送教下乡、上门培训、外出学习等多种方式，提升教师的业务素养。同时，盟省委也在这方面做足了功课，每年都组织学校教师外出培训，校长李亚蓓和学校老师们积极参与各种培训，努力提升自己。盟省委也给予最大限度的支持，每年举办高规格的培训会，在各种形式的培训中，老师们更新了先进的教育理念，提升了教书育人的水平和学校管理的水平，为更好地育人奠定了坚实的基础。

加速教师更新速度，引进优秀的教育人才。学校教师平均年龄大，学历水平偏低。为了更好地发展，在盟市委帮助下，学校引进了大量的年轻人。这些年轻的教师，有理想、有梦想、有朝气、有活力，思维活跃，善于学习。青春力量的加入，为学校注入了新鲜的血液，让垂垂老矣的学校重新焕发新的生机。在禹州市2021年度选调考试中，神垕民盟烛光小学4位教师报名，选拔进3个，这充分说明了学校教师具有高素质以及民盟在教师培训方面下的功夫。

加强对学校以及对贫困学生的资助。几年来，盟市委每年都组织盟员到学校进行调研，急学校之所急，帮助学校解决实际困难。2011年6月，盟市委协同企业爱心人士为贫困学子捐献了书包、水杯、夏凉被、课外读物等，为解决学校用电不稳定的困扰，特意协调捐赠发电机1台；同年10月，又为学校孩子们捐献新版图书1000余册，价值3万余元，筹建爱心书屋，搭建传递温暖与爱心的平台，让农村的孩子可以接触到更多的课外书，助力义务教育均衡发展；2022年4月，根据学校需求，为学校提供口罩3000只、消毒液300瓶，助力学校防疫工作，确保师生健康安全，筑牢校园安全屏障。

在盟省委和盟市委的持续帮助下，在全体师生的共同努力下，学校也发生了脱胎换骨的改变，各种荣誉纷至沓来：2013年被评为"禹州市先进管理学校"，2015年被评为"许昌市标准化学校"，2016年被评为"许昌市绿色校园"，2017年被评为"许昌市科技示范校园"，2018年被评为"许昌市师德师风先进校"，2019年被评为"河南省'烛光杯'先进集体""许昌市素质教育示范校"，2021年被评为"禹州市少先队优秀集体"……

教书更育人 有爱共成长

神垕民盟烛光小学始终秉承"办有温度的教育"的办学理念，作为一所拥有青年教师居多的学校，在师资队伍的建设方面，学校积极组织教师参加研讨会，线上、线下培训会，开展"教师基本功大赛"，与其他学校一同组织赛课，共同研讨教育存在的问题及对策。

为更好地贯彻落实师德师风建设方针和政策，学校开展了一系列活动。放学后，让个别孩子多留一会儿，问问"今天学得怎么样"；

看到有孩子家庭困难，悄悄替孩子交齐资料费用……每一位教师都在用自己独特的方式来诠释着“爱”的力量。

2019 年春节，一名学生家长因煤气罐爆炸身亡，留下柔弱的妈妈和三个未成年的孩子，老大上五年级，老二上二年级，老三还在幼儿园小班……消息传来，有老师提议：孩子太可怜了，我们给他们捐款吧！老师的自发行为，带动了可爱的孩子们，老师、家长、学生纷纷捐款，共捐献 13000 余元。

露佳老师响应国家号召，前往南阳山区支教，可是她放心不下自己的学生，在临近毕业的前夕为每一个孩子定制了独特的书签和毕业蛋糕，并给孩子们写了一封长长的信。信很长，但是思念、牵挂更长，听着老师念着的信，吃着老师送来的蛋糕，拿着老师为自己定制的书签，孩子们哭了……

一个一年级的小女孩含含（化名）突然要休学，老师打电话询问，才知孩子患上了罕见的疾病——朗格汉斯细胞增生症，治疗过程既痛苦又漫长。得知这一情况后，只要孩子从郑州回来，老师就上门家访，辅导功课。为了鼓励她勇敢接受治疗，美术老师崔露婷特意画了一幅画送给她，在阳光下的教室里，静静地坐在那里为学生绘画的崔老师也成了学校里面一道最美丽的风景。一年下来，有大半时间是在医院里度过的含含，期末考试得了年级第三名……

这样温馨的时刻，还有很多，每帧画面都是老师们对学生的爱，他们以东风化雨之情、春泥护花之意，培育祖国的花朵，与学生一同绘制灿烂的明天。

创办特色课程　丰富学生生活

神垕民盟烛光小学秉承“快乐学习，快乐成长”的办学理念，通过特色课程建设以及丰富多彩的社团活动将全面育人落到实处。

在每周阅读课上，老师带领学生在阅览室进行阅读探索，培养学生爱阅读的好习惯。引领学生阅读绘本，美文佳作、名篇警句、古诗寓言……让阅读陪伴学生成长，丰盈师生的心灵。

学校还开设了多门社团课。比如，阳光体育社团的花样篮球，培养学生对篮球运动的兴趣，发展学生协调、灵敏、快速反应能力；“韵律社团”的非洲鼓与手势舞结合，增强学生韵律感、身体协调性，增强自信心，促进心理健康发展；美术手工社团的折纸、黏土、绘画等，锻炼孩子动手的能力，培养孩子的专注力和创造能力；科学社团的科学探究以及实验活动，引领学生学会尊重事实，勇于探索，敢于质疑，学会根据所学知识大胆猜想并实践检验，有助于学生团队精神的培养；朗诵社团意在培养孩子们的主持能力与朗诵艺术；计算机社团学习拼音输入法，键盘基础知识，绘图软件的使用和 Word 编辑软件的技巧等；另外，还有五子棋社团、书法社团等。

神垦民盟烛光小学举行“烛光杯学霸抽奖活动”

在这样独具特色的教育教学中，神垦民盟烛光小学充满了欢声笑语。每周二至周四下午，在老师的带领下，各年级学生穿梭于棋艺、手势舞、科学、计算机、篮球、非洲鼓等不同社团，尽情开启多彩课后延时生活。

茹思宇是四年级学生。提到社团活动，他眉飞色舞地说："我最喜欢上社团活动了，三年级我参加了体育社团，四年级参加了棋类社团，每次参加社团活动我都特别兴奋，更在活动过程中深深感受和体会到了老师的关爱、同学的热情和学校的温暖，我衷心祝愿我的母校越来越好。"

神垕民盟烛光小学的特色课程，得益于盟市委的鼎力支持和帮助！盟市委送来篮球开启了学生的篮球之旅，送来蜡笔、彩笔等绘画工具，为孩子们描绘了彩色的天空，送来图书建设阅读室让学生自由自在徜徉在知识的海洋里……

对此，神垕民盟烛光小学校长李亚蓓说："我们借助社团打造出新的办学特色，这成了神垕民盟烛光小学的一张名片，也成了我们这里一道亮丽的风景线！"她说，学校会继续开发更多的特色课程和社团，促进孩子们的多元发展。学校以诗歌、绘画、音乐、运动填充孩子们的轮廓、强健孩子们的体格，老师们也相信，这些高尚的美，能够陪伴他们的一生，使他们即使在最严酷的冬天也不会忘记玫瑰的芳香。

关爱留守儿童 关注学生心理健康

盟市委以"助力教育脱贫攻坚、关爱留守儿童、关注校园安全"为主题，为神垕民盟烛光小学留守学生捐赠"爱心物资"，向民盟小学的几十名留守儿童捐赠了书包、夏凉被、蜡笔等物品，开展和留守儿童一起做爱心蛋糕，带领留守儿童去陶瓷工厂做手工陶艺等系列活动，让留守儿童们感受到了关心和爱护，引领留守儿童"开开心心上学来，平平安安回家去"。经过盟省委、盟市委多年的倾力帮扶，神垕民盟烛光小学教育内涵不断丰富，特色立校更加突出，先后获得"禹州市先进单位""禹州市基础教育工作先进单位"等荣誉。

"非常感谢民盟的关心和厚爱，不仅创设了宽敞整洁的校园，更温暖了农村孩子的心。”神垕民盟烛光小学校长李亚蓓说，“作为一名乡村教师，我是幸运的，遇到并加入了这么温暖的组织。今后，我将继续坚定自己的乡村教育梦想，始终坚守在教育这块阵地上，牢记自己的育人使命，继续擦亮民盟‘烛光行动’品牌，不求最好，但求更好，办好一所师生怀念的美丽乡村学校。”

第七节 大别山腹地的一堆火

在鄂豫皖三省交界的大别山区，有一所小有名气的乡村学校——信阳市商城县鲇鱼山民盟烛光小学。

近年来，在民盟河南省委和民盟信阳市委的大力支持和帮助下，鲇鱼山民盟烛光小学积极融入“农村教育烛光行动”中，充分利用教育均衡发展的机会，突出抓好学生养成教育，重点提出“两个习惯、三个时间、长期坚持”的教育理念，开创了“教书育人”“管理育人”“环境育人”“文化育人”的新局面，仿若“大山腹地的一堆火”照亮着孩子们的求学求知之路。

点 火

鲇鱼山民盟烛光小学的前身是始建于1936年的鲇鱼山村小，1984年改为鲇鱼山第三小学。

2012年，针对鲇鱼山第三小学校舍破败和设施落后的现实情况，在盟省委统筹安排和当地政府积极配合下，对学校实施一系列改扩建工程：新建了一栋教学楼，更换了桌椅板凳，配置了图书室、多媒体教室，增设了篮球架、乒乓球台等体育设施，打上地平、铺上瓷砖、种上花草，整个学校焕然一新。

2012年11月2日，鲇鱼山民盟烛光小学落成典礼暨揭牌仪式举行，盟省委、信阳市委有关领导出席揭牌仪式，盟省委向学校捐赠了全套小学体育器材，向学校每位老师赠送了一台教学笔记本电脑，向每一位学生发放了校服、书包、字典和文具。

在揭牌仪式上，民盟领导在讲话中表示，盟省委愿意和各界朋友一起，携手共进，全力支持鲇鱼山民盟烛光小学发展，着力提升学校的教育教学质量，以点带面，辐射周边，推动城乡教育事业科学发展，希望鲇鱼山民盟烛光小学全体师生要勤奋进取、开拓创新，努力谱写商城县乃至信阳市教育事业的新篇章。

在隆隆寒冬里，这次落成典礼暨揭牌仪式彷佛一股“倏”地热乎全身的暖流，感动了纯朴的乡民，激发了师生的激情——大家纷纷表示：有力出力，有劲使劲，坚决办好鲇鱼山民盟烛光小学！就这样，在大山深处的鲇鱼山乡，一团乡村教育的火苗被点燃了。

烧 火

欲扶志，先扶智。鲇鱼山民盟烛光小学揭牌以后，盟省委和盟市委结合学校现实情况实施“精准帮扶”，把对学校的帮助从物质助力转向专业提升，重在提高教师的教育理论水平和教学实践能力。

民盟河南省委为学校捐赠的音乐器材

在盟省委的安排和盟市委的组织下，鲇鱼山民盟烛光小学自 2013 年起先后选派了 30 多位、不同学科的教师分赴云南、贵州、重庆、湖南、江苏等地参加民盟组织主办的培训活动，比如“乡村教师小学语文阅读”“暑期英语教师培训”“小学音乐教师培训”“小学课程改革研讨”等，既让参训教师见了世面、开了眼见，更令参训教师更新了教学方法、提高了教学水平，从而有效改善了学校语文、数学、音乐、美术、体育等学科落后的状况，进而弥补了教学的“短板”。与此同时，盟市委每年协调信阳市区学校的优秀教师到鲇鱼山民盟烛光小学开展“支教”活动，或调研，或座谈，或授课，或磨课，共同交流和探讨学校教育中出现的新情况和教师教学中遇到的新问题，这令学校和教师受益颇多。

在此基础上，经盟市委组织相关教育专家指导，鲇鱼山民盟烛光小学制订了“课外预习，课前讨论，课堂质疑解答，教师引导，归纳再现和拓展提高”的“三课一引”教学模式。老师把每周二至周五的早读时间变为教研实验课时间，每天一位教师主讲，本组教师和学校班子成员轮流听课，除私下交流外，利用中午时间评讲，教师在听的基础上“品”，品味别人如何讲、如何改，在讲中练，通过品评别人讲课提高自我素质。以前教师听评课想听好的，现在想听如何课改的实验课。通过一段时间的探讨改进、互相学习，教师的教学理念得到转变，教学方法得到改进，教学能力得到提高。

值得一提的是，在这个过程中鲇鱼山民盟烛光小学涌现出了许多感人事迹：有一次早读检查，校长王如仲发现三年级少了一名学生，询问后得知这名学生童年时面部、手指和身上大面积被烧伤，有些吓人，同学们不爱跟她玩，调皮的学生还嘲笑她。她有了心理创伤，产生了辍学的念头。王如仲了解清楚后，号召同学们要有爱心，对残疾同学要有同情心，对学困生要有耐心，并与村委员会联系，帮助办理了低保和残疾证，学校免除了该学生的所有费用，缓解了她的家庭经济困难，并对这名学生做心理辅导，使这名学生卸掉心理包袱。像这样的事例，在鲇鱼山民盟烛光小学能找出很多——很多时候，教师们有捐钱的、有捐物的、有主动照顾留守儿童的，这些都是教师们在“农村教育烛光行动”感召下的自觉行动，令人感动、令人敬佩。

盟组织到学校开展捐赠活动

就这样，通过持续努力，鲇鱼山民盟烛光小学教育教学硕果累累，先后获得“校园管理先进单位”“养成教育先进单位”“文明学校”“农村中小学现代远程教育应用示范单位”“中小学办学条件标准化建设优秀学校”“卫生先进单位”等多项荣誉称号；同时，自 2014 年起，鲶鱼山民盟烛光小学连续多年在盟省委与省基础教育教学研究室联合组织的“河南民盟烛光学校示范课大赛活动”中获“优秀组织奖”，先后有徐海燕、王艳红、徐青、闵红、王如仲等多位教师获得示范课一等奖、二等奖、三等奖；此外，学校校长王如仲先后被商城县政府、商城县教体局评为“优秀校长”“第二届杰出校长”……

火 起

鲇鱼山民盟烛光小学的脱胎换骨般变化，令在此生活和学习的师生受益颇多。

“在这里，我们互相谅解、互相帮助、互相学习，和谐处理工作与个人的关系，形成了大家庭的和谐氛围，每一位老师都在宽松、愉快的环境中工作，既愉悦更默契……”这是一位教师的感言，也是全体教师的感触。在愉悦且默契的氛围中，教师得以放松身心，进而引领学生自由自在地相处、相伴和学习、成长。

为了让学生养成良好的行为习惯，鲇鱼山民盟烛光小学制订了“两个习惯、三个时间、长期坚持”的养成教育方案。在学校统一安排下，多次召开学生家长会、教师会和学生养成教育动员会，就养成教育的目的和意义进行说明和要求，与家长签订《安全责任书》《学校在家联系卡》《留守儿童联系卡》，与教师签订《养成教育责任书》，给学生发放《养成教育方案》，组织系统学习，认真领会，各司其职，各负其责，这在乡村学校是非常难得的。

比如，在“两个习惯”的“学习习惯”中，教师倡导学生利用课外活动或回家后休息前的半小时进行课外预习，感知要学的新课内容，找出难点和感兴趣的问题，第二天到校后，学生分小组或两三个要好朋友交流讨论，弄懂课文或章节的大部分内容。通过交流讨论，好学生在向别人讲解的同时，自己得到心理上的满足，越学越有劲，学困生在听别人讲解时，由于都是学生，顾忌很少，敢于讨论，敢于提出问题，胆子慢慢大起来。在教师的关怀鼓励下，增强了求知欲，培养了学生积极向上的人格和个性，有效缓解了学生的心理压力。使学生的自学能力、交流沟通能力普遍得到提高。

又如，在“三个时间”的“每天放学站路队时间”中，值周教师主要针对各路队长汇报的情况，用10分钟至15分钟时间，对社会文明、交通安全进行教育。做到天天有内容，时时提醒，常树立榜样，教育别人。少先队干部在辅导员和值周教师的带领下，对全校纪律、卫生、安全和学习情况督促检查，在黑板上公布评比的结果，利用“校园之声”对典型人物或事迹进行广播宣传。这既锻炼了学生们的组织能力、协调能力和领导能力，又培养了学生们的主人翁意识和团结协作精神。

由此，鲇鱼山民盟烛光小学逐步发展成为当地百姓口口相传“学校不赖，我们放心”的学校。

2021年年底，为鲇鱼山民盟烛光小学做出很大贡献、有42年教龄的王如仲校长光荣退休，他的学生、鲇鱼山民盟烛光小学毕业生易成元接棒担任鲇鱼山民盟烛光小学校长——他说：“我将和王校长一样，在盟省委领导和盟市委支持下，努力做好工作，为继续发展壮大学校，为持续点亮烛光之火，贡献自己所有的力量。”

第八节 “国学”伴成长 “书香”溢校园

走进鹤壁市山城区陈家湾民盟烛光小学，一股浓郁的国学文化气息扑面而来。

院墙上，有“学而时习之，不亦说乎？”“有朋自远方来，不亦乐乎？人不知而不愠，不亦君子乎？”。

报栏里，有“山花对海树，赤日对苍穹”“风高秋月白，雨霁晚霞红”。

走廊里，有“邯郸学步”“闻鸡起舞”“掩耳盗铃”“守株待兔”“刻舟求剑”。

立柱上，有“过能改，归于无。倘掩饰，增一辜”“冠必正，纽必结。袜与履，俱紧切”……

“读国学经典，悟至简大道。”陈家湾民盟烛光小学校长周海明言语间透着国学气息，“没有书香，桃李怎能开放？没有书香，桃李怎能结果？没有书香，桃李怎能满天下？我们就是要让浓浓的书香弥漫着整个校园，飘进每个师生的心中！”

就这样，沐浴着浓郁的国学书香，我们开始了对陈家湾民盟烛光小学的近距离探寻。

重 生

陈家湾民盟烛光小学坐落于汤河之畔，前身是20世纪80年代由村民及民营企业家集资兴建的鹤壁市山城区鹿楼乡陈家湾小学。

历经30多年的风雨，陈家湾小学的教学楼渐成危房，存在很大安全隐患。2012年，经鹤壁市委统战部和民盟鹤壁市委积极牵线联系，民盟河南省委将陈家湾小学纳入“烛光行动”帮扶计划，盟省委非公经济工作委员会副主任、盟员企业家李慧积极响应盟省委倡导捐资50

万元，鹤壁市山城区政府配套98万元，对陈家湾小学实施改扩建工作。

2013年9月3日，陈家湾民盟烛光小学落成暨捐赠仪式举行，时任民盟中央副主席、全国人大常委、全国人大农业与农村委员会副主任龙庄伟为陈家湾民盟烛光小学揭牌，北京四中网校向陈家湾民盟烛光小学捐赠了价值25万元的网络教学资源，盟省委、盟市委向陈家湾民盟烛光小学捐赠了体育器材、班班通电教器材、服装和书包等教具学具……

改扩建之后的陈家湾民盟烛光小学，功能齐全、设施一流、环境优美，为改善陈家湾及周边村庄孩子就学条件并全面提高教育教学质量，营造了良好的学习和生活环境。

飞跃

在陈家湾民盟烛光小学落成仪式上，民盟中央、盟省委、盟市委领导纷纷寄语，希望“陈家湾民盟烛光小学全体教师勤奋工作、积极进取，不断提高教育教学质量，努力推动学校各项工作再上新台阶……”

这番殷殷嘱托，一直在陈家湾民盟烛光小学校长周海明的耳边回响着，鼓舞和激励着他思索、实施“变革”，大力推行实施“国学经典诵读活动”就是浓墨重彩的大手笔。

国学经典诵读活动开始于2015年。这项活动，是盟省委协调美国科技教育协会，连续多年向陈家湾民盟烛光小学捐赠《论语》《弟子规》《三字经》等传统国学读本，盟市委帮助学校引进北京四海儿童经典导读教育中心推广的“认助儿童经典诵读”项目后，学校秉承“以人为本，全面发展，彰显特色”的办学宗旨，传承传统国学文化、弘扬中华人文精神、营造浓郁读书氛围、积极构建书香校园、努力推进素质教育，酝酿并实施的一种“全学段、全天候”活动。具体说就是——

“国学经典诵读”之组织。成立陈家湾民盟烛光小学国学经典诵读活动领导小组，周海明任组长，李福新、刘风芹任副组长，各班班主任为成员，负责组织国学经典诵读活动的实施。

“国学经典诵读”之原则。①熟读成诵：在老师的指导下，学生对国学经典内容力争达到“认读准确、诵读流利，对大部分篇目能够背诵”的目标。②教学相长：老师在引导学生主动学习的同时，要广泛学习国学内容，不断提高国学素养，学生背诵的篇目老师先要进行研读，力争做到熟读成诵。③教研同步：将国学经典诵读与学校所选科研课题紧密结合，学校领导与老师边实践、边研究、边总结、边交流，努力提高国学经典诵读的效果。④有效整合：学校把国学经典诵读活动与学校教育教学工作有机结合，注重过程，讲求实效，坚持家校结合。⑤批判继承：用新时代社会主义教育标准引导学生科学辨别，汲取传统文化中的精华。

“国学经典诵读”之内容。在全校师生中开设不同的国学诵读书目，二年级读《弟子规》，三年级读《声律启蒙笠翁对韵》，四年级读《大学》《中庸》《孝敬》，五年级读《论语》，同时要求一年级至六年级开展每周一古诗诵读活动。

孩子们在诵读《论语》

“国学经典诵读”之方式。诵读方式有“晨诵”“课前朗读”“亲子共读”，期间随机开展

“经典朗诵会”“诵读擂台赛”“评选诵读小能手”等活动，激发和调动师生的积极性。

就这样，随着国学经典诵读活动的持续、深入开展，大大丰富了学校的文化生活和提高了师生的文化品位，陈家湾民盟烛光小学学生的精神风貌得到极大改观——对此，四年级学生陈嘉瑶说：“通过经典诵读活动，我越来越喜欢读书了，现在正读着《中华民谣》《成语故事》，而且每天给爸爸妈妈讲历史小故事、教弟弟背诵古诗词……”曾斩获河南省小学语文优质课大赛一等奖的五年级语文老师胡满叶，更欢喜地说：“通过经典诵读活动，既激发了孩子们作为中华儿女的自豪感，也培养了孩子们的良好阅读习惯。在经典诵读声中，孩子们变得更规矩、可爱、有礼有节，而这就为孩子们的人生打下了坚实基础！”这，印证了国学经典诵读活动的可行和实效。

风 景

在国学经典诵读浸润下，陈家湾民盟烛光小学的优良班风、学风、校风逐步形成。

与此同时，盟省委、盟市委更持续帮扶陈家湾民盟烛光小学，比如，2014 年 11 月，盟省委基础教育工作委员会、盟省委直属一总支到陈家湾民盟烛光小学调研座谈，帮助学校解决问题，民盟盟员、心理咨询专家崔红霞为全校师生作了“心理发展规律专题知识讲座”；2016 年 10 月，盟市委邀请市知名教育教学专家季华、李瑞华到校，就如何提升教育教学水平面对面地交流和探讨；2017 年 4 月，盟市委组织医疗专家前往陈家湾民盟烛光小学开展卫生知识讲座和义诊活动；2017 年 10 月，盟省委、盟市委举办“爱眼护眼光明行”公益活动，向陈家湾民盟烛光小学师生捐赠价值近 7 万元的眼镜；2017 年 10 月，盟省委组织参加“盟动中原——烛光行动”研讨培训班全体学员，到陈家湾民盟烛光小学考察、参观、座谈，为学校的建设与发展建言献策；

从2013年起，陈家湾民盟烛光小学每年都选派骨干教师，参加盟省委举办的“烛光行动”培训班、“烛光行动 筑就梦想”英语教师培训班、乡村教师研讨班（长沙）、农村教育烛光行动培训班（江阴）和河南民盟烛光学校示范课大赛等，盟省委、盟市委会还多次为学校捐赠音乐器材、体育器材、图书……

在“内因与外因”双重作用下，陈家湾民盟烛光小学的教育教学工作发生了“量与质”的可喜变化：近年来，陈家湾民盟烛光小学有多位老师被评为省、市、区优秀教师、先进工作者、模范班主任；陈家湾民盟烛光小学先后获得了“平安校园”“文明校园”“综合管理先进单位”“目标考核优胜单位”等多项荣誉称号，赢得了社会各界的肯定和好评。2019年，在鹤壁市山城区教研室对全区小学语文、小学数学和小学英语三科进行教学质量调研检测中，陈家湾民盟烛光小学三年级语文、四年级语文、一年级数学、三年级数学、四年级数学5科获得全区第一名，一年级语文获得全区第二名，三年级英语获得全区第三名……

“圣人训，首孝悌，次谨信……”中午11点多，我们下得楼来，正赶上陈家湾民盟烛光小学放学，一队学生边走边诵《弟子规》，声音整齐、洪亮。这场面，在阳光的普照下，融入蓝天、白云和清风，幻化成一道亮丽风景线！

“就说这最通俗的《弟子规》，它无声无息地触动着孩子们心灵最深处，引导孩子们树立正确的人生观、价值观。”望着渐走渐远的孩子，陈家湾民盟烛光小学校长周海明坚定地说，“得益于民盟开展的烛光行动，孩子们才有机会用经典浸润人生，让书香相伴成长。接下来，我们会继续在民盟帮扶中升级国学经典诵读活动，进一步提升内涵、培育特色，努力将陈家湾民盟烛光小学打造成为乡村小学的一个教育品牌。”

第九节 乡村小学的足球梦想

上午 10 时许，我们走进安阳市滑县八里营乡北杨柳民盟烛光小学大门时，正好遇上学校的大课间活动。

“传过来！”“快射门！”……循声望去，在左前方操场上，一群大大小小的孩子正追逐着足球奔跑着、呐喊着，军绿与纯白相间的校服穿在身上，更显孩子们的朝气与活力。

“这是我们不同年级的队员在自由切磋哩！”北杨柳民盟烛光小学校长王少宏笑着说，“孩子们很喜欢足球，逮着机会就踢一会儿，连大课间也不放过呢！”

于是，从足球开始，我们边走边访边思，慢慢沉浸于北杨柳民盟烛光小学的美妙故事中。

华丽转身

北杨柳民盟烛光小学的前身是滑县八里营乡北杨柳小学，始建于 20 世纪 70 年代末期。

曾经，这座辐射周边 7 个行政村的乡村小学远近闻名。慢慢地，随着时间的推移和岁月的磨砺，当初由村民集资建造的砖木结构房渐显破败，加之当时建筑标准较低、建筑质量较差以及年久失修的情况，校舍存在较大的安全隐患。

2012 年 7 月，民盟河南省委和民盟安阳市委经多次实地走访、调研和考察、商讨，决定将滑县八里营乡北杨柳小学援建为民盟烛光学校，盟省委非公经济工作委员会副主任、盟员企业家李慧向学校捐资 50 万元，用于支持新教学楼的建设，当地政府配套资金 220 余万元。随后，在盟省委和盟市委有关部门的支持下，经过紧锣密鼓的科学规划、图纸设计、评审招标、施工建设、竣工验收等严格流程，一座全新的学校拔地而起——这座新学校，包括一栋三层教学楼、两个篮球场、一个羽毛球场、六个室外乒乓球台和相配套的各类健身器材，以及植有多种花草的百花园，种有白杨树的偌大运动场……

宽敞明亮的教室

2013 年 11 月 14 日，北杨柳民盟烛光小学落成暨捐赠仪式举行，盟省委、安阳市委、盟市委有关领导出席落成捐赠仪式。揭牌仪式上，北京四中网校把北杨柳民盟烛光小学确定为北京四中远程教育合作学校，盟省委向学校捐赠了体育器材和价值 30 万元的北京四中网络教学资源，盟市委向学校捐赠多媒体投影设备，盟省委出版与艺术支部向学校捐赠了 1000 册图书……

校园环境优美、教室宽敞明亮，焕然一新的校貌，令全校师生心情舒畅，引得周边村庄群众拍手称赞。就此，滑县八里营乡北杨柳小学蜕变为北杨柳民盟烛光小学，而北杨柳民盟烛光小学也成为盟省委在安阳开展教育扶贫的“落地之子”。

足球崛起

北杨柳民盟烛光小学大踏步前进的征程，足球是始终无法避开的。

2015 年，按照《国务院办公厅关于印发中国足球改革发展总体方案的通知》（国办发〔2015〕11 号）和《教育部等 6 部门关于加快发展青少年校园足球的实施意见》（教体艺〔2015〕6 号）要求，根据《河南省校园足球行动计划》（教体卫艺〔2015〕164 号）指示，时任北杨柳民盟烛光小学校长刘毓在五、六年级中精挑细选出十几名男生女生，他们活泼灵巧且身体强壮，组建起了北杨柳民盟烛光小学足球队，开始推广足球运动。

但当时，北杨柳民盟烛光小学足球运动的条件有限，足球教练是由美术、数学、语文等非体育科教师轮流兼任，学校足球领导小组负责人刘毓也对足球知之甚少。有一次，盟市委到北杨柳民盟烛光小学走访，看到这种状况后心里特别不是滋味。回来后，盟市委决定全力帮助北杨柳民盟烛光小学推进开展“足球活动”。经过一番奔走，盟市委对接到安阳师范学院体育学院，并聘请了两位专业足球教练。2015 年 11 月 3 日，盟市委带领两位足球教练进入北杨柳民盟烛光小学，开始教授足球课程并指导孩子们练习——这“第一课”，持续了整整两天，孩子们学到了很多知识，比如足球发展历史、球坛明星人物和传球技巧、盯人要素、进攻步骤、防守要领、射门时机等，从懵懵懂懂的“玩足球”变为开心快乐地“享受足球”。专业足球教练进校授课也成了常态。

刘毓决定把足球作为北杨柳民盟烛光小学的特色发展项目。为此，他请两位专业足球教练列出清单，带领几位“门外汉教练”通过视频和书籍等，自学足球基本功、训练方法和战术打法，然后再一点一点地教给孩子们。他也认识到，想要提高孩子们的足球水平，日常训练是一个方面，更重要的是比赛锤炼，“在训练当中，孩子们可能不会注意细节上的东西，但是打比赛时，他们会亲身感受到”。

参赛初期，北杨柳民盟烛光小学足球队成绩并不理想，但他们就是这样通过一场又一场比赛积累经验，总结问题，进行针对性的训练，取得了一项又一项骄人成绩：他们 2015 年，获得滑县“县长杯”校园足球大赛小学男子组第三名和女子组第三名；2016 年，获得滑县“县长杯”小学组男子第一名和女子第三名；2017 年，获得第一届滑县中小学运动会暨“县长杯”小学足球男子组一等奖和女子组三等奖；2018 年，获得滑县第四届“县长杯”小学足球男子组第七名……在此期间，北杨柳民盟烛光小学还一举斩获了“全国青少年校园足球特色学校”荣誉称号，这对于一所偏远乡村学校来说，是一项至高无上的桂冠！

自实施足球运动以来，北杨柳民盟烛光小学的足球环境得到了改善，比如原本的泥土场地升级成了草坪，支持孩子踢足球的家长越来越多，更多教师也积极参与进来，帮助球队队员进行心理疏导、提供细致呵护。尤为重要的是，一颗“热爱足球、热爱足球运动”的种子，在孩子们心中深深扎根，而北杨柳民盟烛光小学也在全校各年级建立了梯队，有效实现了以大带小不断补充新鲜血液的目标。

承载使命

说起来，足球的崛起仅仅是北杨柳民盟烛光小学发展历程中的一个典型缩影。

北杨柳民盟烛光小学的发展历程中，饱含着盟市委、盟省委、盟中央关心、支持、扶助的大爱深情：2014 年 6 月，盟市委捐赠了 350 本《小学生同步作文》，邀请编者张万杰现场给学生上作文课；2015 年 9 月，盟省委捐赠了足球门等体育器材；2015 年 10 月，盟市委送足球教练到学校指导训练足球队员；2017 年 10 月，盟市委开展“安全进校园”活动，捐赠了 600 顶小黄帽；2018 年 4 月，盟省委基础教育委员会到学校调研教育教学质量，指导教学业务的开展和教师综合素质的提升；2018 年 5 月，盟市委捐赠了 22 台学生电脑和 22 套电脑桌椅；2018 年 5 月，盟市委捐赠了一套组合式会议桌和 13 把会议椅子；2018 年 5 月，盟省委开展“教育扶贫进校园”活动，带书法、绘画、足球、音乐、卫生等多科教师进学校现场授课，促进学校各种社团创建和活动开展；2018 年 8 月，盟市委组织安阳工学院师生，义务为全校学生开展音、体、美等兴趣班辅导；2018 年 11 月，盟中央社会服务部部长刘圣宇亲临学校调研，详细了解学校办学条件；2019 年 4 月，盟省委开展“盟动中原 大爱工程——走进安阳”活动，捐赠了 20 台平板电脑……

多年来，在“烛光”中，北杨柳民盟烛光小学一步一个脚印，坚实地走在践行乡村教育梦想的道路上，先后获得了“烛光行动先进单位”“烛光杯示范课大赛组织奖”“滑县师德师风建设先进单位”“滑县教育教学综合评估先进单位”“滑县教育教学综合评分先进单位”等多项荣誉——这成绩，令教师和家长兴奋，引领导和同行称赞！

“从我自己来说，学识还需要进一步提升，我也将更努力研修，争取为北杨柳民盟烛光小学的发展作出更多贡献。”说这话的是北杨柳民盟烛光小学教师李利娜。她自2013年就在北杨柳民盟烛光小学教课，主教语文，兼教英语，先后多次被评为“滑县八里营乡优秀教师”“滑县模范班主任”，更在2016年斩获“民盟河南省‘烛光学校’示范课比赛”一等奖，也因多年如一日坚持“学习上辅导，生活上关心，品德上引领”，被学生们誉为“妈妈老师”。说起自己就读的北杨柳民盟烛光小学的“美”，六（2）班的郭妙可如数家珍：“校园里鸟语花香，同学们其乐融融，老师们知识渊博，午餐可口美味，而我们的王校长更是和蔼可亲……”

说起北杨柳民盟烛光小学的存在意义，校长王少宏激动地说：“民盟‘烛光行动’就像是乡村里一盏不灭的灯火，不仅照亮了乡村孩子前行的路，还承载了乡村教育接续的使命！”他表示，接下来将带领全体教师更精益求精地开展教育教学工作，尽心竭力让北杨柳的孩子们尽情享受学习的快乐和乐趣，引领孩子们成长为健康、积极、阳光的有用人才！

第十节 美育少年宫 育出美少年

刚走进商丘市民权县白云民盟烛光小学，一阵阵婉转的音乐传入耳中。

循声找至操场，但见一个个身着华丽舞蹈服的学生方队正翩翩起舞，原来白云民盟烛光小学正在举办一场别开生面的舞蹈大赛——雍容华贵的摩登舞，热情奔放的拉丁舞，刚柔并济的中国舞，气势磅礴的跆拳道，真是一场视觉盛宴！

“没想到农村的孩子也多才多艺吧？”看到我们惊讶的神色，白云民盟烛光小学校长张德民自豪之情溢于言表，“在民盟的支持与帮扶下，我们学校打造了美育少年宫，开设了书法、拉丁舞、民族舞、摩登舞、跆拳道和绘画等课程，不仅让每个孩子都能够根据特长发展兴趣，更使一所落后的农村小学发展成具有现代教育特色的新学校。”

旧貌换新颜

“看看现在集阅览室、图书室、电脑室、舞蹈室、音乐室、书法馆、心理咨询室、留守儿童之家为一体的现代化校园，想想以前破败不堪的学校，我恍如隔世。”白云民盟烛光小学前任校长孙立功憨笑着说。孙立功是一位有着 30 多年教龄的老教师，自 18 岁毕业就一直在白云小学任教，见证了学校的变化和发展。在他看来，这所学校的进步和发展得益于民盟“烛光行动”。

白云民盟烛光小学原为白云学校，创建于 1954 年 7 月，坐落于民权县城西南 24 公里处。当初，学校只有三排十四间教室、黄土铺就的天然操场和一条狭窄的砖铺路。经历 60 年的风吹雨打，校舍破败不堪，教室岌岌可危，办学条件落后，缺少特色教育理念，学校生源持续流失。

2013 年 10 月，在民盟河南省委、民盟商丘市委的帮扶下，白云学校整体搬迁并更名为白云民盟烛光小学，新校址共投资 1500 万元，占地 15604 平方米，建筑面积约 4000 平方米，服务方圆 3 公里内的 10 余个自然村。校园整体环境雅致，文化艺术气息浓郁，拥有体育室、电脑房、实验室、图书室、舞蹈室、美术室等设施齐全的专用教室和餐厅，为培养学生兴趣爱好提供了良好的场所，成为学生发展个性、发挥潜能、展示自我的舞台。

2014 年 5 月 5 日，“白云民盟烛光小学”落成暨捐赠揭牌仪式举行。揭牌仪式上，盟省委非公经济委员会副主任、盟员企业家李慧积极响应盟省委倡议捐赠 50 万元人民币支持学校建设。在各方共同努力下，白云民盟烛光小学新建了一栋 12 个班的教学楼，配备了电脑室、图书室和体育器材室，新增了篮球场、室外乒乓球台和健身器材。学校面貌焕然一新，教室宽敞明亮，教学环境优美，全校师生和当地群众拍手称赞。

随后，在盟省委的支持协调下，民盟商丘市委积极对接各方资源，持续提升白云民盟烛光小学的办学条件：北京四中网校把白云民盟烛光小学确定为北京四中远程教育合作学校，捐赠北京四中网络教学资源，捐赠学生夏装校服 279 套、教师工作服 19 件。美国科技教育协会捐赠价值 1 万元的图书和体育器材。民盟盟员岳红波捐赠教师教学电脑 10 台。盟员江丛芝捐赠学生环保冬装校服 260 套。盟员郭萍捐赠校园绿化费 1 万元。曹昭义等盟员捐赠图书 4000 册。盟员王林、朱艳霞捐赠书包 260 个。盟员王庆民捐赠电脑室空调 1 部。商丘师范学院将学校确定为“商丘师范学院学生实践基地”并捐赠乒乓球案 2 台。盟市委将学校确定为“民盟商丘市委调研基地”并捐赠文具 260 套、教师工装 20 套。2016 年，盟市委又协调争取 100 万资金，帮助学校建成了现代化的操场。

就这样，从 2014 年起，白云民盟烛光小学不仅旧貌换新颜，而且有了质的发展。在民盟的扶持下，在所有教职工的共同努力下，白云民盟烛光小学被评为“民权县规范示范校”“民权县级平安校园”“民权县级文明学校”“民权县均衡验收规范校”“商丘市级规范化学校”，连续 4 年被盟省委评为民盟烛光学校先进集体，被列为民权县教体局长远规划的重点学校。

帮扶促发展

白云民盟烛光小学的建成，为全体师生创造了一方乐学乐教的家园。随即，盟省委和盟市委又实施“精准帮扶”，把对烛光小学的帮助重点转向对教师的辅导，着重提高教师的教育理论水平和教学实践能力。

为推进白云民盟烛光小学特色教育，2015 年 8 月，盟省委、盟市委选派教师孙俊艳、户丽丽参加“烛光行动 筑就梦想”河南教育行——英语公益培训。2016 年 6 月，盟省委选派音乐教师常春燕赴广西师范大学参加乡村音乐教师培训活动，弥补了乡村学校音、体、美教学的短板。2016 年 7 月，盟省委组织学校教师赴岳麓书院参加以传统文化、教师心理健康、校园文化建设、有效教学策略、信息化教学为内容的公益培训活动，让乡村教师接触更广阔的世界。2016 年 11 月，盟省委选派数学骨干教师参加河南省教育厅举办“2016 河南省小学数学优质课教学评比暨观摩研讨会”……一系列观摩与培训，提高了白云民盟烛光小学教师的教育理论水平和综合实践能力。

民盟组织专家到学校为孩子上课

与此同时，盟市委也开展了一系列“关注留守儿童，用爱呵护成长”活动。2015 年，组织盟员开展“结对帮扶”爱心助学活动，为 15 名困难学生捐助文具和 7500 元生活补贴，对全校学生进行心理健康教育，鼓励孩子们努力学习，以优异的成绩回馈社会。2017 年 3 月，组织开展心理健康教育，通过开展“无敌风火轮”“十人九足”等活动，在寓教于乐中培养学生团结一致、紧密合作、克服困难的精神。2018 年 5 月，开展“希望之春”美术书法进校园活动，盟员老师手把手指导孩子练习，进一步开阔了孩子们的视野，激发了孩子们对书法艺术的热爱。2018 年 12 月，向学校捐赠了 21 个非洲鼓，为全校师生开展了一场生动有趣的非洲鼓课。课堂上，学生们随着音乐、跟着鼓点，欢快地舞动着，这既丰富了留守儿童孤独的乡村生活，也丰富了学校少年宫的艺术课程。

花开香满园

白云民盟烛光小学翻天覆地的变化，令师生和家长感触颇多。

“我是一名转校生，三年前转学进入白云民盟烛光小学，我太喜欢我们的学校了。在这里，我不仅可以阅读到很多我没有见过的书籍，还可以在少年宫学习我热爱的拉丁舞，而且在这次学校举行的舞蹈大赛中还被评为‘舞蹈仙子’呢！”四（1）班学生蒋珂手舞足蹈地说道。在过去3年里，蒋珂多次被评为“学习模范”“美育少年宫最佳小舞者”。在她心里，学校像家，老师像妈妈，同学们相互团结，情同手足。

“孩子送到这样有爱而且可以德智体美劳全面发展的学校，我们放心。我儿子从小体弱多病，在学校受到老师和校长的格外关照，我们很欣慰，也很感激。”三（1）班李思远的家长按捺不住心中的喜悦，向我们娓娓道来，“体育老师李老师看孩子身体瘦弱，经常利用课余时间带着孩子慢跑，增强孩子的抵抗力，孩子慢慢身体好多了，学习也跟上来了。白云民盟烛光小学的老师对孩子们很用心，也很有爱心。”

“希望用一生的时间在平凡的岗位上发光发热，用知识来搭建、用爱去灌溉，让孩子拥有积极健康的心灵，培养孩子成为一个有理想有信念的全面发展的时代好少年。农村学校有很多留守儿童，我们希望能通过自己的行动去爱他们，让他们拥有自信乐观的人格。”九零后孙俊艳老师说。她是一位朝气蓬勃的年轻教师，2014年毕业时通过特岗考试进入白云民盟烛光小学执教，担任英语、语文两科教学工作，同时兼任美育少年宫的拉丁舞老师。繁忙的工作没有吓退她，反而让她越干越有劲，她在这里找到了人生的价值，更成为师生心目中那位“平凡而不平凡的人”。

有理由相信，在盟省委、盟市委和全体教职工的共同努力下，白云民盟烛光小学的未来一定花开香满园。

第十一节　一所乡村学校 多张特色名片

上午，红艳艳的暖阳透过淡薄的云层倾泻下来，新郑市薛店镇民盟烛光小学沐浴在金色中。

刚走进薛店镇民盟烛光小学大门，就听到悠扬的《我和我的祖国》响起来："我和我的祖国，一刻也不能分割，无论我走到哪里，都流出一首赞歌……"乐曲声中，孩子们叽叽喳喳地从教室冲出来，有的抱着足球，有的揣着纸笔，有的拿着曲谱，跑往不同的方向。

"孩子们要去上多彩课了！"看到我们惊讶的神色，薛店镇民盟烛光小学校长高新伟笑言。为提高学生的综合素养，丰富成长过程的色彩，薛店镇民盟烛光小学依托"求真·致美"文化内涵，开设了"美育、美艺、美行、美工"系列多彩课程，丰富了教师和孩子们的学习生活和精神世界。基于此，2020 年 10 月，薛店镇民盟烛光小学被河南省教育厅评定为"河南省首批义务教育标准化管理特色校"。

在高新伟的引领下，我们徜徉于薛店镇民盟烛光小学，细细品味学校的"那一抹特色"。

转变：新校诞生

薛店镇民盟烛光小学原名薛店镇常刘完全小学，是一所农村小学，创办于 1970 年。

2013 年，在民盟河南省委倡导下，民盟郑州市委与新郑市人民政府签订援建协议，盟市委捐资 50 万元，由新郑市人民政府配套资金，在薛店镇常刘社区选址，对薛店镇常刘完全小学实施异地新建，并更名为新郑市薛店镇民盟烛光小学。

2014 年 5 月 9 日，薛店镇民盟烛光小学落成暨捐赠仪式举行。仪式上，盟省委、盟市委向薛店镇民盟烛光小学捐赠了体育器材、多媒体教具、图书等价值 60 多万元的物品，北京四中网校向薛店镇民盟烛光小学捐赠价值 25 万元的网络教育资源。

新建成的薛店镇民盟烛光小学，占地 30 余亩，有两幢四层教学楼，配套有操场、足球场、图书室、电脑室、仪器室、实验室、网络教室、美术教室、音乐教室等先进的教育教学设施，音乐、美术、体育等仪器器材达到一类标准，配备了校园广播系统、校园监控系统等，可服务于常刘、薛集、草庙马三个行政村和薛店镇南部区域，成为一所服务人口涵盖村落、企业、商户、社区的新学校。

帮扶：关爱弥漫

薛店镇民盟烛光小学扬帆启航了。盟省委、盟市委、民盟新郑市总支积极协调资源，继续对学校给予持续帮扶。

继续加大硬件建设力度。盟省委、盟市委积极为学校争取财政支持，加快硬件建设步伐，适时扩建了图书室、计算机教室、合唱教室、版画教室和运动场、自然草坪足球场、篮球场。此外，自 2014 年起，盟省委每年向学校捐赠一批国学经典读本。盟市委先后 5 次“送书画”进校园，捐助价值 5 万余元的图书、100 余幅书画；民盟新郑市总支多方协调，投入 30 余万元，帮助学校建成了录播教室。

学校“童声”合唱团在表演

提升教师师德素养。盟省委、盟市委多次组织教育专家到薛店镇民盟烛光小学实地走访调研，帮助学校制定并建立了师德长效机制，把职业理想、职业道德、学术规范和心理健康教育等，融入教师日常管理和考核奖惩全过程中，通过“开展师德标兵评选”“开辟‘师魂’论坛”等一系列活动，引导全校教师努力提升师德素养，争做“四有好老师”。

努力加强师资力量建设。在民盟中央牵线下，盟省委、盟市委、民盟新郑市总支对接各方资源，不断提高薛店镇民盟烛光小学教师的专业素养和教学能力。一是搭建“两个平台”，其中“双师课堂”平台采取远程授课方式，实现线上线下相结合，培训英语教师6人、直播授课4个班级、录播授课12个班级、获益学生880名；“北京四中远程教育合作学校”平台，引导教师深度使用北京四中网校优质的教育教学资源，积极参加网校培训。二是通过“教育扶贫·烛光行动”培训班和示范课大赛，发掘和培育优秀教师“更上一层楼”，比如高如星、时晓凯、马丽敏三位教师，就在盟省委与省基础教育教学研究室共同组织的示范课大赛活动中分别斩获学科第一名。三是依托“一项大赛三大工程”（教师基本功大赛和名家育名师、名师带骨干、骨干带全员），对新入职教师和青年教师进行系统化、专业化、常态化培训，邀请学科专家定期到校培训、指导，促进教师教育教学能力的提升。

及时解决教师缺口和学科建设难题。针对学校缺乏专业体育、音乐、美术教师的问题，盟省委、省文联联系河南理工大学与薛店镇民盟烛光小学签订协议，选派优秀实习生长期到校执教音乐课，帮助学校组建合唱队。盟省委还邀请河南建业女足球员为学生培训足球操；针对学校学科建设薄弱的问题，盟省委基础教育委员会主任贾天仓，组织专家多次到校为语文、数学、英语等学科教师问诊课堂、精准指导，盟市委、民盟新郑市总支协调新郑市美术学科教研员、名师，多次到校对教师进行专业培训、指导并帮助建设和发展相关学科。

满满的关爱下，薛店镇民盟烛光小学围绕“遵循教育规律，促进内涵发展”工作要求，以“让师生快乐而幸福地成长”为办学理念，以“求真·致美”（“求真”即讲真课、求真知、做真人，“致美”即说美言、行美事、树美德）为文化内涵，积极研究并探索符合校情的课堂教学形态，助力各项教学工作获得了长足进步。

成长：硕果相伴

教学工作获得长足进步，薛店镇民盟烛光小学同时打造出了多张独具特色的教育名片。

德育建设上，持续改善育人环境。统筹规划校园绿化和校园文化，形成以“求真·致美”为核心的主题文化，分为版画、经典诵读、求真文化、法治四大主题板块，文化育人功能彰显。为纪念民盟先贤陶行知先生倾力打造的“行知广场”，引领全体师生深刻体会和继承发扬陶行知“捧着一颗心来，不带一根草去”教育思想，十分出彩。

智育发展上，全面加强“两课”建设。构建了包含美知、美行、美言、美育四大课程系列的“致美”课程体系，依托“1+N”师徒结对教研形式，持续完善“求真”课堂教学形态。“玲珑合唱”“快乐足球”“能工巧匠”“儿童版画”等课程深受学生喜爱。

孩子们在练习踢足球

体育发展上，大力推进足球运动。依据三个阶段（即教学准备阶段、实施阶段、检查与评定阶段）要求，结合足球教学过程的基本规律与体育教学原则，在每学年或每学期工作目标基础上制订实施方案、步骤、时间安排、工作措施。比如，时间安排上，保证每周 4—6 次集训，各代表队认真训练并从中发现和解决问题；为检验训练成效，各代表队每学期进行一次班级联赛和一次年级比赛，校内每周要开展一次规范比赛……薛店镇民盟烛光小学足球运动蔚然成风，学校男足和女足多次在新郑市“市长杯”足球赛中获得优异成绩。

美育发展上，着重关注音乐教育和合唱社团发展。在薛店镇民盟烛光小学，“让音乐陪伴每个孩子快乐成长”是根本宗旨，每周五下午前两节课组织开展以合唱为主的多种学习活动，旨在通过有情感的歌唱，令孩子真正感受到合唱艺术的魅力，通过练唱少儿合唱歌曲，培养提高孩子的听觉、乐感和音乐素养，丰富学生的业余文化生活和提高学生的艺术修养。

孩子们在制作版画

劳动教育上，校园内外双管齐下。一方面，充分利用校园空间开辟“快乐劳动吧”，丰富学生课余活动；另一方面，积极搭建各种平台，承办“新郑市创客教育成果展示交流活动”和参加“郑州市创客教育成果展活动”等，引导组织学生，通过实践活动锻炼动手能力和创意思维。

在独具特色的教育教学中，薛店镇民盟烛光小学的师生受益匪浅。

岳帅是五年级语文老师兼班主任，这位毕业于河南师范大学的“大姐姐”，2016年年初来学校执教时，曾因学生的调皮捣蛋几近崩溃。但正是通过儿童版画，她发现了孩子的另一面：心地纯朴，手指灵动，头脑活泛……她开始走近孩子、接受孩子、悦纳孩子，直至和孩子打成一片，成为无话不说的“一家人”。现在在岳帅班里，有的孩子画版画，有的孩子唱歌，有的孩子踢足球，分属不同社团，感情分外融洽、和谐。

党梦佳是六（5）班班长兼英语和美术课代表。说起儿童版画，她眉飞色舞：“我三年级时加入了版画社团，慢慢学习，慢慢创作，到现在已有《捉迷藏》《踢足球》《跑步》等多幅版画作品获奖……”在她看来，学习版画能有效锻炼思维、想象和动手、协作能力，在学习与创作过程中，能深深感受和体会到老师的关爱、同学的热情和学校的温暖，“我衷心祝愿我的母校越来越好”。

师生受益背后，是学校的飞速发展与进步。近几年来，薛店镇民盟烛光小学收获了累累硕果：2013年，被评为“新郑市文明学校”；2014年5月，被授予“新郑市儿童工作先进集体”荣誉称号；2016年10月，被授予“新郑市书香校园”荣誉称号；2016年11月，被评为“郑州市中小学校社会主义核心价值观教育实践活动先进单位”，同年，被教育部评为“全国足球进校园特色学校”；2017年和2018年，连续两年被评为“新郑市儿童工作先进集体”；2019年，被新郑市人民政府评为“新郑市教育教学工作先进集体”；2020年10月，被河南省教育厅评为“河南省首批义务教育标准化管理特色校”……

“非常感谢盟省委、盟市委、民盟新郑市总支的关心和厚爱，让这所乡村学校焕发新的光彩。”说到学校的未来，高新伟意气风发地说：

“人无我有、人有我优、人优我精。我们将继续深入实施特色化教学，为擦亮民盟‘烛光行动’品牌和推动学校优质高效发展，积极努力，作出贡献！”看得出，为提高学生的综合素养和丰富学生成长过程的色彩，薛店镇民盟烛光小学还有更多想法，还有更长征途！

第十二节　一道光亮照未来

初次踏入卫辉市百威英博民盟烛光小学，校园中一排高大的杏树结满了青青的杏，让人不由得想到了烂漫的杏花、满地的落英、当前青青的杏，未来成熟的杏……

这不正是一个人成长的轨迹吗？杏的成长需要阳光、雨露，孩子们的成长也需要倍加呵护……是的，正是民盟烛光的光亮“照进”这个校园，同时也映亮了孩子们的未来！

开创发展

百威英博民盟烛光小学原为“庞庄学校”，始建于1956年，由村民集资建房，占地面积5976平方米，是早期兴建的几所农村学校之一。

经过50多年风雨的洗礼，校舍逐渐破旧，学校越来越显得简陋，教室里光线很暗，遇到阴雨天，外面下大雨，里面下小雨；寒冷的冬天，北风刮进教室，孩子们冻得手脚发紫，取暖的煤球炉也不起什么作用……连最基础的教育条件都保障不了，怎么能让学生们静心学习、健康成长呢？家长们的目光里充满了期盼……想起这些，校长闫文梅总是忧心忡忡、辗转难眠。

当时村内基础设施落后，没有设置垃圾池、垃圾桶。大部分村民都把垃圾扔到学校的房前屋后，学校清理干净后又有村民把垃圾倒过来。如此反复，让闫文梅发了愁，劳心劳力却治标不治本！于是她带领班主任清理校园周边环境、移栽冬青树和月季花，美化环境。在闫文梅的影响下，家长们也纷纷报名参与。老师和家长奋战几周，终于把校园周边的环境治理好了！这样的做法得到了上级的表扬，其他学校也纷纷效仿。

学校的情况得到了民盟河南省委、民盟新乡市委的重视。2012年，在民盟中央的帮助下，经过盟省委积极争取，百威英博集团投资改建庞庄学校，历经一年的努力于2013年建起一座972平方米的二层教学楼，分散在庞庄村民家的各年级学生终于可以回到学校上课，孩子们坐在宽敞明亮的教室里，别提有多高兴了。

建设腾飞

让每一个孩子享受“优质教育”，是每一位农村家长对教育最基本、最朴素的要求。

2014年，经盟省委、盟市委和卫辉市人民政府、卫辉市教育局共同努力，协调资金50多万元，为学校修建了300多米的围墙、12米宽的伸缩大门、近1000平方米的路面、20多平方米的门岗房、100多平方米的厕所。2014年4月，“卫辉市百威英博民盟烛光小学”揭牌。2016年，经盟市委协调，百威英博集团新建了600多平方米的足球场，进一步完善了学校的基础建设，整个校园焕然一新。

同时，在盟省委的支持和帮助下，百威英博集团为学校捐赠了20台电脑并争取了北京四中网校40万的线上教学资源，使他们有了开设计算机课程的条件，全体师生开阔了眼界，增长了见识，提高了整体的教学能力，学校也成为当地数字校园的领头军。2017年以来，盟市委组织学校各学科教师分别到新乡市新区小学和新乡市铁小参加听课学习活动，对学校教育教学起到了良好的促进作用。

学校里的教师们也在默默地奉献着：刘海艳因怀孕不方便蹲下身，就跪在图书室整理图书；梁树霞患风湿性关节炎，身上贴满了膏药，但她仍然坚持整理档案、带领全校师生打扫卫生，超额完成各项任务。学校一名教师这样说：“我们学校是令人羡慕的，我们的学生是令人羡慕的，在这样的集体中工作我是幸福的。感谢民盟各级领导的关怀和帮助！让我们可以幸福地教书，学生幸福地学习玩耍！我想，所谓教师，就是用生命影响生命，在点亮孩子人生的过程中，也把自己点亮。

“苔花如米小，亦学牡丹开”，我虽平凡，但我也想要努力点亮乡村孩子的梦想！”

2019年9月，盟省委引进“情系远山”基金会的英语“双师课堂”项目，借助互联网平台让农村孩子享受到更优质、更均衡的教育资源，同年，又帮他们开设了美术“双师课堂”。同学们在新东方老师有趣的课堂上获益匪浅，三至六年级的英语成绩在乡镇学校都是名列前茅，高年级学生在各类绘画比赛中多次获得奖项。

“双师课堂”受到师生的欢迎

五年级学生李雨桐说：“我非常感谢关心和帮助我们农村学生的各位民盟的老师，是你们帮我们打开了认知世界的大门。在这里，专业的英语“双师课堂”让我们感受到英语的魅力，有趣的美术课堂让我们插上想象的翅膀。爸爸妈妈总是说，现在的学生可真幸福呀，有良好的教学资源，有丰富的课外活动，还有优美的学习环境，我知道这都是各位老师关心农村教育的成果，我们会怀着感恩的心，努力学习，将来做一个对社会有用的人。”

创特色学校

自2018年以来，百威英博民盟烛光小学以“绘画”为抓手，努力创建特色学校，通过书画创作锻炼学生观察、思维、动手能力的协调发展，培养审美能力。

为营造充满艺术氛围的校园，学校开展“让书画入住我校”活动，围绕“三个一”目标（即每月一次绘画展示活动，每学期一次绘画比赛活动，每学年一次绘画专题会议），全面提升师生的艺术素养和书画能力。

培养动手能力。通过书画过程不仅培养学生动手能力，而且有利于学生观察、思维、动手能力的协调发展。

培养审美能力。在书画活动中，无论是构图、涂色、装饰都是儿童表现美的过程。画面的构图是否稳定、合理，线条是否流畅，色彩搭配是否协调，画面装饰是否丰富、丰满等都可以显示出学生对美的感受力。绘画的过程更是学生练习审美的过程。

培养创造能力。学生书画的过程，不是模仿教师动作的过程，而是根据教师指导的基本方法进行再次创作的过程，启发学生拓展思维。孩子天生拥有创造的种子，只要辛勤浇灌，这颗种子就会生根、发芽、开花，插上想象的翅膀飞翔在自由的宇宙空间，越来越高，越来越远。学生在书画活动的自我创作中发展了他们空间想象的能力，培养了他们勇于创造的精神。

培养学习习惯。绘画属于安静的创作活动，需要高度专注的状态。孩子在绘画过程中，需要动手、动脑双重劳动，并且他们对绘画充满了兴趣，因此能够自觉控制注意力，仔细、耐心地坚持完成自己的作品，进入专心操作状态，能够促使学生养成良好的学习习惯。

培养敏捷思维。学生在书画过程中，需要思考画面的结构、布局、线条搭配、颜色搭配等问题。需要根据自己的审美，有条理地安排绘画步骤的先后顺序。在这个过程中，学生不断地进行思考、计划、实施、调整，从而完成自己认为尽善尽美的作品。

学生的绘画活动，不仅限于让孩子动手画，更强调让学生通过绘画表达自己独特的思想和心理活动。教师在孩子们完成作品后，让他们讲讲自己的画面内容，培养学生的语言组织与表达能力。目前，学校已有十多名学生在全国、省、市书画比赛中获奖，校长闫文梅也多次荣获辅导奖、组织奖。在均衡创建活动中，学校被特别点出在校园文化建设方面“有亮点、有特色”！

走向辉煌

经过多年的努力，百威英博民盟烛光小学内强素质外树形象，终于化茧成蝶，翻开了新的篇章。学校办学质量和师资水平逐年提升，百威英博民盟烛光小学得到了上级部门的肯定，赢得了孩子、家长和群众的一致好评，收获了累累硕果：2014—2015 学年教育教学工作中，被中共柳庄乡党委和柳庄乡人民政府授予“先进单位”；2016 年 4 月，在卫辉市中小学田径运动会比赛中荣获农村小学组“第二名”；同年，在卫辉市“立德树人　成就最美”师德主题教育活动中荣获“优秀组织奖”；2017 年 2 月，在“综合量化考核”中，被卫辉市教育局授予“先进单位”；同年 8 月，在“第十四届‘星星火炬’全国青少年艺术英才”推选活动卫辉选拔赛中荣获“优秀组织奖”；2018 年 9 月，在“均衡创建”工作中，被卫辉市人民政府授予“先进单位”荣誉称号；2019 年 10 月，在庆祝新中国成立 70 周年“传承红色基因　争做时代新人”征文活动中，荣获“优秀组织奖”；2020 年 8 月，在民盟河南省委员会 2020 年度烛光行动中，荣获“先进集体”；2021 年 8 月，朱明岗、申延平两位老师研究的“快乐读书吧”经新乡市基础教育教学专家的鉴定、审核、验收合格。

“在民盟的大力支持下，全体教职员工将继续以崭新的姿态、奋发图强的精神面貌，全身心投入教育工作，为创办人民满意教育，为未来培养合格的人才做出自己应有的贡献。”闫文梅说。

第十三节 写好字 做好人

春风暖，墨飘香。

上午 9 时许，我们走进焦作市城乡一体化示范区阳庙镇聂村民盟烛光小学大门，迎头撞入书画的怀抱：右边是 24 幅学生硬笔书法作品；左边是 24 幅教师硬笔书法作品；正中央悬挂着 7 幅师生书画作品……在和煦春风吹拂下，书画作品轻轻摇曳，成为一道亮丽风景。

“在民盟河南省委的帮助下，在民盟焦作市委指导下，我们确立了‘创建书法特色学校’的目标，成立书法社团，开设书法课程，深入开展书法特色教育，引领师生‘写好字，做好人’，走出一条适合学校发展的特色之路。”聂村民盟烛光小学校长薛芬芬说。

破茧成蝶

谁能想到，眼前这所充满书香的学校，曾经陷入困境。

2018 年 5 月，民盟焦作市委在“六一”儿童节前夕为学校捐赠图书

聂村民盟烛光小学前身为创办于 1960 年的聂村小学，覆盖周边聂村、鹿村、沙邱铺等村 7000 余人口。随着时代的发展和城市化的推进，聂村小学的基础设施、师资队伍以及较慢的发展速度，不能适应日新

月异的教育需求，师资力量薄弱、办学模式单一、学生外流等问题，极大地限制了聂村小学的发展。

2015 年，盟省委和盟市委经过多次调研走访，将聂村小学纳入民盟“烛光行动”帮扶计划。此后，盟省委、盟市委从学校亟待解决的硬件设施问题入手，通过协调多方资源，积极与当地教育部门沟通，解决了困扰学校多年的校园墙体改造问题，盟市委多次赴学校调研，了解学校规划和遇到的难题，并向学校捐赠空调、体育器材和图书，切实解决学校实际困难，先后向聂村民盟烛光小学捐赠价值 8 万元的图书 4000 余册，引导学校建立了图书室和班级图书角，让聂村民盟烛光小学的师生“有书读，爱读书”……

如今，聂村民盟烛光小学在当地的口碑越来越好，各年级学生连年回流，仅 2021 年 9 月—2022 年 2 月就回流了 21 名学生。

彰显书法教学特色

在确立学校发展规划时，校领导班子陷入困惑。如何在稳中求变？如何在变中求得更好发展？成为聂村民盟烛光小学亟待解决的重要课题。

2018 年 4 月，盟市委来聂村民盟烛光小学调研时，建议聂村民盟烛光小学与焦作市实验小学对接，借助焦作市实验小学的品牌效应，形成聂村民盟烛光小学“一校一品”的书法特色。几年来，盟省委和盟市委多次到学校调研特色教育实施情况，帮助学校提升软硬件实力，为开展书法教育打下良好基础，并指导学校依据实际统筹规划、稳步推进，让书法教育在学校生根开花。

在聂村民盟烛光小学老校舍中，最“奢华”的就是在盟省委和盟市委支持下打造的书法教室。这是一间相当于三间普通教室大小的大教室，放置了四张大书写台，其上铺着平整羊毛毡，笔墨纸砚有序摆放，墙上的书法家作品和碑帖，以及书法角展示栏，为学生搭建了学习和展示平台。具有书香气息的书法教室，成为学生最喜欢去的地方。

书法教室建成后，聂村民盟烛光小学原校长、省书法家协会会员李兴武挑选30名对书法感兴趣的学生组建书法社团，自己担任社团团长，每天下午放学后指导学生练习半小时书法。同时，学校组织全体教师组成教师书法社团，由学校教师、省书法家协会会员程志刚担任团长，每天下午放学后指导教师练习半小时书法。平日里，学校每个年级每周开展一节书法必修课，多样的教学形式激发了学生练习书法的兴趣，学生们很快掌握了多种基本知识和技巧。

在盟市委的牵线下，聂村民盟烛光小学多次邀请书法名家到学校讲汉字书体演变历史、书法基本技巧、章法基本原则等，让学生和名家结对子，接受系统训练。依托书法名家资源，学校专门成立了书法家工作室，就书法课程设计、书法教育发展规划等进行教研探讨。

聂村民盟烛光小学师生书画作品

学校每年举办一届书法艺术节，在校园内展出教师和学生的优秀书法作品，来校参加艺术节的书法爱好者和师生可互评、互赏、互学、互促。每逢春节，学校发动学生为自家、邻居家和亲朋好友家书写春联、送“福”字，老人生日时送“寿”字，让书法教育深入人心。

就这样，在一节节书法课和一次次书法活动中，聂村民盟烛光小学师生陶冶了情操、增长了知识，书法艺术之花也在校园中尽情盛放。2019 年 5 月 31 日，“盟动中原——民盟焦作市委员会烛光行动帮扶成果展暨民盟焦作市委员会庆祝新中国成立 70 周年”系列活动在聂村民盟烛光小学举行，盟省委秘书长姚中有观看了聂村民盟烛光小学“一校一品”书法现场表演和师生作品展示后，对聂村民盟烛光小学在学生素质提升、教学水平提高、社团活动开展等方面取得的成绩表示了充分的肯定。

如今，聂村民盟烛光小学继续深入开展“书法进课堂”活动，利用每周一、周三中午组织各班语文教师按照统一配备的习字教材和书法专用纸张，带领学生练习硬笔书法，定期举办师生书法展，令书法教学进一步开枝散叶。

顺势而上

2019 年 11 月 18 日至 20 日，在盟省委组织举办的“教育扶贫·烛光行动”培训班上，聂村民盟烛光小学教导主任、语文教师梁海艳执讲的《生命 生命》课受到表彰。梁海艳感慨地说：“通过盟省委、盟市委的帮扶，我们乡村小学教师也有机会参加省级示范课比赛，与全省各地的优秀教师同台竞技并获得表彰。这是我执教 20 年来从未有过的成就感。”

梁海艳的工作精进，只是聂村民盟烛光小学众多教师的一个缩影。为帮助聂村民盟烛光小学教师提高教学教研水平，盟省委、盟市委多次邀请盟内外名师对聂村民盟烛光小学教师的课堂教学进行指导，积极协调多方资源，为聂村民盟烛光小学教师提供高水平培训和交流平台。

联谊结对促提升。与焦作市实验小学结成联谊校，每学期选派 2 名教师到焦作市实验小学跟班学习，接受名师一对一指导，而焦作市实验小学隔周到聂村民盟烛光小学开展送教下乡和教研活动，助推学校教师教学水平连年提升。据统计，自 2017 年以来，聂村民盟烛光小学先后有40余人次在焦作市示范区举办的“一师一优课”比赛和“信息技术融合课”评比中分获一、二等奖，近30人次参与教科研课题研究，并获得一、二等奖。这期间，梁海艳执讲的《一面五星红旗》《生命 生命》和张苏红执讲的《整数加法运算定律推广到小数》被评为省级示范课；程小卫在民盟中央举办的农村教育烛光行动培训班上，被评为优秀学员。

参加烛光行动培训活动。每年，盟市委组织聂村民盟烛光小学的校长和教师，积极参加盟中央和盟省委组织的烛光行动工作座谈会和相关培训。通过专家授课、经验交流和实地考察等，聂村民盟烛光小学的校长和教师打开了视野、增长了见识，有力地促进和提高了学校的管理水平和教学水平。

协助打造更多优秀教学成果。盟市委发挥优势，邀请盟内外名师亲自指导聂村民盟烛光小学参赛教师，积极联系设备先进的优质课录制教室，为聂村民盟烛光小学参与盟省委和省基础教育教学研究室联合举办的示范课大赛活动提供帮助。截至2021年，聂村民盟烛光小学共参加5届示范课大赛活动，先后有4位教师获得一等奖。

对接高校开新路。在盟市委的牵线下，2021年10月28日，河南理工大学资产经营有限公司“春蕾”志愿服务队来到聂村民盟烛光小学，挂牌成立了河南理工大学“新时代文明实践志愿服务基地”，向学校捐赠了打印机、办公桌、打印纸、消毒洗手液等物资，为学生发放了益智玩具、乒乓球拍、跳绳、篮球等学习和体育用品，价值共计1万余元。志愿服务队为聂村民盟烛光小学附属幼儿园的孩子带去了艺术、健康等方面示范课，并与聂村民盟烛光小学教师进行课程研讨，还分批组织聂村民盟烛光小学学生参观河南理工大学地质馆、科技大篷车等，开拓了孩子们的视野。

2020年4月，盟市委到聂村民盟烛光小学调研疫情防控和复学准备情况，并向学校捐赠了防疫物资。

2015年以来，在盟省委和盟市委的指导帮扶下，聂村民盟烛光小学校园环境持续改善，师资水平不断提升，办学特色越发鲜明，教育教学质量逐年提高，先后获得“教育管理先进单位”“教育教学先进单位”“小升初先进单位”等荣誉称号，成为当地小有名气的学校。

说起未来，聂村民盟烛光小学校长薛芬芬信心满满：“今后，我们将紧紧围绕‘给生命留下最美印迹’教育愿景，以‘德以养正、学以树人’为办学理念，积极探索研究符合学校特色的课堂教学形态，努力推进学校社团活动建设，加强劳动教育，擦亮民盟烛光小学的牌子，使之成为农村教育的一张亮丽名片。”

第十四节 “儿童之家”让留守儿童有了幸福的家

每周一至周四下午，驻马店市泌阳县高邑镇民盟烛光小学的“儿童之家”热闹非凡：在老师们的带领下，各年级学生穿梭于图书阅览区、心灵家园谈话室、留守儿童亲情屋、文体娱乐屋，尽情地开启多彩的课后延时生活。

“说起这座儿童之家，必须要感谢民盟的鼎力支持和帮助！”站在儿童之家外，高邑镇民盟烛光小学校长王勇感慨说道，“我们学校现有 22 个教学班，在校生 1300 余人，其中学校登记在册的留守儿童有 200 多人。以往留守儿童正处于成长发育的关键时期，缺少了父母的关注和呵护，他们在成长中出现了很多问题，如身体营养不良，学习困难，心理失衡、道德失范、行为失控，缺乏应变和自我保护的能力等，令人心痛。如今，我们借助儿童之家打造出了新的办学特色，这成了高邑镇民盟烛光小学的一张名片，也成了我们这里乡村学校的一道风景！”

儿童之家活动面积为 42 平方米，设立图书阅览区，配备一定数量的图书、报刊和阅览桌椅，方便儿童轻松学习；设立心灵家园的谈话室和沙盘游戏，通过心理咨询服务解决留守儿童成长中的心理困扰和问题；设立留守儿童亲情屋，配备可视频聊天的电脑，让孩子能经常和父母视频交流，从而有效弥补留守儿童成长中的亲情缺失。同时，设立有电视和文体器材益智玩具的游戏娱乐区，来满足儿童的游戏需求。

于是，在王勇的引领和讲解下，从儿童之家开始，我们一点点回溯到高邑镇民盟烛光小学的过往中。

精准帮扶 爱心助学

高邑镇位于泌阳县东部，高邑镇中心小学位于高邑街南边，是一所完全小学，始建于1965年。由于地处偏僻，经济基础较差，学校的标准化建设举步维艰。2008年的时候，全校没有一条硬化的路面，学生宿舍房间缺少，条件简陋；学校绿化、美化刚刚起步，标准化的跑道和操场建设还是空白，1993年修建的教学楼和宿舍楼铁窗锈蚀、玻璃固定不牢，多次出现窗扇坠落情况，存在严重的安全隐患……

民盟河南省委、民盟驻马店市委经过多次考察、协调，确定把该校作为“农村教育烛光行动”帮扶学校。

盟市委2013年与泌阳县政府、泌阳县教育局多次接触协商、筹措资金，为高邑烛光小学建设一座三层砖混结构的宿舍楼，解决了寄宿生住宿问题。

2014年，盟市委向高邑烛光小学捐赠了价值30万元的体育器材，让该校的体育设施齐全，极大地促进了学校体育事业的发展和留守儿童的健康成长。

2015年，盟市委向高邑烛光小学捐赠了价值40万元的图书，丰富了学校图书的种类和内容，方便学生更好地徜徉在书的海洋中。

2017年11月30日，盟省委、北京四中网校联合主办的民盟“烛光行动·千校计划”捐赠仪式暨信息化教育学术报告会在驻马店市第四中学礼堂举行。高邑镇民盟烛光小学等6所学校获得了价值252万元的“数字化校园”教学资源。

多年来，盟省委和盟市委始终发扬民盟“奔走国是，关注民生，心系教育”的优良传统，对高邑镇民盟烛光小学悉心帮扶，帮助学校建起了教学楼、宿舍楼，解决了安全隐患，促进了学校体育事业的发展和留守儿童的健康成长；建成儿童之家，不仅丰富了孩子们的精神文化生活，还为他们提供了更多的人文关怀。通过开展“盟动中原”系列活动，增强了学校的师资力量，提供了更加丰富的教学资源，给孩子们带来了更加丰富的精神食粮，为泌阳县高邑镇民盟烛光小学的快速发展奠定了坚实的基础。

利用优势 行动助学

几年来，高邑镇民盟烛光小学按照“依法治校、文化润校、特色兴校、质量强校”办学思路，团结拼搏，负重奋进，锐意进取，真抓实干，实现了跨越式发展。这其中饱含着省、市民盟组织的浓浓深情。

提升师资队伍水平。盟市委制订了《支持高邑镇民盟烛光小学推进教育内涵发展实施方案》和《推进教育内涵发展培训计划》，为学校教育教学发展划出路径；开展“盟动中原——烛光行动”系列活动，先后为烛光小学提供了前往新郑、安阳、许昌、江苏江阴等地的学习机会，学校教师开拓了眼界，学到了先进的理念和管理经验，回到学校后能更好地推动学校教育事业高质量发展，使烛光小学成为泌阳县一所“窗口学校”。

完善教师培养体系。盟市委多次提交调研提案，在驻马店市委市政府支持下，选派优秀教师开展对口交流支教。鼓励支持城镇学校优秀校长、教师到乡村学校交流轮岗支教。依托黄淮学院的教师发展中心和继续教育学院，以及市内重点幼儿园中小学，采取实地研修、网络研修、集中培训和送教下乡等多种模式，建立教师、校长专业发展的支持服务体系。健全教师学习培训制度，建立健全了教师培训学习信息库和经费保障机制。

关爱留守儿童。多年来，盟市委动员广大盟员，联手黄淮学院、驻马店市一高、四中等学校，多次开展“盟动中原——送教下乡”活动。盟员中的书画家也为孩子们带来一场场生动活泼的书法课、美术课。不仅培养了孩子们对书法、美术的兴趣，感受到了中华传统文化的魅力，也学到了实用的书画知识，了解了中国汉字、绘画的精髓，更促进孩子们养成细致、专注、沉着的学习品质。联合“天中义工”、河南峰帆等公益组织、爱心企业多次向贫困学生捐赠爱心助学金，开展校园安全公益行活动，为贫困学生捐赠图书、电脑、书包等学习用品，通过医疗进校园、法律进校园、心理健康咨询进校园等系列活动，引领留守儿童“开开心心上学来，平平安安回家去”。盟员志愿者利用周末节假日走进高邑镇困境儿童、留守儿童家庭，对因贫困、残障导致生活就医和学习困难的困境儿童、留守儿童进行入户走访和帮扶，确保最需要帮助的农村留守儿童、困境儿童得到妥善照料。

创新发展 烛光生辉

“乡村教育要发展，家庭教育是关键。问题学生的所有问题，都来自家长。《中华人民共和国家庭教育促进法》的出台让我们看到了农村教育的曙光，我们要从乡风建设上入手，尽最大的努力培育好我们的家长，引领我们的家长努力做一名与时俱进、不断学习的家长，这样才能真正带动乡村教育的发展。”王勇说：“前段时间，我有幸参加了民盟河南省委组织的 2021 年度农村教育烛光行动中小学校长培训班，受益匪浅。民盟的教育专家们立足农村教育实际，以扎实的教育理论结合丰富的农村教育发展典型案例给我们上了一堂生动的培训课，为我们高邑镇民盟烛光小学的创新发展提供了全新的思路。”

高邑镇民盟烛光小学不断积极探索，逐渐组建起家长和老师共同参与的家庭教育讲师团，定期召开家庭教育报告会，起到了很好的效果。学校上下一致认为，老师和家长一起写日记，召开家庭教育报告会是一种很好的融合家庭和学校的方式，高邑镇民盟烛光小学正进一步地研究如何让更多的家长加入到他们当中来，致力于形成良好的圈子和良好的乡风，把乡村教育办得更好。

经过盟省委、盟市委多年的倾力帮扶，高邑镇民盟烛光小学教育内涵不断丰富，特色立校更加突出，教学水平不断提升，先后获得“驻马店市依法治校先进单位”“驻马店市标准化学校”“泌阳县基础教育工作先进单位”等多项荣誉，成为泌阳县乃至驻马店市农村教育的一张亮丽名片。

“多年来，民盟用心用情用力，精准提升结对学校教育教学水平，取得了良好成效。盟员们送出的爱心，使众多农村孩子受益。”说起未来的设想，王勇语气坚定，“我们将继续深入实施特色化教学，为擦亮民盟‘烛光行动’品牌和推动学校优质高效发展，积极努力，在形成自身办学特色的基础上，把学校办成让学生成才、让家长放心、让社会满意的优质学校。”

第十五节　“烛光之星”的“光”与“星”

上午 9 时 50 分许，天空飘起细小的雪花。

走进济源市五龙口镇民盟烛光小学，我们“偶遇”了震撼一幕：巍峨的王屋山下，一个标准化的运动场上空，响起雄浑激昂的歌声，“太行巍峨，沁水悠悠，养育了我们的学校”，穿透时空，透入耳膜；天地间，行云流水的“站立如松、挥拳带风、推掌有形、踢腿迅疾”的招式映入眼帘……

“这是全校大课间活动：广播里唱的是我们的校歌《立志成栋梁》，学生们练的是我们自编的《武术操》，老师、孩子以及家长都可喜欢了！”五龙口镇民盟烛光小学校长李清新笑言，“这所学校能起死回生，首先要感谢民盟和民盟开展的‘农村教育烛光行动’啊！”

起死回生

五龙口镇民盟烛光小学坐落于王屋山下沁河河畔，前身是始建于 1929 年的五龙口镇北官庄小学。

曾经，五龙口镇北官庄小学走出了李钟玄、李健、李继才三位共和国将军，也走出了李洱、王怀让等著名作家诗人。在城镇化进程中，这所学校因偏居乡间渐渐被冷落，房舍年久失修、教学设施落后、校园环境破败，生源流失严重，至 2015 年时全校仅有 100 余人，学校一度濒临关停边缘。也就是这一年，在民盟济源市支部多方协调和积极争取下，民盟河南省委将五龙口镇北官庄小学纳入“农村教育烛光行动”帮扶计划，联合济源市委市政府、市教育局和五龙口镇政府，加大对学校的援建，先后累计投入1000余万元建成了全框架结构教学楼、高标准综合运动场以及可容纳四百多人就餐的学生餐厅兼小礼堂，学校基础设施焕然一新。

2016年9月23日，五龙口镇民盟烛光小学落成暨揭牌仪式举行，盟省委、民盟济源市支部及济源市有关部门领导出席落成暨揭牌仪式。仪式上，盟省委捐赠音乐器材和网络教学资源，盟员企业家李继琛捐赠了300套课桌椅，民盟河南省人民医院总支部委员会捐赠了25台电脑；民盟济源市支部委员会捐赠了250个书包和价值3万元的音乐器材……

经援建，五龙口镇民盟烛光小学和城市小学几无两样：设施齐全了，环境优美了，师资力量提升了……渐渐地，学校重现生机，流失的学生回归，2018年有316人，2021年达到了443人。一座焕然一新的学校再度屹立于王屋山下沁河河畔，成为当地老百姓交口称赞的“家门口的好学校”。

爱如潮水

短短6年，从当时的100余名学生到现在的400多名学生，五龙口镇民盟烛光小学快速翻身背后，饱含着民盟各级组织“情系学校、帮扶学校”的浓浓大爱——

2017年，民盟济源市支部累计为学校捐赠价值达10多万元的物品。为学校捐赠的两台大型饮水设备，让全体师生喝上了热水；为学校装修了一间舞蹈教室，让教师教舞和学生学舞有了场地；为学校捐赠5台希沃教学一体机，让学校实现了班班多媒体教学。

2018—2022年，盟省委会先后多次联系和协调，累计为学校捐赠了优质图书3000余册，大大丰富了学校阅览室藏书量，有效解决了全体师生的阅读难题。

2019年，民盟济源市支部累计为学校捐赠物品金额达3万多元。

为学校食堂购买的一套纯净水设备，让师生喝上了干净无污染的纯净水；为学校筹建的淋浴房，解决了住校教师的洗浴困扰。

2020年，民盟济源市支部累计为学校捐赠价值达3万多元的物品。为学校新增的两个班配备了多媒体，建设了同步课堂，学校与济源市区的济渎路学校进行教学研讨，进一步缩小了城乡之间教育的差距。

2021年，民盟济源市支部为学校捐赠了《学庸论语》等国学读本400余本，助力学校拉开了“传统文化进校园”序幕。同年暑期，针对特大暴雨天气，民盟济源市支部及时到学校调研和查看灾情，为学校捐资1万余元。

这期间，盟省委和民盟济源市支部还致力于提高五龙口镇民盟烛光小学教师的专业素养和教学能力：每年，盟省委组织举办“烛光行动”培训班，积极安排学校教师参训，教师赵贞贞参加语文阅读培训和示范课大赛活动，快速提升了教育教学能力，目前已是济源市小学语文名师团队成员，并成为河南省名师考察对象，郑路俊、乔二军、李喜成、李保珍则在ESS乡村教师创新奖大赛中获奖，并赢得春雷公益捐助的教育教学资金。民盟济源市支部通过挖掘盟员的优势和资源，帮助学校提升师资力量和学科建设，组织盟员书法家多次到校给师生讲授书法课程，并进行书法练习指导，令学校书法教学取得可喜进步，教师曹建国的书法作品和学生葛刘丹的书法作品，更在济源市中小学书法比赛中，分别斩获教师组和学生组一等奖。

一年又一年，五龙口镇民盟烛光小学的面貌变了——绿树成荫，地平墙净，标准化操场，文化墙琳琅满目，花园式的环境和现代化的教学设备相得益彰；一年又一年，五龙口镇民盟烛光小学的学生及家长对学校的看法变了——准备转校的学生不走了，已转校的学生回流了，10名、20名、30名、50名、80名……学校就读学生人数逐年增多直至翻倍。葛刘丹，升三年级时准备转往济源市区学校就读，但看到学校新修的运动场、新配的图书和新来的年轻教师，又留了下来，“各科成绩都很好，一点儿不比城里的孩子差”；李齐崑，在济源市区学校借读后又转了回来，他的父母说：“把孩子送到市区学校上学，每年托教费、交通费等就要近万元。现在，看到咱五龙口镇民盟烛光小学办学条件越来越好，师资水平越来越高，学校课外活动也丰富多彩，就决定把孩子转回来。”从中可一窥五龙口镇民盟烛光小学的“变”与“好”。

烛光之星

在五龙口镇民盟烛光小学越来越好的过程中，有一件“大事”值得浓墨重彩，这就是“烛光之星”活动。

“烛光之星”活动还是民盟济源市支部落实“烛光行动”的创新性举措。2018 年，针对“‘农村教育烛光行动’中五龙口镇民盟烛光小学的形象有较大改观，‘农村教育烛光行动’应向何处发力以及如何向深处延伸”等问题，民盟济源市支部组织盟员认真讨论并集思广益，决定策划实施“民盟‘烛光之星’创建评选”活动。

在充分调研的基础上，民盟济源市支部结合五龙口镇民盟烛光小学实际情况，制订了《“烛光之星”活动方案和评选标准》，并于 2018 年开展了“第一届民盟‘烛光之星’创建评选”活动：“烛光之星”分为“孝老爱亲之星”“诚实守信之星”“助人为乐之星”“自强自立之星”——每个“星”都有对应要求和标准，从学生的行为习惯到课堂纪律，从课外活动到家庭表现，从做作业到值日卫生，从学习态度到理想信念，把“烛光之星”的创建评选和学生学习成长的方方面面紧密联系，和学生日常生活的点点滴滴紧密联系，把教育的根本任务“立德树人”落到实处。最终，经扎实细致的推选和评比，葛刘丹等 6 名学生被授予第一届“烛光之星”荣誉称号，郑淑华等 6 名学生被授予第一届“烛光之星”提名奖荣誉称号。评选结束后，民盟济源市支部还组织获奖学生到郑州、开封等地开展研学拓展活动，在“行万里路”中交流学习、开阔眼界。

大课间活动

民盟济源市支部首创的“烛光之星”评选活动大放异彩。2018 年 11 月，在盟省委“教育扶贫·烛光行动”（济源市）现场会期间，时任民盟中央社会服务部副部长段海溪等与会领导和全省民盟烛光学校的校长及教师，高度关注五龙口镇民盟烛光小学的“烛光之星”创建评选经验成果，纷纷称赞“这项活动创新、实效、可行”，令民盟济源市支部和五龙口镇民盟烛光小学倍受鼓舞。2019 年，民盟济源市支部进一步深化实施“烛光之星”活动，从对学生的“烛光之星”评选扩展到对教师的“烛光楷模”评选，同时着力把“烛光之星”评选和“烛光学报”创办打造成五龙口镇民盟烛光小学的文化品牌。

4 年多来，“烛光之星”创建评选活动犹如催化剂，激励着五龙口镇民盟烛光小学的学生学会做人、热爱生活、自信自立、勤奋学习、乐于助人，助推着五龙口镇民盟烛光小学的教学提质增效，活动推陈出新，社团先后涌现，家校关系融洽。由是，五龙口镇民盟烛光小学频频斩获新荣誉：2018 年，获得河南省中小学校园舞蹈评比二等奖；2019 年，获得河南省中小学“最美大课间”评比一等奖；2020 年，被教育部教育发展研究中心确定为“第三届全国新样态学校实验学校”，被河南省教育厅授予首批“河南省中小学劳动教育特色学校”，被河南省陶行知研究会确定为“陶行知教育思想实验学校”；2018 年以来，连续被评为民盟河南省委“烛光行动先进集体”……

学生社团活动汇报演出

雪，还在飘舞着。转回教学楼时，一阵稚嫩又洪亮的“尽道丰年瑞，丰年事若何……”随雪而至，正是唐代罗隐的《雪》。“孩子们正在诵读‘雪’诗，这是我们《跟着二十四节气学劳动》课程中的一个环节……”五龙口镇民盟烛光小学校长李清新说，《跟着二十四节气学劳动》是从“烛光之星”活动延伸开发出的校本课程，包含诵读节气诗词、学习节气习俗、了解节气农事、参加节气劳动等内容，“当二十四节气与农事劳动相遇，我们的劳动教育可以根据节气特点、乡土特点和学生年龄特点开展适时的节气劳动课程”。

李清新望着落雪的王屋山，继续说道：“我坚信，在盟省委和民盟济源市支部的关心和引领下，我们一定能做得更好，就像校歌里唱得那样——‘心潮逐浪高’！”

第十六节　点一盏烛火 照一片光明

盛夏，崤函大地，田野葱葱绿绿，天空湛蓝如洗。

上午 9 时许，我们走进三门峡市渑池县天池镇藕池民盟烛光小学，教学楼窗明墙净、文化报栏妙趣横生、宿舍楼典雅别致、体育器材一应俱全，把整个校园装点得格外美丽和气派。

“几年来，看着学校一天天变好，就像看到孩子一天天长大，很开心很高兴啊。”说起藕池民盟烛光小学的发展，藕池村村民许改霞脸上满是笑容，“这不，俺家黄许诺去年上完幼儿园要读小学，我们就直接把她送这儿来了！”

但鲜为人知的是，藕池民盟烛光小学的“蝶变”，走过了一条怎样的淬火之路。

一所老牌学校的“浴火重生”

追溯时光，回到从前。

藕池民盟烛光小学的前身藕池学校颇有资历：它始建于民国初年，1958 年建为成建制完小，1969 年增设初中部，1976 年创办高中部（至 1978 年停办）。由于师资力量雄厚兼办学特色显著，加之独特的区位优势，学校生源覆盖了“两市（洛阳、三门峡）三县（渑池、洛宁、宜阳）四乡（高村、河底、果园、天池）”十几个自然村，鼎盛时期在校生达到 800 余人，先后培养出多位后来驰骋政界、商界以及科技领域的精英人才，更创造过学校少年篮球队在洛阳地区联赛中夺冠的骄人成绩。但后来，随着城镇化进程的加快，藕池学校因地处乡村渐渐落伍，生源流失严重。

2014 年，经实地走访和考察，民盟河南省委将藕池学校纳入“农村教育烛光行动”帮扶计划，会同渑池县政府对学校进行改造扩建。按照规划，新改造扩建校为双规六级制规模，占地 9000 平方米（其中盟省委援建的教学楼建筑面积近 2000 平方米，宿舍楼建筑面积近 700 平方米），包含符合国家标准的操场、餐厅并配备计算机室、多功能室、音乐室、美术室、科学实验室、体育器材室、图书室等。与城市学校近乎一样，令半径5公里内村庄的适龄孩子不必进城即可享受等同于城市学校的优质教育。

2017年4月18日，藕池民盟烛光小学落成暨捐赠公益活动举行，盟省委、三门峡市委统战部、三门峡市政协有关领导出席。仪式上，盟省委向藕池民盟烛光小学捐赠了图书和全套体育器材，民盟三门峡市委向藕池民盟烛光小学捐赠了150套服装，盟省委非公经济工作委员会副主任、盟员企业家李慧向藕池民盟烛光小学捐赠后续援建资金50万元，北京四中网校三门峡分校授予藕池民盟烛光小学“北京四中远程教育合作学校”牌匾并捐赠网络教学资源，三门峡市外国语小学授予藕池民盟烛光小学“帮扶学校”牌匾……

经此“脱胎换骨”，藕池民盟烛光小学的软件硬件设施符合国家二类标准、达到渑池县乡村小学一流水准——随后，藕池民盟烛光小学在盟市委支持和渑池县教体局指导下，依托实际积极探索教研，充分利用网络资源施教，开展“强化素质教育”和“注重兴趣培养”教学，一步步跳出洼地走上振兴大道，随之而来的就是学校整体教育教学质量的稳步提升：2019年秋季学期，在渑池县全县小学统考中，五年级语文、数学和五、六年级英语名列天池镇第一，五年级数学名列渑池县第五；2020年春季学期，在渑池县全县小学统考中，四年级英语，五年级数学、英语、科学，六年级语文、英语，名列天池镇第一；2021年春季学期，在渑池县全县小学统考中，六年级总评位列天池镇第一，其中数学位列全县第一、英语位列全县第五、科学位列全县第六。

在这里，设施齐全、风景如画、师生一家；在这里，朝读旭日、暮诵晚霞、笔耕晓月……由此，藕池民盟烛光小学重放光彩，变得充满诗情画意，从而成为渑池县乡村教育界一颗冉冉升起的明星，受到十里八乡父老乡亲的一致好评。

一个偌大家庭的“温暖幸福”

在藕池民盟烛光小学，我们邂逅了一个在校园转悠的男孩，原来是6月底刚刚离校的毕业生彭天骐。说起母校，他咧嘴笑了：“我们学校好比是一个大家庭，老师们像爸爸妈妈一样和蔼可亲，同学们像兄弟姐妹一样和睦友好，这个‘家’太美了！”

以“心”为烛，以“爱”为光。藕池民盟烛光小学是一个家，在这个家里，从盟省委到盟市委坚守振兴乡村教育初心，通过各种方式关心、支持和帮扶学校，为推动学校教育教学工作做好、做精、做深和促进城乡教育均衡发展作出了积极贡献。

民盟三门峡市委到校开展捐赠活动

送教下乡。2018年4月3日，在藕池民盟烛光小学挂牌一周年之际，盟市委策划组织“盟动崤函——书法进校园”活动，带领精通书法的盟员走进藕池民盟烛光小学开展书法教学活动并赠送200余册书法教程，践行“以字立德、以字启智、以字益美、以字修身”育人理念，营造墨香雅致的人文校园。此后，盟市委的“送教下乡”成为常态，每年至少两次组织不同专业的盟员到学校开展“送教送课”活动，或讲授书法、英语、音乐、体育、舞蹈等示范课，或开展“有爱，就有家”“幸福一家人”“爸爸妈妈，我想对你说”等主题心理辅导，或组织河洛大鼓、猴加官等非遗文化学习。

助力建设。2019年秋天，在盟省委积极协调和盟市委对接推动下，渑池县政府、渑池县教体局投资150万元为藕池民盟烛光小学建造集教师周转房和学生住宿房于一体的宿舍楼，该宿舍楼于2020年9月建成投入使用。

捐赠助教。2019年10月，盟省委协调河南省扶贫开发协会联合明日之星公益基金管委会开展“盟动中原，大爱工程”教育精准扶贫捐赠活动，向藕池民盟烛光小学捐赠了价值80万元的教育信息化设备、创客空间设备以及文房四宝等教学教具。盟市委先后举行“盟动中原，爱心书屋”“爱心工作站”授牌仪式并捐赠配套教育教学设备，亦多次采购作业本、笔、书包等学习用品送至学校发给学生。

在“我和我的家乡”英文绘画比赛中获奖的孩子们

诸如这般，还有很多。在民盟人的爱心呵护下，藕池民盟烛光小学师生浸润在幸福和甜美的海洋里：送教下乡活动，有效提升了各科教师的教学能力——2019年，在盟中央组织的“我和我的家乡”英文绘画比赛中，锁新华、张亚楠两位老师指导王勇璇、杜远航两名学生的绘画作品分别获得了二、三等奖，这是河南省参加此次活动的学校唯一获得奖项最多的乡村学校；宿舍楼的建成投用，彻底解决了20位教师和72名学生的住宿需求，他们再也不用起早摸黑地往返奔波于家校之间；通过心理辅导，孩子们心中压抑日久的情绪和对父母的想念有了合理表达，他们意识到“父母的爱是一种爱，老师和同学的爱也是一种爱，只要有爱的地方，就会有家”；在锣鼓学习中，孩子们在授课老师的启发下学习巩固了许多与“鼓”有关的成语、故事，了解了玄天锣鼓的由来和相关乐器的名称，学会了如何打鼓并登台演练，充分体会并感受了非遗文化的大美。

这种幸福和甜美，荡漾在心间，滋润于心田。已经毕业离校的学生黄一晶如是说：“从一年级到六年级，我看到了学校的‘成长’变化，从原先没有操场、没有食堂、没有宿舍到现在一应俱全，可以在学校里自由自在、开心地玩耍。学校里的风景也很美，到处有花花草草，宿舍楼前种植了很多小树，还有一个特别漂亮的亭子，操场四周大树挺拔，教学楼前还有一棵桃树，春天的时候开满桃花美丽极了。”五年级学生刘佳音则说：“在四年级时，我遇到了一位非常有趣的老师。他教我们美术，每次美术课素材就地取材，我们学会了有趣的手工，比如做花、画石头、画瓶子、用糖纸折千纸鹤、用银杏叶做花等……虽然我们的学校可能没有别的学校大，人没有别的学校多，但是我相信我们学校一定是最友好、最快乐、最有趣的学校！”

一群乡村教师的“传承接力”

“我们学校有一个最大的特点，就是老师们非常敬业！”说这话的是藕池民盟烛光小学老教师焦柏松。在藕池民盟烛光小学“外树形象，内强素质”发展历程中，有一群“英雄”值得大笔书写，这就是学校的老师——正是他们的积极探索和默默奉献，帮助学校实现了洼地起跳继而快步小跑……

比如执教语文的焦柏松。焦柏松从教 40 余年，更亲历了藕池民盟烛光小学立项、建设、发展的全过程。在他心底，民盟“农村教育烛光行动”功不可没，更令他对“感恩”的含义由字意上升到言行：“我定当老骥伏枥，志在千里，不辜负民盟对学校的关怀，潜心现代化教学手段实际运用的研究，力争对学校的信息化教学水平的提高起到示范和引领作用，不使现代化的教学设施闲置，努力使信息化和日常教学有机结合，为实现教学质量的提高贡献自己的绵薄之力。”

比如执教数学、科学、美术的锁新华。锁新华大学毕业后考取特岗教师，在藕池民盟烛光小学执教4年，被孩子们亲切地称为“盒子老师”。原来，锁新华来校后，发现多数孩子比较自卑和内向，就想出了一个法子——以给人无限惊喜与惊奇的“潘多拉的盒子”取名，通过卡纸、画笔、颜料等材质，带领孩子们就地取材开展极具乡村特色的“寻找美”和“发现美”美术课堂，让孩子们在大胆创作中对自己充满希望、对未来充满期待。与此同时，锁新华还尝试把“爱”渗透进课堂，策划组织多种类型的感恩班会，比如“刚好遇见你感恩班会”（让孩子珍惜身边的每一位家人和同学）、“守护气球宝贝感恩班会”（让孩子懂得母亲的伟大和生命的宝贵）、“唱给妈妈的歌感恩班会”（让孩子学会感恩父母），引领孩子体验不一样的教育，充满阳光自信地拥抱生活。

比如“阿姨妈妈”张亚楠。2017年，张亚楠接手一个新班，发现有个男孩学习习惯不太好，写作业总是拖拉。一天早晨，她检查作业时，发现男孩的作业本上空无一字，两手却冻得通红，有的地方还冻破渗出血来。她心疼的一把抱住了男孩。随后，为了帮助男孩养成良好的学习习惯，她每天辅导并监督他按时写作业，有时写完作业天黑透了，就陪着他一起回家——路上，她走在前，他跟在后。他讲自己的童年趣事，讲班里的同学玩伴，两人关系越来越亲密。期末考试，男孩的成绩名列前茅。那一刻，她会心微笑，这是拼搏奋斗后的喜悦。从中，张亚楠深深意识到：热爱每一个问题学生，包容他们，记录他们的分毫进步，寻找他们的每一个优点，就是对学生最大的热爱。

比如，外聘教师赵媛媛。2021年9月，赵媛媛第一次接触并认识了一种全新的教学模式——“双师课堂”，从中学到了许多教学方法，也使她更投入上好每一节课。她说：“在‘双师课堂’，我学到了单词操练的小游戏，孩子们都很喜欢结合游戏来记忆单词。每次听到孩子说‘老师，我还没有玩够呢’，我非常开心。因为让学生喜欢英语课堂本身才是我想做的事。”

再如实习教师代伊琳。代伊琳说，初来藕池民盟烛光小学时，她心里非常忐忑，害怕陌生的环境、陌生的事物，更担心自己没有教学经验跟不上节奏。但相处一段时间后，她发现：“在这里，老师们都很平易近人。他们主动带我熟悉学校的环境，给我讲解不同班级学生学习的接受能力。我明白，他们希望我尽快地融入这个大家庭。在这样有爱的环境里，我慢慢适应我要成为老师的角色，更在教学过程中学到了‘要了解每一名学生，对学生要因材施教’。我感觉，藕池民盟烛光小学处处充满了温馨。”

不独焦柏松、锁新华、张亚楠、赵媛媛、代伊琳，还有王丽红（获评“渑池县优秀教师”）、陆洋（校园里的“百灵鸟”“开心果”）、席丽飞（孩子们的“启蒙老师”）、武珍、杨粟焱等，他（她）们都各有特色、各有专长，充满激情、倾情付出，无一不是孩子们交口称赞的“好老师”。

一年又一年，一茬又一茬。在不同教龄、不同年龄教师的“传承接力”中，藕池民盟烛光小学的教师队伍发生了令人欣喜的变化，形成“老、中、青”搭配。

“我们会全力以赴，努力使‘烛光’更明亮，力争到2023年8月把学校创办成高效课堂取得良好效果、教学质量处于镇前列，青年骨干教师的课堂教学在镇、县级以上有一定影响力的典型学校。”藕池民盟烛光小学校长王磊如是说道。在这位曾获“渑池县优秀校长”称号的校长心里，还有更多更大的教育梦想有待奋发直追并及早实现，比如“数字化校园”“艺术特色学校”等。

第十七节　遇见“最美的遇见”

“去什么城里上学，咱家门口的学校盖得不比城里的好？年轻教师越来越多，咱马店的学校可不比城里的差！”

“放心，咋不放心，在学校一日三餐荤素搭配均衡，宿舍冬暖夏凉，有图书有热水有独立卫生间，比家里条件好多了，咱也不用交住宿费，晚上自习还有娃们老师辅导，可放心了！”

“咱的娃在咱家门口的学校也能全面发展，上学期我娃跟着老师去参加‘书香洛宁杯’诗朗诵比赛，还拿奖了呢！”

这是一个校园开放日，孩子家长们朴实无华的话语；而诸如这般话语，在洛阳市洛宁县马店民盟烛光小学常能听到——但谁会想到，这一切皆源于多年前“我们与民盟最美的遇见”。

迁址新建 重新起航

马店民盟烛光小学位于马店镇马东村，是洛宁县教育扶贫重点项目之一。老校区和当地的泰山庙共用一个大院，是典型的校中有庙、庙中有校，读书声与诵经声交织在一起，互相干扰。

在民盟河南省委关心和各级领导支持下，学校于 2018 年 3 月迁址新建，主要建设包括两栋教学楼、一栋综合楼、一栋学生宿舍楼、一栋教师宿舍楼以及标准化餐厅、操场、红领巾广场。2019 年 6 月 14 日，时任全国政协副主席、民盟中央常务副主席陈晓光，时任全国人大常委会农业与农村委员会副主任、民盟中央副主席龙庄伟到马店民盟烛光小学参观指导，为马店民盟烛光小学揭牌。

在省、市、县领导关心下，特别是在盟省委、盟市委的大力支持和帮助下，新建成的马店民盟烛光小学拥有了标准化的操场和跑道、学生活动、娱乐的广场，而且硬件设施齐全。盟省委、盟市委为学校捐赠了价值约 30 万元的图书、体育器材 100 多件、课桌椅 100 多套、人脸识别系统 2 套、空气净化器 18 台、直饮机 9 台、免费配近视眼镜 91 副，每年还举办送教下乡、艺术进校园等活动，并与学校签订长期教师培训、支教协议……一系列资源支持，让马店民盟烛光小学重新起航，并迅速扬帆远行。

助力教师发展 促进教师成长

马店民盟烛光小学现有 42 名教师，其中本科学历 27 人，全体教师平均年龄 35 岁左右。近年来，随着新参加工作的特岗教师的到来，更为学校教师队伍注入了新生力量，有效解决了学校教师数量不足的问题，为学校发展奠定了坚实的基础。

在盟省委和各级领导的支持下，马店民盟烛光小学教师才能在教学实践中谋求自身发展。盟省委每年组织教师培训、校长培训、示范课大赛，盟市委组织优秀教师送教下乡、指导教学，民盟河南科技大学总支部选派优秀大学生到校实习，和教师们互通有无，共同提高。

通过师资培训、继续教育，让中青年教师实现了自我价值。比如黄春苹，她是马店民盟烛光小学的数学教师，自任教以来先后获得“洛宁县优秀教师”“洛宁县第三届名师”“洛阳市学术技术带头人”“洛宁县骨干教师”等荣誉称号，并在 2018 年 9 月民盟“烛光杯”示范课大赛中荣获一等奖。而在优秀中年教师带领下，年轻教师也充分施展了专业本领。比如特岗教师宋新新，她 2018 年 9 月担任五年级语文学科及班主任工作，很快就参加了民盟河南省委组织的骨干教师培训——这次培训，课程紧凑、名师宣讲，更坚定了她奉献农村教育的信心，使她在工作中更加认真负责、严于律己。在教学之余，她积极历练成长，先后斩获洛宁县“书香洛宁杯”三等奖、洛阳市师德演讲一等奖、洛宁县优秀共产党员、洛宁县新教育叙事二等奖，同时她指导学生朗读训练，使班里学生的整体阅读能力超过同级学生许多，其中刘思琦、赵怡婷等同学多次参加洛宁县组织的活动并取得优异成绩。

完善基础设施建设 提高学校办学条件

马店民盟烛光小学有寄宿学生，需上晚自习，教师要值班，还有部分外地教师，这些教师都需住校。

在盟省委、盟市委协调下，学校建成一栋教师周转宿舍楼，共四层 20 个房间，都是一室一厨一卫格局，办公桌椅、床、柜子、灶台、电磁炉、抽油烟机等配备齐全。教师周转宿舍的使用，解决了学校教师住房难问题，对稳定教师队伍、吸引优秀人才扎根任教奠定了坚实的基础。王小慧说："我家在三门峡，刚考上洛宁的特岗教师时，唯恐被分到条件差的学校。来到马店民盟烛光小学后，我发现担忧是多余的。这里，一室一厨一卫满足了生活需要，连电磁炉、油烟机、热水器等也都配备到位了，让我能够安心、潜心从教。"

除教师周转宿舍楼外，还有寄宿学生宿舍楼。学校努力把宿舍打造成温馨的家，每一间宿舍都有专属名字，像阳光男孩、快乐小屋、向日葵之家等，都是孩子们集体商定的，寄寓着他们的团结和希望。宿舍楼南北通透，走廊内设热水茶炉，为学生提供饮水保障。每个房间配备独立卫生间，卫生间内配有淋浴，每个床铺悬挂完备的学生信息卡，便于学校统一化管理。这一切，让农村孩子享受到了城市孩子的待遇，感受到了家庭的温暖。

马店民盟烛光小学的餐厅分上下两层，能同时容纳 500 人就餐。目前，学校 918 名学生中午全部在校就餐，米饭、面条、烩菜、羊肉泡馍等应有尽有。每天，不同的可口饭菜，确保了营养摄入均衡，下午加餐的牛奶、水果、面包、火腿肠更提供了能量补给。

乡村少年宫 学子成才梦

为促使学生德智体美劳全面发展，盟省委、盟市委捐赠 33 万余元的图书和无人机、美术用品和器乐设备等，建成了乡村学校少年宫。

在少年宫里，有图书阅览室、美术室、书法室、舞蹈室、创客室等多个功能教室，开展美术、书法、绘画、剪纸、戏曲等社团活动，学生都可以根据自己的兴趣爱好选择喜爱的社团，努力实现一生一技甚至一生多技的培养目标。

书香校园一直是学校的特色之一。多年来，全校师生一直践行晨诵、午读、暮省阅读习惯。少年宫阅览室建立后，学校以"读书梦、中国梦"为主题，鼓励学生多读书、读好书，营造良好学习氛围，培养学生良好的课外阅读习惯，促进学生全面发展。如今，徜徉校园，教室图书角、学校图书室、宿舍，随处可见学生读书的身影——同窗读、师生读、亲子共读，人人都有读书梦！

美育教室是孩子们的艺术天堂。学校配备了齐全的绘画工具，孩子们画画、做手工、设计美术作品，将脑海中的想象用画笔描绘。在用心创作的过程中，享受着对美的追求、快乐和收获。

民盟河南省委邀请足球教练到学校指导孩子练习足球

书法教育也是学校特色之一。学校一直加强对学生的书写习惯培养，力求写好中国字、做好中国人。在博学楼前，有九个临摹台，按照汉字的演变顺序依次排开，分别是隶书、楷书、行书、草书。爱好书法的老师、学生在这里临摹练字，其他学生围观点评，在不知不觉中感受中华传统文化之美！

有了少年宫，农村学子的艺术梦被照亮，越来越多的孩子出现在县、市级各类比赛的舞台上，于是就又了书香洛宁杯诗朗诵二等奖、洛宁县小学生硬笔书法比赛一等奖、洛宁县中小学生口算比赛一等奖、洛宁县中小学生“我的科技梦”演讲比赛三等奖……

塑造学校亮点 拓展德育活动

小学德育是社会主义精神文明建设的奠基工程，是培养造就合格公民的起点。

多年来，马店民盟烛光小学坚持把活动作为德育工作的重要载体，根据学生身心发展规律寓德育于教育活动中。比如，结合重大纪念日，对学生进行“爱祖国、爱人民、爱劳动、爱科学、爱社会主义”教育；利用红领巾广播站、墙报、国旗下讲话、德育和少先队主题活动等阵地和途径，进行感染、内化和教育。与此同时，努力发展学校特色教育，提供展示舞台。比如在“第二课堂”中，根据教育部“体育、艺术 2+1 项目”要求和学校发展需要及学生兴趣特长开设有特色的兴趣组，有男足、女足、电子琴、书法和国画、手工、绘画、剪纸、戏曲、传统大鼓等多个社团组织。此外，加强德育环境建设，充分利用校园每一个角落特别是班级宣传栏，营造良好的班级文化，使校园内的一草一木、一砖一石都体现教育的引导和熏陶。2018 年以来，学校先后被评为“河南省教育系统先进集体”“河南省民盟烛光小学先进集体”“河南省先进家长学校”“洛阳市规范化小学”“洛阳市星级创建优秀单位”“洛阳市先进家长学校”“洛阳市党建工作示范校”“洛阳市教育督导先进单位”“洛宁县星级创建优秀单位”“洛宁县德育工作先进单位”。

“在盟省委和盟市委的关心支持下，我们在窗明几净的校园里学习、工作，师生皆受益，教育更发展。”说起未来，马店民盟烛光小学校长张新军语气铿锵，“有民盟领导的关心支持，有全校师生的共同努力，我们有决心、有信心、有恒心把马店民盟烛光小学办成一所设施先进、环境优美、管理科学、质量优异的豫西名校！”

第十八节 创客教室里的幸福密码

上午 10 时许，走进平顶山市石龙区民盟烛光小学创客教室，我们惊呆了：偌大空间里，有序划分着教学活动区、创造加工区、阅读讨论区、作品展示区、自由活动区，配套的电脑、多媒体讲台、音箱功放、无线 AP、操作台、学生凳、储物柜、展示柜和智能 3D 打印机、创客基础工具箱以及配套耗材、个人防护用品等教学和实验装备一应俱全……

“怎么样，没想到吧？我们这所位于浅山丘陵区的学校，也有设施齐全、功能完备的创客教室。”看我们既惊又喜的样子，石龙区民盟烛光小学校长李晓利笑言，“在这里，孩子们既可以进行科学实验，也可以进行智能拼装，还可以一站式完成学习任务，一点儿也不落后于城市学校的孩子。”

这一切，要从这所学校挂牌成为民盟烛光小学说起。

挂牌

石龙区民盟烛光小学前身是石龙区艳伟小学。

2018 年，经过实地走访、调研和考察、商讨，民盟河南省委将石龙区艳伟小学纳入“农村教育烛光行动”帮扶计划，随后会同民盟平顶山市委对石龙区艳伟小学实施援建工作。

漂亮的操场

2019 年 12 月 19 日，石龙区民盟烛光小学挂牌暨捐赠仪式举行，盟省委向石龙区民盟烛光小学捐赠了价值20.5万元的经典图书，盟市委向石龙区民盟烛光小学捐赠了价值5000元的体育器材。

就这样，经盟省委、盟市委援建后，石龙区民盟烛光小学成为现在的模样：一间间洁净明亮的教室，一处处优美典雅的环境，一套套更新换代的设施，交织构成了一道道亮丽的风景线，令远离平顶山市区的孩子深深沉醉其中并由此享受到优质的教育。这在石龙区传为佳话。

扶 助

石龙区民盟烛光小学挂牌后，盟省委、盟市委继续协调资源扶助学校发展和建设。

继续捐书，指导应用。针对学校缺少书籍和师生渴求阅读的实际情况，省、市民盟先后多次发起并捐赠各类图书，丰富了学校阅览室藏书量，使各年级师生实现了“有书读、能读书”的心愿。其间，盟省委向学校捐赠600本精选优质童书并帮助学校制定了图书角管理机制，指导石龙区民盟烛光小学因地制宜建立遍布于教室、走廊、楼梯的图书角，以充分发挥图书角在教育、科研和推进教学活动中的独特作用，切实提高图书资源的使用价值，力求达到图书的育人功能。

牵线搭桥，结对帮扶。2020年春，受新冠肺炎疫情影响，各级各类学校新学期开学日期一再延后。为落实“停课不停教、停课不停学”的号召，盟省委积极联系协调，促成河南省实验学校郑东小学牵手石龙区民盟烛光小学，共同开展“爱在春天，携手战‘疫’”活动。河南省实验学校郑东小学六（4）班蒲公英中队辅导员刘晓露和班级全体师生及家长，为石龙区民盟烛光小学六年级52名学生捐赠了价值8354.2元的图书、台灯、钢笔等学习生活用品和消毒液、洗手液等防疫物品。这项活动，赢得了石龙区民盟烛光小学六年级学生和家长的好评，深深增进了石龙区民盟烛光小学和河南省实验学校郑东小学的情谊。

加强培训，强化师资。2020年8月，盟省委在郑州举办2020年度

“烛光行动”培训班。在盟市委安排下，石龙区民盟烛光小学校长李晓利等代表学校参加培训。这是石龙区民盟烛光小学首次参加“烛光行动”培训，参训人员认真聆听、记录、领悟，并同其他地市民盟烛光小学参训人员，围绕教育信息化时代教学改革的方向和具体措施进行深入的交流和探讨，受益颇丰。回校后，参训人员再分次组织培训，将培训所学倾囊相授，有效促进了学校教师教育教学能力的提升。

牢记使命，开展思政教学活动。2021 年 7 月 1 日，是中国共产党百年华诞，盟省委号召各级民盟组织深入学习贯彻习近平新时代中国特色社会主义思想，全面贯彻党的教育方针，落实立德树人根本任务。盟市委组织实施了盟员进校开展思政课教学活动。老师们通过一个个故事，和孩子们分享了老一辈革命家的童年故事，使他们更直接、更形象地了解了老一辈革命家的童年生活、成长经历和优秀品质、良好习惯，引导孩子树立报国志、弘扬爱国情，努力学习知识，将来成为建设国家之栋梁。

多方筹措，加大硬件建设力度。两年多来，省、市民盟积极争取省、市、区三级数百万元财政资金，加快石龙区民盟烛光小学的硬件建设步伐，先后购置了电脑、速印机、录播设备，改建了多功能厅、足球场、阅览室、图书角、美术教室、校园文化长廊以及洗手间。2021 年，经盟市委协调，为石龙区民盟烛光小学每间教室配备安装了新型“智慧黑板”，大大改善并提高了课堂教学效率。

就这样，在盟省委、盟市委的扶助下，石龙区民盟烛光小学的办学条件不断得到优化和改善。教师们创业劲头更足了、学生们精神面貌更好了、家长们交口称赞更多了，就读学生人数更是日益增多。

扬　帆

在石龙区民盟烛光小学优化和改善办学条件进程中，“创客教室”堪称是浓墨重彩的大手笔。

对城市学校来说，投资打造创客教室开展创客教育轻而易举，对石龙区民盟烛光小学而言，实施创客教育一直是梦想。这种情况，直到 2020 年才有了转机。这一年，平顶山市教育体育局着力推进“打造教育信息化高地”工作，计划在全市各级各类学校中遴选出一所学校建设“未来教室”，遴选出三所学校建设“创客教室”。在盟省委协调下，经盟市委争取，石龙区民盟烛光小学以较好的软件和硬件基础，有幸成为“创客教室”建设学校，获得 30 多万元配套建设资金。石龙区民盟烛光小学拉开了创客教育的序幕。

创客教室

如何快速高效地建设“创客教室”？在盟省委和盟市委联系专业人士指导帮助下，石龙区民盟烛光小学依据平顶山市教育体育局规划并结合学校实际情况，踏上了打造“创客教室”的征途：首先，放下思想包袱，勇于自我创新。没有专用场所，就腾出教室改造成创客空间；没有数控工具，就先寻找传统工具代替；没有足够资金，就自己改装桌椅和制作简易操作平台。其次，结合既有条件，进行课程研发。针对乡村学校实情，经过反复的研讨，最的终把创客教育定位为综合性实践教育——即引导和帮助学生把各种创意转变为现实，比如开发实践类的制造创意花盆，科技普及类的科学小发明，信息技术类的编程、动画制作、建模设计等，适当辅以智能机器人、3D 打印。最后，整合不同学科，积极实践创新。比如针对小学阶段的教育教学实际，对信息技术、科学、音乐、美术、数学、综合实践等学科进行整合，将各学科知识、理论、方法等互相渗透、互相补充、互相促进，有效链接，共同提高。

石龙区民盟烛光小学的创客课程并不是一门课程教给全体学生，而是针对不同年级、不同年龄段的实际情况，进行巧妙且灵活的设置，比如一、二年级主要开展实物编程建构课程，实物模块会涉及编程、结构与力、动力机械等内容，电子模块会涉及磁吸控制器、开关、红外传感器、正反电转机、红色灯、绿色灯等内容，逻辑与非逻辑模块会涉及桥梁、形状、杠杆、滑轮、力、速度、功率等内容，重在引导孩子们掌握生活中常见的科学原理，培养发现问题并解决问题的能力；而三、四、五年级主要开展人工智能编程机器人课程，会涉及传感器技术、智能信息技术、编程技术等内容，着重开拓孩子们的科技视野并培养孩子们的逻辑思维能力、创新动手能力、团队协作能力、思考应变能力；此外，还组织常态性竞赛活动，鼓励并引导孩子们自主创意制作作品同台竞争。

在很短时间内，石龙区民盟烛光小学的创客教室从无到有、从小到大，一步步建设并成长起来，为孩子们在学习传统学科知识的基础上，学会并运用新技术新手段探索未来和未知世界，进而推动教育信息化在学校的推广与应用，奠定了坚实基础，提供了强劲动力。

小创客，大梦想。“有创新、有科学、有理想，才能开启属于石龙区民盟烛光小学的造梦时代。”说起学校未来，石龙区民盟烛光小学校长李晓利满是激动，“感谢民盟‘烛光行动’活动，让我们踏入发展壮大的快车道；感谢盟省委、中共平顶山市委、盟市委的关心和支持，让我们在教育信息化潮流中开始奏响创客教育的新旋律。”

第十九节 乡村里的音乐殿堂

每到周五下午，漯河市召陵区老窝镇庙王民盟烛光小学仿佛变成一座音乐的殿堂：笛子、葫芦丝、古筝、二胡、吉他、电子琴、架子鼓、萨克斯乐器响起，还有合唱、舞蹈激情上演……优美的音乐声汇成一曲动人的交响，一间间教室秒变一方方舞台。

对此，庙王民盟烛光小学校长王艳华说："每周两节音乐课，根据孩子们自己的兴趣爱好自主选择，有我们自己的教师，也有民盟的教师授课，可受孩子们欢迎了。"

结 缘

庙王民盟烛光小学位于老窝镇中心，始建于20世纪30年代，原名歇马学校，后更名为庙王小学。

多年来，学校高度重视素质教育，注重整合社会资源，破解素质教育师资匮乏困境，凭借特色建设走出了一条特色办学之路：2015年，成功申报成为国家级足球特色学校；2016年，成功申报国家级乡村少年宫项目；先后举办、参加大型演出近20场，荣获河南省最美大课间评比三等奖、河南省体育艺术特色"一校一品"示范校、漯河市市级文明校园等称号；2021年，被河南卫视少儿春节联欢晚会组委会授予"新年少儿专场音乐会小演奏家输送机构""新年少儿专场音乐会战略合作单位"。

也正是因为如此，庙王小学与民盟漯河市委结缘。

2007年，民盟"农村教育烛光行动"启动实施，当时盟市委正处于组织筹备中。"农村教育烛光行动"如一支小小火炬，迅速将漯河的55名盟员会聚在一起。大家献计出力，整合力量，为"农村教育烛光行动"在漯河落地生根打下坚实基础。

2007年5月，盟市委在召陵区许慎中学举行"农村教育烛光行动"启动仪式；7月，由盟内外38名特级教师、高级教师和骨干教师组成的“农村教育烛光行动”讲师团正式成立。

2009 年 5 月，盟市委“农村教育烛光行动”讲师团到源汇区空冢郭乡初级中学开展语、数、外三科“送课下乡”活动，帮助学校成立了民族乐队。

2016 年，民盟漯河市第二届委员会接过“农村教育烛光行动”接力棒，盟市委以传承创新的思维和深化拓展的魄力，构建活动平台，续写“农村教育烛光行动”新篇章。同年，漯河民盟艺术团顺势而生，依托漯河民盟艺术团资源优势，“农村教育烛光行动”探索出音乐支教的特色发展之路。2018 年至 2020 年，盟市委利用 3 年的时间，在 50 多所偏远农村学校开展葫芦丝义务支教，帮助 12000 名农村学生学会吹奏葫芦丝。

音乐支教的步伐坚定有力。2020 年 7 月，盟市委联合教育、民政、团委等多个部门，发起了“盟动中原——童声 · 童心 · 童梦”合唱教学进农村学校公益教学项目，组建了 150 个农村学生合唱团，5000 多名孩子通过合唱训练，培养了团队意识、陶冶了音乐素养。

“盟动中原——童声 · 童心 · 童梦”合唱教学进农村学校公益教学项目启动仪式

蜕变

2021年10月22日，对庙王小学来说，是一个特殊的日子：这一天，在各级领导和全体师生的见证下，庙王民盟烛光小学牌匾正式挂在学校门口，这标志着庙王小学迎来了新的发展机遇。

2016年，庙王小学被纳入盟市委“农村教育烛光行动”重点支持学校。为培养孩子们对艺术的热爱，通过艺术形式影响和改变孩子们的精神面貌，民盟艺术团的盟员志愿者坚持每周为孩子们开设两节艺术课，课程包括笛子、葫芦丝、古筝、二胡、吉他、电子琴、架子鼓、萨克斯、合唱等内容，并协助学校成立了17个兴趣小组，帮助学校走出了一条素质教育办学之路。中央电视台少儿频道、河南卫视、教育时报等多家媒体予以报道。

也是在这一天，盟市委“烛光行动·圆梦微心愿”活动在庙王民盟烛光小学成功举办，98名盟员为庙王小学105个孩子送上“微心愿”礼物。

伴随音乐支教的深入开展，民盟艺术团也在不断发展壮大。一路走来，团长赵庆九感慨良多，谈到支教行动给学校、教师和孩子们带来的巨大变化，赵庆九如数家珍，脸上露出幸福的笑容。

“农村教育烛光行动”给孩子带来的变化，在庙王民盟烛光小学清晰可见。走进学校，孩子们热情开朗、落落大方，一声声“叔叔”“阿姨”让人如沐春风，一张张纯真的笑脸写满自信和对未来的憧憬。孩子们的笑，就是最美的风景。

“你笑起来真好看，像春天的花儿一样……”让更多孩子笑在春风里，这既是“烛光行动”关于爱的回馈，更是“烛光行动”的初心和使命。

第四章　农村基础教育的思考与展望

如果说教育是我们中华民族振兴的基石，那么教育公平就是我们社会公平的重要基础。党中央、国务院高度重视农村教育，从近些年尤其是党的十八大以来农村基础教育的发展情况来看，各级政府对农村基础教育越来越重视，对农村基础教育的经费投入越来越多。随着脱贫攻坚战的完美收官，农村基础教育的各项设施和条件得到极大的改善和提高，农村中小学师资队伍建设逐步加强，教育教学水平呈稳步提升的势头，农村小学的整体面貌发生了可喜的变化。

但不可否认的是，由于城乡差距、地区经济发展不均衡等原因，我国还有相当数量的农村尤其是偏远农村优质基础教育资源依然短缺，城乡教育均衡发展失衡，家庭教育缺失，与城市基础教育发展水平还有一定差距，远远不能满足农村地区人民群众的教育需求。

《中华人民共和国国民经济和社会发展第十四个五年规划和 2035 年远景目标纲要》指出，要推进基本公共教育均等化，完善办学标准，推动义务教育优质均衡发展和城乡一体化，改善乡村小规模学校和乡镇寄宿制学校条件，加强乡村教师队伍建设，提高乡村教师素质能力。

第一节 农村基础教育的困境与问题

教育的许多问题，和经济的发展与投入有着密切的关系。我国是农业大国，农村人口较多，2021 年农村人口达 49835 万人。随着城镇化进程的不断深入，农村人口持续下降，尽管国家持续加大对农村基础教育的投入和帮扶，但与城市基础教育发展相比，农村基础教育依然存在诸多需要解决的问题。

一、城镇化和农民进城务工，导致农村基础教育人口持续下降，教学点数量增加，教育教学水平堪忧

长期以来，经济发达地区对教育的投入远远超过不发达地区的教

育投入，城市教育的经费投入也远超过乡村教育的经费投入。经济落后地区往往教育发展也相对滞后，农村教育发展动力比之城镇也显得相对不足，这也是导致一部分农村教育人口逐渐流向发达省份和城市的原因之一。2013—2019 年我国农村学校招生数量由 894.4 万人下降至 687.1 万人，在校生数量由 4113 万人下降至 3290.8 万人，毕业生数量由 900.2 万人下降至 636.8 万人。而随着生源的不断流失，部分农村学校、班级不得已合并，进而导致我国农村学校、班级数量呈现持续下降趋势。

据统计，2013—2019 年，我国农村学校数量由 159193 所下降至 104217 所，农村学校班级数量由 133.2 万个下降至 112 万个，这种情况在乡村小学教育领域尤为突出。2013—2019 年，我国乡村小学学校数量由 14 万所减少至 8.9 万所，乡村小学班级数量由 113.9 万个下降至 95.3 万个。

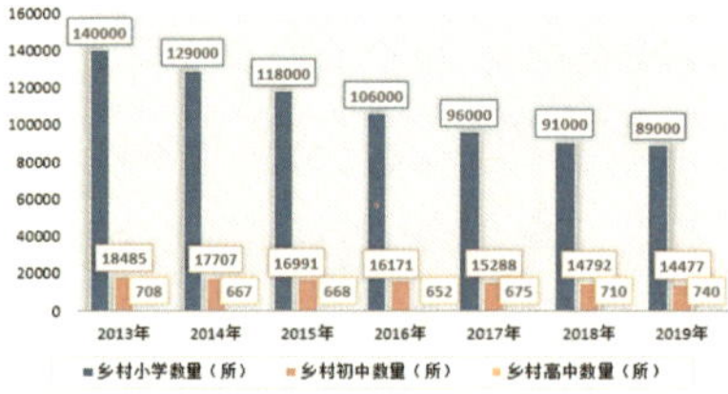

2013—2019 年，我国各级乡村学校数量变化情况

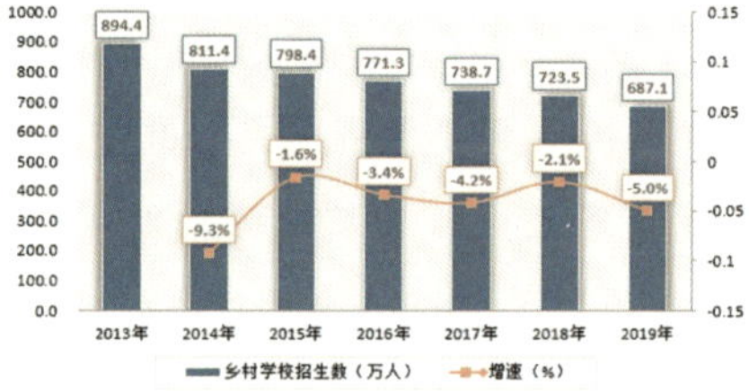

2013—2019 年，我国乡村学校招生数量及增速情况

（数据来源：中国农村年鉴、观研天下数据中心整理）

而与农村出现大量受教育人口流失相对的，是城镇学校大班额现象的产生。从某种意义上讲，城镇化就是农业转移人口的市民化，主要是农民工的市民化。

根据第七次全国人口普查结果，2020 年 11 月 1 日零时我国大陆 31 个省、自治区、直辖市和现役军人的人口城乡分布及流动情况如下：

全国人口中，居住在城镇的人口为 901991162 人，占 63.89%（2020 年我国户籍人口城镇化率为 45.4%）；居住在乡村的人口为 509787562 人，占 36.11%。与 2010 年第六次全国人口普查相比，城镇人口增加

236415856 人，乡村人口减少 164361984 人，城镇人口比重上升 14.21 个百分点。

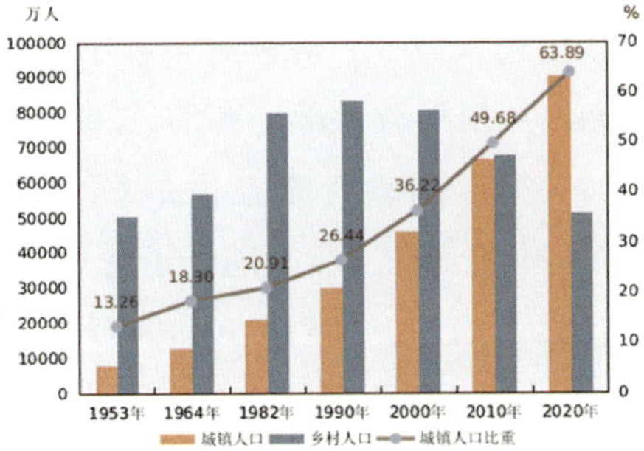

历次人口普查城乡人口

（数据来源：国家统计局、国务院第七次全国人口普查领导小组办公室、第七次全国人口普查公报（第七号）《城乡人口和流动人口情况》）（2021 年 5 月 11 日）

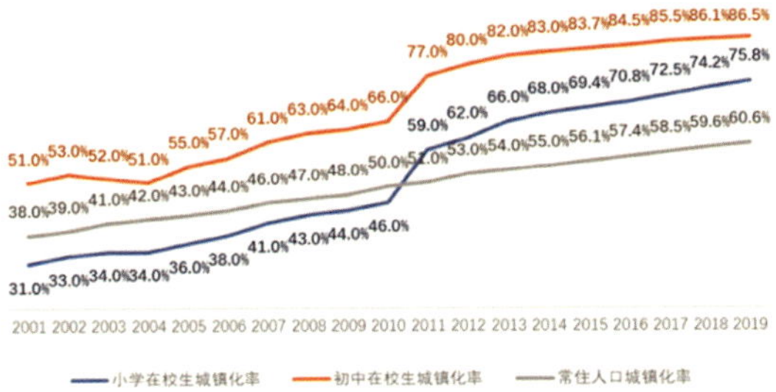

2001—2019 年，我国常住人口和小学、初中在校生的城镇化率

（数据来源：国家教育咨询委员会委员杨东平教授在《中国乡村教育发展报告（2021）》新书发布会上的报告）

近几年农村人口逐渐减少，有部分村民外出打工或者迁往城镇，学龄人口也随之大幅减少。上图显示了在义务教育阶段小学和初中在校生城镇化率远远超过了常住人口城镇化率，小学阶段超过了 26% 左右，初中阶段超过了 15% 左右。义务教育本来应该是就近入学的，城镇化的人口数量和在校生城镇化数量的比率应该大致相近，而现实却是大量的农村学生进城上学。这样的变化和近几年我国推行的进城务工人员子女就近入学的政策有关，目的是解除进城务工人员的后顾之

忧。这样的政策也造成了大量进城务工人员的子女随父母迁移到所务工的城市就近入学，从而产生了“乡村学校闲置、城镇学校拥挤”的格局，乡村学校的学生越来越少、规模越来越小，而城市的大规模、大班额问题越来越突出。根据教育部公布的《2020年全国教育事业发展统计公报》《2021年全国教育事业发展统计公报》统计，2020年义务教育阶段在校生中进城务工人员随迁子女1429.73万人。其中，在小学就读1034.86万人，在初中就读394.88万人。2021年义务教育阶段在校生中进城务工人员随迁子女1372.41万人。其中，在小学就读984.11万人，在初中就读388.30万人。

大量农村适龄儿童随父母迁出农村到办学条件相对较好的城镇学校就读或者到条件相对好一些的中心校就读，部分家庭经济条件不好或者因为其他原因无法随迁的儿童就跟随无法外出打工的长辈在家留守，而且由于偏远，无法把这些地方的学校撤并，故而导致这些偏远地区农村学校规模不断缩小，学生人数逐年下降，形成大量的教学点。

为了整合教育资源，全国许多地方根据具体情况把一些邻近的村小撤并到中心校，对于个别偏远的村小不能完全撤并，只能暂时保留低年级，由原来的完小转变成“不完全小学”的村小或教学点，这些村小或教学点的地理位置一般都非常偏僻，距离乡镇中心区域较远，交通不便利，同时学生少，有的教学点可能只有十来个孩子——甚至都不到十个孩子。他们可能分属不同的年级，但都在同一个课堂上学习；也有规模稍大一些的教学点，这类学校一般都有几十个不同年龄的学生，可能只有三个年级或四个年级。师资匮乏，大部分进行的是复式班教学，教学点的老师一般被称为“全科老师”，就是一个老师“包班”，一般是一个年级只有一名“包班”老师，既担任班主任又担任国家要求开设的所有学科课程的老师。当在“不完全小学”“教学点”的孩子们到了自己学校没有设置“断层”的高一些的年级时，他们需要转到“完全小学”或是进入中心小学来继续就读，之后才有可能升到当地的乡镇或城镇的初级中学。

我国农村学校的教学点，作为教育系统的“神经末梢”，为当地学生顺利接受义务教育和促进教育均衡发展发挥了不可替代的作用。乡村小规模学校集中了农村后 20% 或者百分之十几的最弱势的家庭，很多都是陷入困境家庭的儿童，家里有残疾人、精神病人或者因为其他种种原因，他们“走不出去”。乡村小规模学校受到了特别的关注，曾经有过一段时间全国许多地方对乡村小规模的教学点进行了一些撤并，但是这些撤并也引发了一些“后遗症”，于是，各地对教学点的撤并采取了一些措施，包括 2021 年的“一号文件”提到要保留并办好必要的乡村小规模学校。教学点在我国农村偏远地区的存在，是因为它适应了农村的自然、经济和社会客观实际，是偏远农村地区“文化”存在的一个重要标志，是精神血脉，对乡村社会的发展有着重要的价值。

二、区域、城乡教育经费投入差距导致区域、城乡基础教育发展失衡

根据《教育部 国家统计局 财政部关于 2020 年全国教育经费执行情况统计公告》（教财〔2021〕6 号），2020 年全国教育经费总投入为 53014 亿元，比上年增长 5.65%。其中，国家财政性教育经费为 42891 亿元，比上年增长 7.10%。2020 年全国学前教育、义务教育总投入分别为 4203 亿元、24295 亿元，比上年分别增长 2.39%、6.55%。根据统计公告，2020 年全国幼儿园、普通小学、普通初中生均教育经费总支出均比上年有所增长，增幅分别为 9.14%、4.43%、3.94%。

教育经费的投入会影响区域、城乡教育的发展水平。全国各地经济发展水平差异很大，人均收入水平差异也很大。从 2020 年全国各地教育经费投入可知，我国义务教育投入的地区差异还是比较大的，而且义务教育生均经费较低的大多不在西部地区，而在中部地区。在国家的扶持下，西部地区许多省、自治区义务教育生均经费已经跃居全国中上水平。当然由于特殊的地理环境，这些地区办学成本较高。中部地区一些人口大省，义务教育生均经费只相当于西部地区一些省、自治区的 1/2，发达地区的 1/7 左右，这些都反映了教育投入水平的

生均教育经费排序与反映经济发展水平的人均地区生产总值排序严重错位。

与此相对应，城乡义务教育经费投入也面临着巨大的差异。教育资源配置的政策和体制长期以来受到户籍制度、财政体制以及经济建设模式的影响，在教育资源配置的价值取向、倾斜重点等问题上，长期存在省市不同、城乡不同、校际不同的状况。城市与农村户籍的不同，带来城市人口与农民在经济、社会基本权力和义务上的重大差别，也带来了城市与农村在社会资源配置上的明显差距。

2011 年全国所有省（区、市）通过了国家“普九”验收，我国用 25 年全面普及了城乡免费义务教育，从根本上解决了适龄儿童少年“有学上”问题，为提高全体国民素质奠定了坚实基础。但由于教育经费投入差距显著，区域、城乡之间办学水平和教育质量也存在明显差距，城乡教育资源配置的失衡，在很大程度上影响了城乡教育的供求关系。导致了教育资源的紧张或闲置，城镇学校人满为患，出现了大班额甚至超大班额，而农村学校生源日益减少，人去楼空，大量校舍被废弃，造成了极大的浪费。人民群众不断增长的高质量教育需求与供给不足的矛盾依然突出。

义务教育是国家统一实施的所有适龄儿童、少年必须接受的教育，是国家必须予以保障的公益性事业。义务教育是社会发展的一种平衡器、稳定器，在一定程度上可以增进社会平等，促进社会稳定。促进义务教育均衡发展，是促进教育公平的一项重要内容。加大农村基础教育经费投入，大力推进城乡教育资源的公平配置，促进义务教育的均衡发展，落实教育公平，对于推动社会经济的发展与和谐社会的建设，都具有重要的现实意义。因此，在全面普及城乡免费义务教育的同时，我国还大力推进城乡义务教育均衡发展，合理配置教育资源，全面提升教师整体素质，缩小学校、城乡、区域间教育发展水平的差距，办好每一所学校，教好每一个学生。也就是使区域内义务教育学校在办学经费投入、硬件设施、师资调配、办学水平和教育质量等方面大体处于一个相对均衡的状态，与义务教育的公平性、普及性和基础性相适应。

三、农村学校师资力量薄弱，教学负担重，专业培训难度大，教学水平亟待提升

城乡差别的加大，造成教师资源分布的不均衡，农村教师流失比较严重。农村学校教师学科配套不齐全，孩子们的天赋得不到开发。农村各方面条件都较城市有差距，年轻的毕业生大都不愿到农村任教。现有农村教师平均年龄较大，知识结构相对陈旧，工作中也缺乏年轻人的激情与活力。近年来，随着特岗教师招聘等政策的实施，农村教师短缺情况得到了一定程度的缓解，但农村教师负担过重，任务繁杂，待遇较低，与城市教师待遇差距较大，尽管教育部门每年通过各种方式招聘农村中小学教师，但依然流失严重，学校的教师大部分由特岗教师或者年龄较大的教师组成。特岗教师3年期满，基本都会选择进城，导致农村基础教育的基本组成产生缺失现象。

农村生活和教学条件相对比较艰苦，发展前景具有局限性，优秀的教师不能安心地在农村任教，许多年轻教师选择了辞职或调走，骨干教师“逆向流动”现象普遍，导致教师数量不足，专任教师不够，整体教学实力不强，教学水平偏低。农村学校普遍存在教师不足的问题，教育部门采取了许多措施予以倾斜，每年新招聘教师对偏远乡镇优先补充。但许多教师分去后，都想尽办法调离，很难长期坚持任教。近几年，县城学校也从农村选拔优秀教师进县城，导致农村学校只出不进，教师数量越来越少。另外，农村学校受生活条件太艰苦，交通不便等多种因素困扰，致使年轻教师在农村学校生活不适应，难以扎根农村，他们即使勉强被分配到农村学校，也不愿久留，一有机会，这些年轻教师就会想尽办法离开，形成现在的农村学校年年分新人，年年缺教师的局面。教师队伍不稳定，也会加剧学生的流失。

还有一种情况，学科教师配置不足。体、音、美等学科专任教师结构性短缺问题仍然存在，尤其是农村地区较为严重。由于编制紧张，学校难以配备专任教师，很多教师身兼数职，体、音、美等课程沦为摆设。而这种情况最突出的是上万的农村教学点。教学点由于生源缺失，学生人数少，所以大多采用全科教师包班的形式组织教学，全科教师要传授国家课程设置方案中的所有科目的内容，既是语、数、外教师，还得兼任体、音、美、劳动、科技、心理教师，所以大多全科教师专注于所谓的主科语数外教学，对于其他体音美劳等学科的内容，基本是放任活动。这些都导致农村学生的学科素养、创新能力有限，不利于学生的全面发展。

总体而言，在农村尤其是偏远农村地区学校从事教育教学工作的教师，毕业之后就很少有机会参加各级各类培训活动，教师队伍尤其是农村基础教育阶段教师，缺乏强力有效的在职教育培训，这些都导致城乡教师的教育教学水平差距越来越大。教师观念的更新，教材和课程标准的把握，更多要依赖于教师培训工作，可是，目前农村学校普遍存在培训不到位的现象。很多学校由于办学经费紧张，缺少培训经费，学校很难经常派出教师参加外面举办的各种培训学习活动。当然还有一个更主要的原因是学校学科教师数量不足，一个教师一个岗位，离开这个教师，学校的教学活动就无法正常开展，这种现象在广大的农村教学点尤其突出。实行全科教师包班的教学点，基本没有可能让教师在正常学期中间参加任何脱产的培训学习活动。学校本身又缺少校本培训的师资和条件，不能保质保量地开展专业培训和教学研究活动。

四、非教学任务“转嫁”学校现象严重

教师的根本任务是教书育人。《中华人民共和国教师法》第三条明确规定：“教师是履行教育教学职责的专业人员，承担教书育人，培养社会主义事业建设者和接班人、提高民族素质的使命。教师应当忠诚于人民的教育事业。”然而，从中小学教师工作现状调查及教师普遍反映的情况来看，由于各种非教学杂事过多，教师工作有严重偏离“教书育人”本职工作的现象，各种非教学任务压得教师喘不过气来，

教师用于钻研教学和业务的时间被严重挤占，教师们苦不堪言，用教师们的话讲就是："不务正业、挤时间上课。"由此产生教师工作效率低下，教学成效不高，教学质量下滑，职业幸福感降低等一系列问题。

各级各类与教育教学无关的社会性事务摊派导致教师非教学任务过重。我们深入一线教师工作实际发现，占用教师工作时间的并非全是教育教学工作而是其他，比如各种文件、检查、考核、报表、比赛、评估、征文、创建、关注公众号、各种主题教育活动、转发下载 App、平台注册、学习答题、各种学习笔记等，过程痕迹管理越来越细，需要准备的痕迹资料过于繁多，教师们苦不堪言，这严重干扰或打乱教师教书育人本职工作，影响正常教学工作。

五、应试教育的观念根深蒂固，素质教育和课程改革举步维艰

一方面，农村教育一直笼罩在应试教育的阴影里。受大环境的制约和影响，教师们都把学生考高分作为自己的一个重要目标，很多农村学校也用学生的成绩作为衡量教师教学水平的唯一依据。音乐、体育、美术、英语等课程虽然开设，但实则难以得到保证，学生的身心难以得到全面的发展，知识面狭窄，观念滞后。应试教育观念在许多农村家长心里根深蒂固。从孩子刚开始上学，大多数家长就给孩子灌输要好好学习，将来考一所好大学，找一份好工作，离开农村，去大城市生活。还有的家长这样教育孩子"只要学习好，什么活都不用做，想吃啥买啥，有什么要求家长都能满足，从小就把学习功利化……"；还有的家长教育孩子，"你们姊妹几个，谁不好好学习，谁长大后就在家种地"，让孩子有一种上学就是为了"跳农门"的偏执……诸如此类的教育方式，只能培养出歧视农村，歧视农民，缺失乡土认同感的孩子。

另一方面，乡村小学新课程专业引领落后。特别是新课改后，农村教师依然习惯于运用传统教学模式，对素质教育的理念理解不到位，对新课程的组织实施感到困惑，有畏难情绪。另外，由于地域特点，学校课改工作缺乏上级业务部门长期有效的直接指导，对课改实施引

领的力度不大，也在制约农村学校新课改工作的顺利进行。……

第二节 农村基础教育的思考

教育是国之根本，在很大程度上决定着一个国家未来的发展走向。我国是一个农业大国，农村问题、农民问题在一定的程度上关乎社会稳定、国家安危，而其中农村教育问题更是关乎社会发展的方方面面。文化教育影响着人的素质，通过提升农村儿童的教育素养，进而逐步提高广大农村人口的素质，将进一步推动我国整体人口素质的发展。

2021 年年初，十三届全国人大四次会议表决通过的《中华人民共和国国民经济和社会发展第十四个五年规划和 2035 年远景目标纲要》在第四十三章“建设高质量教育体系”中提出，全面贯彻党的教育方针，坚持优先发展教育事业，坚持立德树人，增强学生文明素养、社会责任意识、实践本领，培养德智体美劳全面发展的社会主义建设者和接班人。推进基本公共教育均等化。巩固义务教育基本均衡成果，完善办学标准，推动义务教育优质均衡发展和城乡一体化。加快城镇学校扩容增位，保障农业转移人口随迁子女平等享有基本公共教育服务的权利。改善乡村小规模学校和乡镇寄宿制学校条件，加强乡村教师队伍建设，提高乡村教师素质能力，完善留守儿童关爱体系，巩固义务教育控辍保学成果。

党中央、国务院《关于全面推进乡村振兴加快农业农村现代化的意见》，要求相关部门要提升农村基本公共服务水平。建立城乡公共资源均衡配置机制，强化农村基本公共服务供给县乡村统筹，逐步实现标准统一、制度并轨。提高农村教育质量，多渠道增加农村普惠性学前教育资源供给，继续改善乡镇寄宿制学校办学条件，保留并办好必要的乡村小规模学校，在县城和中心镇新建改扩建一批高中和中等职业学校。完善农村特殊教育保障机制。推进县域内义务教育学校校长教师交流轮岗，支持建设城乡学校共同体。

这些政策和措施在一定程度上展示了党和政府对教育尤其是农村

教育的重视。目前，我国还处在社会主义的初级阶段，农村的发展很大程度上影响着我国社会的发展进程。城乡教育均衡发展是我国向现代化迈进的必经之路，是我国全面建设小康社会的必然要求。从一定层面上讲，立足眼前现实，采取具体而实际的方式方法，发展农村基础教育，解决目前农村基础教育面临的问题，不仅是缩小城乡差距的重要方面，也是社会公平在教育方面的体现。

一、加大对农村基础教育的投资力度，改善农村中小学办学条件

教育与经济是密不可分的，贫困地区的经济得不到发展，教育也不可能得到发展。解决问题的关键在于想方设法突破教育经费极度短缺这个教育瓶颈，改善农村中小学的教育条件、物质条件，改善农村中小学教师生活条件、工作环境。以政府投入为主，多渠道筹措教育经费，并且政策尽可能向乡村地区倾斜，向薄弱偏远的乡村中小学地区倾斜。要健全农村教育经费的监督保障机制，实行农村教育经费财政公开制度，以确保农村义务教育经费能够合理使用。统筹安排，搞好基础设施建设。加大对薄弱学校的改造力度，不断缩小校际差距，重新考量教学网点的布局，集中资金，建设好农村学校，搞好各项配套设施，提高服务水平，改善学生就读环境，使农村小学的办学条件、管理水平、教育教学质量有明显的提高。

二、加强农村中小学师资队伍建设，提高教师队伍的整体素质

农村老师队伍的稳定关系到农村基础教育事业的发展。建立稳定农村教师队伍长效机制，健全农村教师队伍补充渠道，采取更加优惠的政策鼓励城区教师到农村学校任教，严格控制农村骨干教师流向城区学校。一是拓展农村教师补充渠道。政府要加强政策引导，制定切实可行的措施，选拔优秀毕业生充实到农村教师队伍。确保“三支一扶”计划中支教教师到农村一线教学。二是坚持实行城乡教师交流制度，选派城市学校优秀校长、教师到农村学校交流。“送教下乡”不能流于形式，鼓励支持城市学校优秀校长、教师到农村学校交流。加快校

长和教师轮岗的体制建设及实施路线图，可以试行晋升高级职称的城市学校教师和担任城市学校校长的，必须有在农村学校任教 2—3 年的经历。三是招聘引进教师向农村倾斜。校园招聘设立专项计划方案，开通引进高素质师范类大学毕业生尤其是音乐、美术等专业的大学毕业生到农村任教的“绿色通道”。完善农村教师补充机制，提升“特岗计划”实施效果。

保障和提高农村教师待遇。依照国家、省、市文件精神，兑现农村教师职称补贴，建立完善乡村教师补贴政策，并积极创造条件适当提高标准，保障义务教育阶段农村教师收入。提高农村教师的绩效工资及补贴标准，提高偏远山区农村教师补贴，满足交通、通讯、工作生活不便等实际需求，加强农村教师周转宿舍建设，改善农村教师的工资条件和生活待遇，增强农村教师职业吸引力，吸引更多的优秀教师到农村中小学任教，在农村安心工作。

加大农村教师评优表先、职称评聘等政策倾斜力度，建立长效机制，让农村教师享受更多的实惠，让优秀教师能够下得来、留得住、干得好。加强农村教师培训，每年要保证一定数量农村教师进修培训，提高教师参与培训比例。为农村教师提供更多的学习培训、教学教研、与名师见面交流机会，通过校本研修、定期培训、外出考察、实践探索等方式，促进教师专业化发展。畅通农村教师专业成长渠道，构建农村教师成长平台，激发教师专业发展的内驱力。从而建立良性循环，促进农村教育发展。

三、建立健全城乡义务教育均衡发展一体化机制

城乡义务教育均衡发展是政府大力倡导的教育公平的集中体现，然而“教育公平不是搞平均主义，更不是一个模式办学，千篇一律、千校一面”。在当前状态下，建立健全城乡义务教育均衡发展一体化机制，充分发挥政府主导、社会参与、学校办学的作用显得尤为重要。政府要加大对农村中小学的财政投入，大力推动优质教育资源共享，鼓励开展城乡教育一体化、教育资源共享等区域性改革实验，推动对

口帮扶、学区制管理和九年一贯制学校建设等，改善薄弱学校基本办学条件，扩充城镇义务教育资源，全面加强农村寄宿制学校建设，制定鼓励优秀教师到农村中小学任教的政策，给予农村学校必要的财政支持，更新农村中小学教育教学设施。地方宣传部门积极发挥媒体舆论导向作用，充分利用电视台、网络、报刊等媒体宣传农村教师先进事迹与敬业精神，形成“以事业心留人，以感情线留人，以价值观留人”的社会风气，引导广大乡村家长和学生树立科学的择校观念与成就理念。搭建社会力量参与城乡教育均衡发展的平台，鼓励社会力量支持农村基础教育事业发展，为社会力量参与农村基础教育事业发展创造良好的氛围，让社会力量在促进城乡教育均衡发展方面发挥应有的作用。打铁还需自身硬，外因通过内因而起作用。农村中小学要利用好国家的政策，借助社会力量，创新办学理念，加强教学管理，提升教师素养，调动教师的积极性、主动性，以实际行动来推进城乡教育均衡发展，办人民满意的教育。

四、加强农村学校自身建设，创立特色品牌

精心打造优势学科，形成学校品牌，吸引学生到学校就读。古人云：山不在高，有仙则名；水不在深，有龙则灵。学校是育人的摇篮，无论大小，无论地理位置的偏远与否，只要能办出质量、创出特色，造就精品，学校则名、则灵。要打造自己的学校品牌，加强薄弱学科的投入，让优秀、有经验的老师把其余所有老师都带动起来，打造一批个体素质较高、群体结构合理、充满创新精神的教师队伍，有了高素质的教师队伍，就会有优势学科的存在。

开展丰富多彩的活动，为学生的成长打下基础，让学生收获更多。学校要丰富学生的生活，尽力开展多项活动，以促进学生身心全面发展。

经常开放音乐室、图书室，为学生提供多种多样的精神食粮。为了学生的身心健康，学校还要加强和家长的沟通，定期开家长会或进行家访，让家长明确孩子的学习状况和日常表现，从而构建和谐的家校关系、师生关系，让学生感受到“学校是我家，老师如爸妈”的家

庭般的温暖。

五、建立审批机制，规范非教学任务“进校园”

为“净化”学校教书育人环境，提高教师工作效率、减轻非教学负担，提高教学质量，促进教育事业长足发展。政府、教育主管部门要建立非教学任务“进校园”审批机制，谁批准、谁负责。

对非教育教学任务“进校园”严格审核审批，对与教育教学无关的文件、检查等“进校园”实行一刀切，严格控制各类“进校园”活动，坚决去除一切非教学任务摊派，把时间还给教师，尊重教师主业，尊重教育规律，切实减轻学校、教师非教学任务负担，让教师有更多的时间去钻研教学，潜心教书，静心育人，把全部精力运用于教育教学，全面让教育回归本真，为每个孩子的健康成长创造良好的教育教学环境和教育生态。

六、建立家校社共育机制，为学生成长建立良好的生态

学生成长的生态是由多方面构成的，这个多方面至少包括家庭、学校和社会，需要家庭、学校和社会联动，不能缺失任何一方，建立家校社共育机制，从学习、生活等全方位关心孩子们的成长，建立良好的生态，让孩子们愉快地接受教育、健康地成长。

农村经济发展相对落后，学生成长生态相对较差。一个孩子的成长不单单是学习，还有来自家庭的陪伴和理解。家长不应该只关注学生成绩的好坏，更应该去关注学生成绩好坏背后的原因。需要家长经常与孩子沟通，疏通孩子心里的疑惑，不管是在学习上，还是在生活上都需要家长的陪伴。学生的学习不单单只依靠教师，更多的需要家长有效的沟通，和家长给孩子做出好的示范引领。当前农村小学学生家长往往忙于农活或是外出打工，“留守儿童”日益增多，他们寄养在祖辈或其他亲属家中，不能与父母进行有效的交流和沟通，家庭教育几乎空白。有的家长把教育孩子的责任全推给了学校；有的家长教育方式、方法不当，专制、简单粗暴；有的家长只注重孩子的学习成绩而不关心其品德培养。当然，这里面也有学校联系家庭的措施没有

落实，缺乏对家庭教育的正确指导的原因。家庭教育和学校教育的不协调，步调不一致，导致学校德育工作缺少合力，严重影响教育的效果。

学校定期开展有关亲子互动、心理健康、热爱生活等方面的主题教育活动。定期组织开展校内劳动，不断拓展学生校外劳动，鼓励学生积极参加家务劳动，引导学生树立正确的劳动观念，具有必备的劳动能力，培育积极的劳动精神，养成良好的劳动习惯和品质；适当开展形式多样的劳动教育，将劳动课列入课程计划，精心设计，认真组织，保证中小学校每周不少于1课时；积极整合传统劳动和新型劳动教育内容，通过课外校外活动实施劳动教育；因地制宜开展劳动教育基地建设，为劳动教育课实施提供优质平台，定期组织学生到基地开展劳动观摩、劳动体验等活动。让学生在一个有信仰、有目标、有活力的环境中成长，接受教育。

学校还可以通过家长委员会、家长微信群加强家校沟通，通过定期召开家长会或者组织亲子活动为家长、学生、学校架起沟通的桥梁，逐步摸索出加强家校合作，形成合力的有效途径。学校做好与家长的联络工作，一方面，要做好与留守学生父母的联系工作，让他们及时了解学生动态，与学生及时有效沟通，让学生感受到父母的关怀。另一方面，要做好临时监护人的指导工作，让临时监护人知道如何陪伴、如何进行日常引导。

针对农村的“留守儿童”、单亲儿童等现象，相关责任部门组成关爱体系，加强与学生家庭成员的沟通联系，发动社会力量开展全方位、全过程的教育管理，全力解决特殊儿童在家庭教育、心理健康、社会保护等方面的实际困难。

七、加强教育信息化投入，整合优质教育资源共享

要重视提升农村中小学的信息化教学水平，①要落实“三通两平台”要求，教学硬件要达标；②加强对全体乡村教师的信息技术能力的培养，通过组织培训、参加比赛、现场教学等方式，提高和检验他们的信息技术教学水平；③充分利用网络大力推进发展“互联网+教育”，

促进优质资源共享，弥补乡村教育短板、解决乡村教师的师资难题提供新的解决方案。建立健全利用信息化手段扩大优质教育资源覆盖面的有效机制，增加学前教育、音乐、美术、体育等学科配备，鼓励各个学校将相关教学课件以及教学素材进行上传，实现教学课件等相关资源的相互开放以及全面对接，进一步提升网络直播课程的利用效率，实现城乡网络优质教育资源共享。

八、整合“小、散、乱”的教学点或学校，提升教育教学水平

偏远农村地区还有相当数量的教学点和学校，受交通、人口稀少等因素影响，这些教学点或学校小、散、乱，不能有效发挥作用。为了避免教学资源浪费，可以采取合并的策略，根据距离、学生人数情况，政府就近选择合适校址建立中心小心，集中附近多个村庄的学生集中教学。通过建立中心小学，可以解决附近村庄的孩子上学的问题，同时教育资源和师资力量也得到了整合。对于因种种情况近期不能合并的教学点或学校，实行教师走校制。因地制宜，一校一策；因材施教，一生一案，结合当地情况办小而精的教育、办群众满意的教育。

在农村偏远地区，政府要结合乡村地域情况，分析人口变动趋势、生源分布等方面情况，做好教育资源规划，就近合并规模较小的学校，化零为整，集中财力、人力扩大办学规模，建立寄宿制学校，提升学校教育教学水平。

综上所述，由于城乡经济发展不均衡，农村基础教育发展问题突出。农村基础教育发展必须跟上社会整体发展的步伐，只有采取积极措施，彻底改变农村基础教育的现状，加强基础教育链条上的薄弱环节，才能有效助力农村中小学走出困境，为农村基础教育发展打下扎实的基础，推动农村基础教育健康稳步发展。百年大计，教育为本。抓好义务教育，尤其是农村地区的义务教育，是摆在我们面前刻不容缓的头等大事。

第三节 未来农村基础教育的方向与出路

农村教育是乡村振兴的坚固基石。农村教育振兴作为乡村振兴战略的“压舱石”，在乡村全面振兴进程中处于优先发展战略地位。党的十八大以来，我国乡村建设迈入新时代，中国共产党以乡村振兴为战略“先手棋”，开启乡村现代化建设新征程，并围绕如何办好“有质量的乡村教育”颁布实施了一系列重大政策。多措并举推动农村教育深化改革、提升农村教育质量，在推动中国特色社会主义现代化教育强国建设的同时，为实现乡村全面振兴奠定坚实基础。

农村教育振兴意味着要推进农村教育内涵式发展和深度变革。中国农村教育振兴不仅能够推动农村基础教育全面发展、助推教育强国建设，又能够发挥支撑引领乡村振兴战略，加快乡村现代化进程的重要作用。因此，擘画中国农村基础教育振兴的未来图景对于引领农村基础教育未来发展至关重要。农村基础教育振兴的未来图景应通过思想观念引领、制度体系保障、乡土文化根基、创新人才支撑和数字技术驱动来实现农村基础教育的新局面、新格局、新气象、新高度和新生态。

具体而言：一是思想观念引领乡村教育振兴实践。实现农村教育振兴必须认清农村教育发展的时代方向、树立正确的农村教育发展理念，扎实推进，久久为功。二是制度体系保障农村教育振兴推进。全方位的农村教育政策体系能够为农村教育振兴提供较为完善的政策参照与行动指南，助推农村教育全面振兴。三是乡土文化滋养农村教育振兴土壤。乡土文化内含中华民族历史沉淀下来的优秀传统文化基因，通过乡土文化复育，充分挖掘其育人价值，实现“以文化人”是农村教育振兴的根本。四是创新人才奠定农村教育振兴根基。创新是乡村全面振兴的重要支撑。人才作为创新的先决条件，不仅是乡村振兴的首要资源，更是农村教育振兴的坚实根基。五是数字技术激发农村教育振兴活力。加快数字技术推广应用，通过加强基础设施、建设数字乡村等途径，实现数字赋能乡村振兴，以数字技术赋能农村教育振兴更是应有之义。

规划未来中国农村基础教育的发展，首先必须清醒认识农村教育的核心属性和根本任务，找准规划发展的立足点。同时，为了中国农村基础教育科学有序、健康持续发展，实现振兴目标，需要明晰并遵循农村教育振兴的系统性、开放性和统整性原则。

一、未来中国农村基础教育发展的立足点

未来农村基础教育的发展，不应该也不能是单纯的“为农村的教育”或“为城市的教育”，而应将农村基础教育的发展置于中国社会整体发展的视野之中，置于当前创建治理体系和治理能力现代化社会和乡村振兴的伟大实践之中，突破城乡对立的藩篱，统筹城乡教育发展。

在当前社会条件下，农村基础教育至少承担着三种不同的角色：①“为升学的教育”，满足一部分学生升学的需要，开辟乡村青年向上的社会流动渠道；②“为城市的教育”，为城市输出经过培训、有一定素质和能力的劳动者；③“为农村的教育”，即为农村本地的发展培养人才。农村教育的三种职能应该是并重的，不应该突出一方面而忽略另外几个方面。因此，当前农村基础教育的发展应该立足于中国社会发展的现实需要，为农村孩子提供知识、能力和文化素养、精神世界发展的基础，使其成为合格的社会主义公民，在社会需求与个体发展之间，寻找农村基础教育发展的立足点。

农村基础教育要立足于培养推进乡村振兴发展的新型农民。新型农民是乡村振兴发展的主力军。所谓新型农民，就是指有知识、有文化、懂科学、懂技术、会经营、善管理和有良好的道德修养与民主法制观念的现代农民。从乡村振兴的实际需要来看，无论是推进农业现代化，推进农村的工业化、城镇化，实现农村经济结构的优化调整，实现经济增长方式的转变，改变不合时宜的落后观念与习俗，推进农村文化繁荣发展，促进农民增收，改变农村相对落后面貌，都需要有文化、懂技术、懂市场、会经营的新型农民。而目前，我国农民的受教育情况大致是：全国约 4.9 亿农村劳动力中，高中以上文化程度的只占

13%，初中文化程度的占 49%，小学及小学以下文化程度的占 38%，在这其中还有约 7% 的人不识字或识字很少的人。可见，对于农村教育事业而言，培养和造就一代又一代的新型农民的任务仍然艰巨。

农村基础教育要立足于农村城镇化建设的现实，为城镇化与农村劳动力转移提供人力支持。从城乡统筹发展的需要出发，要逐步推进城乡一体化，使农民适应现代城市的文明要求，最终实现由农民到市民的转变，必须把农民培养成既具备良好的道德修养和民主法制观念，又会经营、会运用现代科学技术的人才，把农村的人力资源变成人力资本，这也是农村教育需要完成的任务。目前，我国农村有两亿多富余劳动力，根据城镇化发展的目标，每年需转移 1000 万—1500 万农村人口。据专家预测，在未来的 20—30 年间，我国的城市化率将提高到 75%，将有 11 亿—12 亿人口生活在城市，形成结构合理，功能互补，整体效益最大化的大、中、小城市体系，30—40 年内达到中等国家城市发展水平，实现城市可持续发展的良性循环。届时将有大量农村人口涌入城市，其中大多数需要接受就业培训。在短短的几十年内，要实现几亿农民由过去长期生活在农村且只能从事传统的农业生产和其他简单劳动逐步变为能够适应现代化社会第二、第三产业需要的劳动者和城市市民，这实在是一个繁重而又浩大的工程，需要乡村教育充分发挥其作用，使广大农民的受教育程度以及相应的综合素质与综合能力都能达到一个较高的水平。

农村基础教育要立足于乡村文化改造与构建的使命。在乡村振兴的伟大实践中，文化具有其他社会要素无法取代的作用，即凝聚、整合、同化、规范社会群体行为和心理功能。因此，乡村振兴、生活美好、人们幸福、经济发展是根本，文化建设是关键。在我国经济转型的关键时期，与快速发展的经济和日益提高的物质生活水平相比，农村文化建设和发展则表现为较为滞后，与全面建设小康社会、实现乡村振兴的目标不相适应。加强农村文化建设，满足农民日益增长的文化需求既是当前农村、农业、农民实现持续健康科学发展的必然要求，也是构建美好乡村的有机组成部分。由于文化生活的贫乏，使封建迷信、赌博等乘虚而入，污染了社会风气，也影响了农村的经济建设和社会稳定。因此，农村教育承担着乡村文化的改造与构建的使命。乡村的中、小学校是农村文化、知识的聚集地，引领乡村文化的发展方向。我们要充分利用中、小学校的这种导向功能，以优秀、健康的文化教育人、塑造人，丰富人们的精神生活，提升人们的精神境界。

教育是人自由而全面发展的必由之路。“教育是培养人的事业。于现实境遇中提升人的境界，既是教育的出发点，又是教育的过程，还是教育的归宿处。从一定意义上说，任何一个文明化的人都是教育的产物。”对于绝大多数人来说，教育仍是其改变命运的重要途径。因此，我们的乡村教育的发展在注重社会发展需要的同时，更要注重个体自身的发展需求，重视能力的提高，重视心灵的教化和人格的培养。唯有如此，国家才能不断进步，社会才能更加美好。

二、未来农村基础教育发展振兴的基本原则

1. 农村基础教育振兴的系统性原则

系统论要求考察系统的整体性，而且要在其与部分、层次、结构、功能、环境的相互关系中来考察其整体性，只有把整体与部分有机结合起来才能真正地认识系统。教育的发展必然遵循系统论的基本逻辑，我们对农村基础教育的思考需要引入系统性的研究视角。

事实证明，农村基础教育的发展演变一直与社会历史变迁息息相关，从古至今，有什么样的现实社会母体就会催生什么样的教育工具子体。在古代，“生存型”社会决定了生活化的农村教育；在近代，城市化发展决定了城乡学堂不均衡布局；在现代，人民公社制推动了生产劳动式的农村教育；当前，在全面实现小康社会和社会主义现代化新的历史时期，农村基础教育作为教育的一个组成部分，同时从属于社会大系统。

重构农村教育框架不但需要考虑当前教育系统的发展现状、已有成果、突出问题及未来发展方向，而且要与当前乡村振兴战略的新时

代背景、历史使命、社会物质资源、社会心理期待融为一个有机生态系统进行整体思量与布局，并牢牢把握部分与整体的从属关系。同时，农村基础教育本身也是一个完整的次级系统，这个次级系统由教育主体、教育活动、教育体制、教育机制和教育观念五个基本范畴组成，具有描述农村教育现象、解释农村教育行为、改进农村基础教育实践的基本功能，建构一个有效的农村基础教育框架需要从新时代的层次需求、结构需求、功能需求以及环境需求整体把握这个次级系统内的各个要素。

探讨农村基础教育问题需要从系统性出发，将其置于新时代的整个社会背景中，关注农村基础教育的系统属性，并且把握系统之间的互动生态关系。

2. 农村基础教育振兴的开放性原则

耗散结构理论最早由热力学教授伊利亚·普里戈金提出，随后逐渐发展为一门方法论科学，被广泛运用于自然科学和社会科学等研究领域。该理论认为，封闭系统只可能走向无序（退化），只有开放系统才可能走向有序（进化）。经验的开放性是对陌生情境的容忍、探索、发展和创造。时代变迁、社会变革，虽然乡村教育较长时间以来远离这场变革的核心区域，但是随着新时代的到来，改革步伐的推进，终究需要直面当前复杂的外部挑战和内部困境。以往乡村教育安于自身“弱、小、贫”的心理定位，在这个心理舒适区固步自封，需要打破这个舒适区，以开放的心态拥抱变革，以自信的步伐迎接挑战，农村教育亦可为，农村教育更是实施乡村振兴战略、实现均衡发展的重要着力点，应有更大作为。这样的开放性需要农村教育系统各要素的开放性。

第一，教育主体应具有开放性，特别是要具有开放的教育理念，不拘泥于“离农”还是“为农”的理论探讨，适宜于当地自然资源、人文资源、历史资源的教育理念都是可行的。

第二，教育功能定位应具有开放性，教育既要服务于当地的生产发展，又要服务于升学需要。

第三，教育层次应具有开放性，无论是基础教育、职业教育、高等教育，还是成人教育，都应纳入其中。在隋唐至元朝时期，当时的农村教育就有基于基础知识传授的蒙学，也有旨在为研究学术和科举考试准备的书院。新时代培养新型职业农民成为新的发展性需要，乡村教育的层次布局应有所呼应。

第四，教育模式应具有开放性，传统的班级教学、近代的广播电视媒介教学、现在的信息技术与农村教育的深度融合等都可为发展农村教育所用。

第五，教育环境应具有开放性，跨越学校围墙的藩篱，联通乡村学校与乡村社会，让乡村社会的传统文化、血缘纽带为学校所用，同时让学校成为乡村社会文化建设、文化传承以及文化活动的中心，形成以乡村学校为中心的乡村社会。因此，农村基础教育振兴需要以开放的视野借鉴和超越已有历史成果，以开放的态势分析自身基础条件并寻求有益支撑。

3. 农村基础教育振兴的统整性原则

统整性强调包容性、阶段性和发展性，不局限于对个别事物、个别属性的感知，而是一种整合联系的视角对已有历史成果的不断超越，是一种理想的远期愿景指引。从统整性入手认识农村教育 振兴问题是出于现实需要，因为单凭农村基础教育系统内部主体的力量无法突破当前困局，农村基础教育振兴需要以统整性原则为指导吸纳整合全社会的力量，多元主体共同建构，同时借用现有科技成果，多渠道支撑发展。

首先，国家层面应在政策、经费等方面给予强有力的支持，地方层面应配套具体的实施意见和实施方案，学校层面应细化操作实施细则和全面落实，企业方面应在捐资助校和产业带动等方面给予支持，教育研究领域应在乡村教育新理念和新路径等方面加强研究。从国家到地方再到学校，从政府到企业再到教育研究领域，从政策到资金再到理念，形成具有社会共识的教育合力。

其次，在新时代，大数据信息技术飞速发展，为基础通信升级奠定了坚实的科学技术基础，2G、3G、4G、5G网络的普及运用也不过短短10余年时间，人与人沟通半径、人与资源链接时空却不断扩大，中国大学慕课、各类型中小学精品视频公开课程等各种在线学习资源，只要有网络的地方都变得触手可及，同时也为农村基础教育教学内容、教学方式变革提供了多样性技术支撑。充分发挥信息技术的多样性支撑作用，尝试“互联网＋乡村教育”多种可能性模式。只有坚持统整性原则汇聚多层次、多方面、多维度力量和多样性技术支撑，才能在新时代实现农村教育振兴的新使命。

三、未来农村教育振兴的实现路径

农村基础教育振兴意味着要推进农村教育内涵式发展和深度变革。农村基础教育振兴不仅能够推动农村教育全面发展、助推教育强国建设，又发挥着支撑引领乡村振兴战略，加快乡村现代化进程的重要作用。因此，基于农村基础教育发展的演进逻辑，擘画农村基础教育振兴的未来图景对于引领农村教育未来发展至关重要。

1. 革新教育发展理念，加快农村教育内涵式发展

以“回归乡村”为主旨革新教育发展理念，是推动农村教育内涵式发展的重要前提。革新农村教育发展理念，具体表现为农村教育主体性增强与农村教育本体性功能凸显。

前者要求坚持扎根乡村与面向城市相统一，推动城乡教育共生发展。二元对立的城乡格局与非“城”即“农”思维方式是“离农”“为农”价值之争的根源。若农村教育仅面向农村，就会囿于一隅，故步自封，“生于斯，死于斯”的结果必是世代的黏着。若农村教育仅面向城市，就会迷失自身发展方向，逐渐陷入边缘化境地。促进城乡教育融合发展是化解纷争的重要举措，增强农村教育主体性势在必行。为此，既要树立“城乡教育等值化”发展理念，转变城乡二元对立关系，充分挖掘乡村教育的国家价值、社会价值和育人价值，建设中国特色农村教

育事业；还要基于“城乡教育等值化”发展理念构建“城乡教育共生型”发展模式，完善农村教育基础设施和公共服务，多重激励措施并举保障城乡教育深度融合，推进城乡教育共生发展。后者要求坚持以人为本与服务乡村相统一，实现乡民乡村和谐发展。农村教育坚持以人为本，旨在提升乡村人口的综合素质、技术水平和思想意识，充分发挥乡民主体精神价值；坚持服务乡村，旨在服务乡村社会各子系统协调发展。农村教育既要凸显乡村教育本体性功能，坚守育人价值底线，敏锐捕捉乡民呼声信号，努力达到乡民满意标准，推动实现乡民个性的自由全面发展；也要通过办好乡村人民满意的教育，筑牢乡村产业、人才、文化、生态、组织振兴的教育根基，通过全面深化农村教育改革来建设并改造乡村以加快乡村社会现代化发展进程。

农村基础教育的布局规划需要高位推动，需要在地级市政府的主导下，以县区为单位科学、合理地进行规划，决不能各自为政、随心所欲。地方政府在专业部门的指导下，根据人口分布、地域特点、村镇布局等一系列要素，确定不同类型学校的服务半径，规划规模适中的学校，结合乡镇整体规划及现有的学校情况进行统筹规划，确定新建、改扩建项目，分近期与远期两种建设方式，以最小的投入获得最好的效果，为当地经济社会发展奠定良好的教育基础。

2. 健全完善制度体系，保障农村教育整体性发展

农村教育振兴具有基础性、长期性与系统性，健全和完善农村教育制度体系为有序推进乡村教育振兴战略提供制度支撑。一方面，健全乡村教育振兴长效保障机制，推动农村教育稳定有序发展。坚持区域统筹、均衡发展原则，细化农村教育制度体系，并据此完善农村教育保障机制，保障农村教育全方位、全要素长期稳定、持续健康发展。健全完善农村教育政策保障机制，加强党和政府对乡村各级各类教育事业的组织领导，推动乡村教育统筹协调发展，为农村教育振兴提供坚实的制度基础。健全完善农村教育经费保障机制，保证农村教育经费投入，强化对乡村学生人均公用经费、乡村教师工资待遇等农村教

育经费使用管理情况的全方位、全过程监管，切实提高农村教育经费使用效益。健全完善农村教育人才保障机制，深化农村教育人才培养、引进、流动、激励等制度改革，完善教育人才服务乡村激励机制，提升乡村吸引、凝聚教育人才的能力。教师群体小，极容易产生职业倦怠。为了营造干事创业的浓厚氛围，农村学校要建立“事事有人管、人人有事管”的管理思想。校内较大事务要求所有教师积极发表意见或进行评价，各种奖励措施也要和教师荣誉挂钩。一系列的评价改革可以激发教师的主观能动性，有利于培养一批优秀的骨干教师。完善农村教师专业成长保障机制，提升农村教师职业认同感，激发农村教师以意识自觉、认同自觉、信仰自觉与实践自觉为表征的主体自觉。

另一方面，加强农村基础教育振兴督导制度建设，保障农村基础教育政策切实执行。要实现源头督导，在农村基础教育政策制定与落实的过程中，定期向教育行政部门反馈督查情况，为农村基础教育决策提供事实依据。要强化过程督导，通过强化定量、分类考核等督导方式，构建广覆盖、高效率、专业化、严监管的农村基础教育督导机制。要加强结果督导，搭建以区域性教育科研单位为中心，各乡村质量监测站点互联互通的乡村教育质量监测网，通过强化农村基础教育成效的动态化跟踪督导，对农村基础教育质量与成效进行全方面、全过程的评估监测，既总结经验，又发现问题，推动我国农村基础教育制度体系的良性运转。

3. 深度挖掘乡土元素，促进农村基础教育本土化发展

乡村地域文化中原本就潜藏着丰富的教育资源，乡村场域中也存在着诸多合理的文化因素。我们应在教化乡民的过程中，广开渠道，优选方法，整合丰富的乡土资源，深挖乡土资源的乡土特色，将其渗透于农村基础教育全过程，探索农村基础教育本土化路径。挖掘乡土社会地方性知识，开发农村基础教育本土化课程。有效挖掘利用地方性知识开发地方性课程，既要在理解和尊重乡土社会地方性知识基础上对其进行筛选与甄别，充分挖掘乡土社会地方性知识的文化价值功

用；也要通过科学系统整合乡土社会地方性知识，增强其系统性与明晰性，促使地方性知识充分渗透于教育教学过程，提高乡土文化课程资源的应用效益。遴选农村基础教育适宜性方法，开创农村基础教育本土化形式。农村基础教育要切实融入乡土社会，需以本土教育经验为基础，遵循因地制宜原则，根据乡村社会和学校实际筛选乡村教育的形式与方法，并适时做出灵活调整。例如，采用“小规模、小班额、低师生比”的办学形式保证农村教育精准化开展，以田野教学方式补充常规课堂教学，依据乡土文化特色编撰乡土教材等。创新农村教育理论与实践，催生农村基础教育本土化场域。深入挖掘具有鲜明地方特色的乡土资源，树立起农村基础教育本土化理念，实现教育理论和实践探索的本土化转化，并在此基础上形成乡村教育本土化对话机制，使农村教育本土实践经验服务于农村教育特色理论研究，实现二者之间良性互动，催生农村基础教育本土化场域，深耕农村基础教育的乡土根脉，促进农村基础教育本土化发展。构建新的校本研修体系，培育农村基础教育本土化特色。农村学校规模小，教师少，校本研修严重不足。但教育教学是需要研究的，本土化特色是需要培育和长期养成的。校本研修有利于本土化特色的培育和形成。以专家引领、同伴互助的方式促进教师的专业成长和对本土教育资源的利用开发。校本研修的确立应该“一校一案”，根据学校实际情况，由专业人员进行“量身定制”，科学、合理地确定研修时间、方式及研修主题，从高效、实用的角度出发，确定研修范式，培养教研领头人，坚持将研修活动持之以恒地开展下去。长此以往，必定能取得研修成果，而成果必定彰显在教育质量上，必定能够真正提升教师素质，打造一支优秀的教师队伍，逐渐形成办学特色和亮点。

4. 聚焦培养创新人才，推动农村基础教育高质量发展

培养创新人才是提升农村教育质量的关键。为了全面深入推进农村基础教育振兴战略，需要聚焦创新人才培养，厚植乡村人力资本，强化农村基础教育的人才支撑，充分释放人才红利以促进农村基础教

育高质量发展。

一方面，创新乡村人才培养模式是实现农村基础教育高质量发展的重要前提。乡村人才培养模式应积极回应乡村经济社会发展对创新人才的实际诉求。就教育的根本宗旨而言，有必要重建全面育人体系。留守儿童多是当前农村小规模学校在生源上面临的共同特点，这些孩子的父母大多是当地土生土长的农民，文化水平不高，又长年在外务工，因此孩子多是隔辈抚养，生活习惯较差、不善与人沟通、各方面素质处于较低水平。从立德树人、培育乡村栋梁之材的培育目标出发，农村学校需要建立全面育人体系，从德智体美劳等方面建立健全的评价体系，体系可以结合实际，由浅入深、逐步开展，形成乡村育人的范式。通过课堂丰富学生的知识储备，通过社团活动培养学生的各项技能，打破乡村孩子“读死书、死读书”的旧体制，建立一个全新的儿童世界。就培养规格而言，基于复杂乡情制定多元灵活的人才培养标准，明确创新人才培养方向，能够培养出适需对路的创新人才，满足乡村社会发展对创新人才的多元诉求。就培养方式而言，通过差别化的培养方式，调动创新人才实现自我发展的积极性与主动性，切实提升创新人才培养的有效性，为乡村教育质量提升提供内在动力。就培养内容而言，构建异质化、融合式的人才培养课程体系，依据地方性资源与特性，兼授通识课程与地方性课程，聚焦于知识传授，着力于能力培养，注重精神品质塑造，提升其课程质量，培养优质创新人才。

另一方面，面向乡村培养本土创新型人才是促进农村基础教育高质量发展的根本保障。农村基础教育振兴的长效稳定推进，不仅要借助“外援”，更要培育“内力”。培育生于乡村、长于乡村、服务于乡村的本土创新型人才为乡村振兴提供永续动力。具体而言，农村基础教育要聚焦乡村发展需求，采用具有乡村特征思维和乡村优势思维的教育培育适应乡情的本土创新人才，为农村基础教育发展提供坚实人才保障。要建立创新人才服务保障机制，通过完善创新人才培育机制、评价机制和流动机制等人才服务保障工作，在保障创新人才待遇的同时，为其提供多元畅通的发展渠道。要培养创新人才继承与阐扬乡村本土文化价值的乡土情怀和使命感，提升创新人才服务乡村的自觉，从根本上遏制本土创新人才外流，推动农村教育高质量发展。

5. 有机融合现代技术，实现农村基础教育数字化发展

数字技术与数字服务是推动乡村教育振兴的强力引擎。对农村基础教育进行全方位、全领域、全链条的数字化改造与赋能，实现农村教育数字化发展，能够助推乡村教育整体化、开放化与可持续发展。

首先，促进农村基础教育数字化初步转型以奠定数字赋能基础。数字赋能农村基础教育振兴是通过教育信息、数据等资源的共享、流动和交互实现的。农村基础教育数字化初步转型，需要在农村基础教育数字化设施完善基础上，促使尽可能多的农村学校参与进来，使乡村教师与学生熟练掌握并灵活使用现代教育信息技术，有效提升农村基础教育质量。

其次，搭建以教育信息网络平台为依托的数字赋能服务体系。个性化的数字赋能服务能够拓展农村基础教育的边界和深度。农村基础教育应以教育信息网络平台为载体，整合丰富的优质教育资源，采用多元数字应用软件，提供个性化数字教育服务。例如，构建全面、动态的数字化教育云资源库、交互开放的网络课程平台以及建设多维、立体的多形态教材资源库等。

最后，建立全要素、全过程、全方位的数字赋能支持体系。数字技术赋能农村基础教育，应聚焦于农村基础教育振兴全过程。要加快农村基础教育数字化基础设施应用普及，强化农村基础教育数字化硬件设施建设。要提升乡村师生的数字素养，通过专项培训、系统授课等方式补齐师生的数字技术能力短板。要深化数字技术开放合作，提升数字技术创新能力，为农村基础教育振兴提供技术支持，营造良好氛围。

2019 年年底，全世界范围暴发的新冠肺炎疫情给我国的教育事业尤其是农村基础教育带来的诸多新的问题和挑战，应对问题和挑战的

有效途径之一就是有机融合现代教育技术，改造和升级农村基础教育的数字化发展效能和水平，实现全方位、全领域、全过程、全链条的数字化教育教学实施、督导和评价。

6. 整合社会优质资源，推动农村基础教育持续发展

农村基础教育的持续发展，离不开社会各种优质资源的合理支助。在政府主导办教育的前提下，吸纳社会各方资源和力量可以推动农村基础教育的快速持续发展。

认真贯彻执行国家各项利好政策，确保农村基础教育稳步发展。随着整个社会对农村基础教育的关注，各级政府对农村的政策倾斜和帮扶也日益具体，如 2022 年 6 月，退役军人事务部、教育部、人力资源社会保障部三部门联合印发《关于促进优秀退役军人到中小学任教的意见》（以下简称《意见》），《意见》强调，退役军人政治信念坚定、使命责任强烈、作风素养过硬，具备任教潜质，是充实中小学教师队伍的重要力量。促进优秀退役军人到中小学任教，有利于推动落实立德树人根本任务，助力改善中小学教师队伍学科结构和性别比例，促进青少年全面发展；有助于发挥退役军人优势，拓宽就业渠道，促进退役军人在新事业新岗位上贡献力量。《意见》支持退役军人在中小学教育领域多元化发展。鼓励中小学校注重退役军人教师培养，在绩效工资分配、职称评定、岗位晋级考核中，全面评价业绩贡献，体现激励导向。退役军人教师的服役年限按规定计算养老保险缴费年限。中小学行政、工勤空岗优先接收安置政府安排工作的退役军官和退役士兵。将获得教师资格的退役军人纳入中小学体育教师选聘范围。鼓励退役军人在学校军训任务中担任军训教官。鼓励为学校提供安保服务的企业聘用更多退役军人，享受吸纳退役军人就业的优惠政策。《意见》要求，各地要建立健全促进优秀退役军人到中小学任教工作机制，设计衔接好选拔、培养、聘用、发展各个环节，定期督查检查，检查结果作为评价履行教育、退役军人事务职责和对学校实施绩效奖励、评优评先等方面的重要参考依据。农村基础教育的主管部门和学

校领导应当及时消化贯彻教育的利好政策，使其成为农村教育发展的催化剂。

发挥社会贤达名士聪明智慧，为农村基础教育发展支招献策。农村是个广阔的天地，养育了无数仁人志士，贤达名流。有的长期扎根农村，建设家乡，有的走出农村，工作于城市。虽然生活经历、人生阅历有别，但是他们都有着深厚的家乡情怀和报效家乡建设的拳拳之心。长期扎根于农村奋斗于农村者，对农村基础教育尤其是对自己家乡的教育事业有着深入思考和切身体会，不乏真知灼见，慧眼独具。城市工作多年告老还乡者，资源丰富，远见卓识，雄才大略。搭建平台，合理调配，建立激励机制，营造尊才重教氛围，充分发挥各位贤达名士的聪明才智和社会作用，便可以助推农村基础教育更好地发展。

7. 构建协同育人新生态，助推农村基础教育共同体发展

做好可持续发展的乡村振兴工作，人才振兴是其中的重要组成部分，也是推动乡村振兴各环节有效开展的关键因素，而身心健康、五育并举、能力建设等全方位发展构建了乡村人才振兴的核心组成部分。家庭是一个社会最小的单位，培养出身心健康、全面发展的现代化乡村振兴人才，需要建立完善的家庭教育与社会协同体系。家庭教育与学校、社会的共育机制对于推动乡村振兴的实施，巩固和延续乡村振兴的长期成果起着十分重要的基础作用。

纵观农村教育中家校社协同育人，存在理念尚未建立、形式单一、保障体系有待完善等问题，需要农村中小学力所能及地进行探索与实践。2021 年，中共中央办公厅、国务院办公厅印发了《关于进一步减轻义务教育阶段学生作业负担和校外培训负担的意见》（以下简称“双减”）。2022 年，我国施行《中华人民共和国家庭教育促进法》（以下简称《家促法》），一系列举措不但聚焦家校社协同育人机制，推进育人共同体建设，还拉开了“依法带娃”时代序幕，为家庭教育树立了一盏明灯。“双减”最终目标是构建高质量教育体系，创设良好的教育生态。《家促法》则是将传统“家事”上升为重要“国事”。同

时，家校社协同育人是对“十四五”时期建设高质量教育体系、形成广泛共识和协调行动提出的更高要求，是实现立德树人根本任务的重要机制。

运用信息化手段赋能农村家校社共育新生态。面向2035年教育现代化，可充分利用教育信息化手段、借助全国家校社共育项目资源平台，通过科学的实践活动、普惠的教育培训等，通过“活动化”带动“过程化”，加强学校、社区与家长的联系沟通，提升教师、家长、社区教育工作者的家庭教育指导能力、家长胜任力等，共同推进家校社共育工作专业化、系统化、常态化态势，加快推进家校社协同育人的法治化、系统化、科学化进程，为农村基础教育赋能提质。

加强线上线下统筹，实现优质教育资源均衡。运用线上线下优质教育资源的辐射引领和带动作用，共享优质教育资源。加强经费支持，组织农村中小学教师常态化学习，集中培训，打造专业队伍，推进课程实施，以区域为单位实施“家庭教育千名指导教师培训计划”、组建“百校千名教育志愿者讲师团”等保障教师家庭教育指导专业能力成长。以新时代教师素质要求和国家课程标准为导向，提高教师培养培训质量。

实现共性需求与个性需求的动态平衡。农村是家庭教育指导“忽略”的角落，家长受教育水平偏低，是家庭教育指导的“盲区”。因此，构建协同育人机制需要将乡村教育纳入家校社共育重点服务地带，均衡家庭教育服务地区之间的需求，使所有农村家庭享受到家庭教育指导的公益性服务，在此过程中，需兼顾共性与个性需要。可开设普适性培训，提升家长基础胜任力，解决一般性问题，更需要对农村家庭开展深度调研，甄别个性问题，发挥教育志愿者队伍力量，为不同群体提供有效的家庭个案指导。

在“双减”背景下，以信息技术赋能乡村协同育人机制，促进社会教育、学校教育与家庭教育的深度融合，将优质教育资源引入各级各类学校，使城乡教育一体化。加强家校社共育项目资源的推广应用，补齐农村教育短板，打破优质资源集中的局限性，使农村学校的家庭教育工作有方向，使教师有抓手，使家长有办法，三方合力形成乡村教育共同体，因地制宜地创新农村家校社共育有效机制。

构建育人新生态，我们必须树立并实施对外开放办学。农村基础教育由于历史的原因，长期以来相对封闭。借助乡村振兴的发展机遇，实施开放办学显得尤为重要。可以采取联合办学或集团化办学的方式，建立“一对一”帮扶机制，以强带弱，以大帮小，促进农村基础教育向优质教育靠拢，加快农村基础教育发展的步伐；要采取多种方式促进乡村学校自身的开放办学，通过家长开放日、课堂开放日、幼小衔接活动、阅读节等一系列具有校本特色的活动形成学校对外开放的常态，使乡村学校在开放中反思；在开放中转变、在开放中成长。

8. 直面“空心化”挑战，探索农村基础教育新战略

农村基础教育能否成功地应对农村人口空心化和人口城市化带来的挑战，关键在于能否建立起与城镇化以及新农村建设、乡村振兴相适应的农村基础教育体制，能否使农村基础教育在乡村文化重建中发挥作用。对这些问题的考虑不应该采用非此即彼的二元对立模式，也不应该采取以一贯之方法或策略。必须将这些方面统筹起来考虑，制定出符合现实情况的农村基础教育发展战略。

建立面向城乡协调发展的农村基础教育体系。在农村人口空心化的背景下，部分农民子弟可能成为未来的城市人口，受教育不足使他们在未来的社会竞争中处于不利地位，所从事职业的社会地位和收入多低于城市子弟，成为城市社会的新底层。因此，让农村转移人口具备城市生活的素质，适应城市化和工业化对劳动者素质的要求，增强其社会竞争力，是农村基础教育亟须考虑的问题。乡村振兴需要大量的高素质的各类人才，也对农村基础教育提出新的要求。“为农”或“离农”二元对立的教育价值取向却将为城市化服务和为农村建设服务对立起来。因此，我们应该把城乡协调发展作为我们的教育价值选择。树立为农村人口向城市转移服务，为农业工业化、城镇化服务和为新

农村建设培养人才的教育目标。

在人口城市化过程中，要使农民变成市民，就必须从儿童和青少年开始，让目前居住于农村的孩子能够享受相对优质的义务教育和基础教育，具备城市生活所必需的公共生活意识和城市文化意识，提高他们在未来社会中的竞争能力。但在城乡教育二元对立的背景下，城乡教育资源的不均等，受教育权利上的不平等，不能够保障农村孩子享受到与城市孩子同等良好的教育。因此，必须改变城乡教育二元对立的现状，给予农村基础教育以城市教育一样身份和地位，改变“城市教育”优先的制度性安排，实施农村基础教育劣势补偿政策，倡导城乡教育平等、均衡和协调发展。促进城乡教育平等，就是要落实政府全力举办农村基础教育的责任，努力缩小城乡教育条件、水平上的差距，促进城乡教育入学机会平等、教育财政平等、教育条件平等和成功机会平等。

除此之外，针对当前农村教育落后于城市的现状，要对农村教育给予特殊优待，在财政和人力等方面优先考虑和满足农村基础教育发展的需要，提供各种专项补助，以便切实缩小城乡教育差距，从而使农村基础教育既适应城市化要求又适应新农村建设。但是，平等并不等于均衡协调。城市与乡村有不同的作用，有不同的实际利益，有不同的实际需求。城乡教育的均衡协调发展就是要从一个综合的角度考虑城乡教育关系，不是单纯地改变农村基础教育或孤立地强调农村基础教育的作用。充分考虑城乡教育的差异与不同作用，才是城乡教育的协调均衡。因此，农村基础教育的发展不能够照搬城市教育的模式，提高农民的素质，为农村经济社会的发展服务是农村基础教育不可偏离的方向。基于以上考虑，农村基础教育结构应该是多样化的，教育目标也应该是多样化的。农村青壮年人口由向城市转移人口和留守农村人口组成，向城市转移的人口又由通过升学进入城市的学生和进城务工人员组成，我们可以依据他们的逐渐分化过程和不同发展趋向施以不同的教育。因此，农村教育应该包括两个部分，面向学龄儿童或少年的义务教育；义务教育后的教育和成年农民的多样化的教育。前者是未分化时候的教育，后者是分化后的教育。学龄儿童或少年的义务教育属于基础教育，应该为城乡每一个适龄儿童提供知识、能力和精神发展的基础，使其成为合格的社会主义公民，对这一部分学生的培养应该在目标统一而又充分考虑乡村教育的特质的基础上去进行教育的设计规划，制定相应的政策，除了为他们提供个人社会阶层上升的机会之外，也要培养热爱乡村、建设乡村的情感，即便将来离开了农村，他们也会对农村建设抱有极大的热忱。成年农民的职业和成人教育主要是针对那些升学无望学生所施的教育，应该按照是否留守农村的意向施以不同的教育，对留守农村的农民要进行农业技术培训，为提高劳动生产率和建设新农村服务。对那些意在进入城市的农民来说，主要是非农业技能的培训，城市教育应该配合农村教育承担起这部分农民的培训任务，使之能够在城市或城镇中顺利就业。

建立农村留守儿童教育保障机制。现阶段，农村流动人口虽然已经加入城市的劳动分工，承担着城市专业分工的一些功能，但仅仅只是从经济系统上被接纳，没有融入城市的社会、制度和文化系统。城市只是把他们当作经济活动者，将他们限制在边缘的经济领域内，没有把他们当作具有市民或公民身份的主体，从体制上没有赋予其基本的权益，在生活和社会行动层面将其排斥在城市的主流生活、交往圈和文化活动之外。表现在教育方面就是他们的子女在城市没有享受到与其他城市孩子同等的教育待遇。尽管近几年政府试图改变农村流动人口子女受教育的不平等状态，但是效果有待提升。比如，不少学校拒绝接纳农村流动人口子女入学；公立学校对农村来的孩子存在歧视；他们中的不少人不能持续而稳定地在城市上学，到了上初中的时候，因为受升学的学籍限制，父母不得不把他们送回农村上学。所有这些因素严重地损害了农村流动人口子女的受教育权利。

因此，解决农村留守儿童教育问题的关键是打破城乡教育二元格局，实行城乡统筹和户籍制度改革，实现城乡教育机会的平等，保障农民工子女在城市享有与城市居民子女同等的教育待遇，从而使农民工子女能在城市接受到良好的教育，使农村儿童不再留守。中国目前还处于社会转型期，诸多因素综合地阻碍着农村流动人口的城市化转变，制度性调整和系统性整合也需要一个过程。因此，现阶段除了从制度和政策上进行改革和调整，保证农村转移人口子女能够进入城市接受与城市居民子女同等的教育，使其不再留守，也需要考虑从其他方面采取措施，保障留守儿童的受教育权利和健康成长。随着农村人口出生率的下降和剩余劳动力的转移，农村中小学也出现生源减少的现象，造成办学成本高、教育投资效益低等问题。寄宿制学校能够把分散的人力、物力、财力聚集起来，具有集中力量办教育的优势，也可以解决留守儿童无人照看的问题，因而寄宿制学校建设不失为一种好的选择。但也应该看到，封闭的学校生活弱化了学生与社会生活之间的交流；弱化了亲子之间的及时沟通、交流，不利于亲子感情等需要警惕和弥补的基本缺陷。

对于哪个年龄段的儿童适宜进入寄宿制学校，哪些地方适宜建立寄宿制学校，寄宿制学校与当地文化生态环境的关系等问题也没有足够的研究支持。因此，留守儿童乃至农村基础教育困境的解决是一个系统的工程，需要各个层面的关注和制定切实可行的办法，寄宿制学校仅是多种选择的一种，不可能是包治百病的良药。我们除了考虑通过改善学校办学条件、配备心理咨询和生活指导老师，加强与家长的沟通等方式解决寄宿制学校本身所存在问题的同时，也应该考虑一些其他的措施。因此，是否有利于农村儿童的健康成长，是否有利于他们的未来发展应该是评判措施是否得当的关键。

乡村社会在走向现代的过程中，受到以城市为中心的外来文化的冲击，陷入边缘化的境地。乡村文化不再是农村青少年成长的文化沃土。农村基础教育需要承担起乡村文化边缘化后培植农村青少年文化空间的重任，应该帮助农村孩子认识自己周围的乡村世界，吸收乡村社会中的教育资源，也注意吸收广阔的城市文化和其他外来和传统的文化，通过外来文化与乡村本土文化的有机结合培育起自己的具有时代特色的新乡村文化。因此，乡村文化，应该是具有时代特色又保留传统文化价值成分的乡村文化，是一种新的“整合的文化”。因为只有那些既熟悉农村情况，又对城市有足够了解的乡村精英，才能在城市化进程中找到如何发展农村经济的门路，流向城市才不成为城市的边缘人。陶行知认为“乡村学校应当做改造乡村生活的中心”。农村学校不能置身于村落建设之外，它应当成为村落的文化中心。在大量农村精英流入城市之后，农村学校应该负责起那些原本由民间承担的民间艺术以及其他乡村文化的教育责任。例如，在课程设置和教学内容中纳入那些优秀的农村文化资源，美术教育可增加当地的民间绘画、刺绣和剪纸等民间艺术；在音乐教育中增加当地的民歌和民间乐器等；也可以开发一些反映地方的地理、历史、文化、风土人情的乡土教材。对于那些可以开发的、具有经济价值的民间技艺可以纳入到农村职业教育和成人教育之中，这将有助于传统民间艺术传承下去，也可以帮助农民脱贫致富。乡村文化重建也需要发挥农村中小学教师的作用，农村中小学教师不仅是传统意义上的“教书匠”，也是乡村文明传播和创新的主导力量，是乡村文化建设必须依靠的知识力量。因此，培养一批真正了解农村、扎根农村的高素质的农村中小学教师是发展农村基础教育、提升乡村文化，甚至是实现整个乡村社会健康发展的重要保障。

农村人口空心化是中国城市化过程中的必然现象，建立完善的农村基础教育体制，应该按照城市化、工业化和新农村建设的要求，为农村基础教育确定科学合理的定位，找到农村基础教育与农村建设和城市化要求的最佳“结合点”，建立一种可持续发展的农村基础教育机制。只有这样才能有效地应对农村人口空心化对农村基础教育带来的挑战。

总之，乡村振兴是做好“三农”工作的总抓手，在促进农村基础教育、人和社会的和谐发展中具有全局性与战略性意义。在乡村振兴战略实施进程中，农村基础教育事业发展与其互为因果、相辅相成。乡村振兴战略为农村基础教育发展创造崭新舞台与契机，农村基础教育则成为助推乡村振兴战略的强大引擎。随着乡村振兴战略的展开，农村基础教育逐渐突破地域空间、服务群体、教育功能和学校教育的边界，其育人价值、社会价值和文化价值在乡村场域得以充分发挥，强力助推乡村全面振兴。为此，我们要高举党旗汇民力，使农村基础教育精准对接、全面服务乡村振兴战略，以促进农村发展、服务农民生活、增进农民幸福为目标，坚持规划先行、分类施策，优化农村基础教育质量，提升乡民精神文化水平，改善乡民物质生活质量，实现乡村与乡民的和谐发展，携手共促乡村全面振兴，为实现全体人民共同富裕和中华民族伟大复兴筑牢发展根基。

四、中国农村教育振兴的未来图景

农村基础教育振兴的未来图景如何描绘？我们可以用如下几个鲜亮色彩勾画一下乡村教育的主阵地——“农村学校”。

“均衡”，未来的农村学校规模大小与布局是均衡的，无论是校园建设等硬件条件还是师资等软件力量，与城市学校基本是一样的。家长在家门口不远就能送孩子上学。学校规模既不超大，也不过小，师资有保障，办学很规范，校际之间没有较大差异，家长不必为择校烦恼。

“优质”，未来的农村学校有着全面育人的办学理念，重视学生核心素养的培育，珍爱每一个孩子，为每一个孩子的成长负责。学校管理者爱岗敬业，教师品德高尚，教学质量优异。教师采用主动的、探究式的、游戏化的学习方式，把鲜活的知识和生活引入课堂，成为学生学习的引导者，学生在学校能真正享受到公平而优质的教育，学校真正成为培养乡村振兴人才的摇篮。

“美丽”，未来的农村学校绿树成荫、花红柳绿，不仅自然环境好，校园文化建设还有特色，具有乡土气息，彰显文化传承，成为老师、孩子们成长的摇篮、欢聚的乐园。同时，学校还利用数字化技术，挖掘外部社会一切有利的教育资源，突破校园的界限，扩展学校的公共空间，开展无边界学习，给学生和教师提供更多的学习活动与交往空间，促进教师的业务发展，开阔学生的视野空间，促进学生社会化的发展。

“安全”，未来的农村学校面貌焕然一新，校舍色彩、格局具有现代气息和美感，原有的校舍与教育教学设备完全排除安全隐患，不再需要进行无休止的排查、加固、修缮，让教师放心在这里从教、住宿、就餐，让孩子们放心在这里玩耍嬉戏，玩得安全、学得放心。

“特色”，未来的农村学校都富有内涵，定位精准，规划清晰，教育教学制度健全，评价科学完善，保证每一位孩子都得到发展与成长，又促进孩子个性潜质的发挥与提升，真正做到质量立校，人才强校，错位发展，特色兴校。

“乡村兴，国家兴。”优秀的农村学校不仅可直接体现重视教育和乡村振兴的程度，而且可为农村培养更多更优秀的人才，还可吸引更多更优秀的人才到农村创业并留在农村创业，从而促进农村振兴。

中国农村基础教育振兴的未来图景比起未来农村学校更加色彩斑斓、耀眼夺目，是一座令人神往、沁人心脾、流连忘返的大花园。立足农村实际，契合乡村地域特色，符合教育发展规律和我国乡村教育自身轨迹，走内涵式高质量发展、培养德才兼备的高素质的下一代中国公民就是这座大花园的底色和基调。

附录一　专题研究

乡村振兴战略背景下乡村学校发展困境研究
——以南阳市乡村小学为例

张俊燕

摘要：在乡村振兴战略的实施过程中，乡村学校在乡村教育发展和走向现代化的过程中起到了重要的作用。本研究以南阳市乡村小学校长、教师为主要调查对象，调查了南阳市乡村小学发展面临的统筹布局规划不合理、办学条件较差、师资匮乏、乡村特色课程建设意识不强、教育评价体系不完善等问题。作者分析了原因，并提出健全保障制度，统筹规划，走“培根固本”的乡村特色学校发展之路；改善办学条件，突破城乡二元结构体制限制，推进县域内城乡教育一体化改革；整合教师资源，提高待遇，落实“把根留住”的乡村教师支持计划；关注留守儿童，改革评价标准，建立学校－地方政府－家庭协同育人合作共同体等建议，以期能够助力乡村小学走出困境，改善乡村教育现状，为建成“小而美”“可持续发展”的特色乡村学校和乡村教育振兴提供可行性途径。

关键词：乡村振兴；乡村学校；发展困境

党的十九大报告中指出：“优先发展教育事业，推动城乡义务教育一体化发展，高度重视农村义务教育，努力让每个孩子都享有公平而有质量的教育。”一直以来，乡村教育都是国家关注的重点。分布广泛的乡村学校，在乡村教育发展和走向现代化的过程中起到了重要的作用。近年来，经历了学校调整和人口大规模流动后的乡村学校，境况发生了翻天覆地的变化，要实现乡村教育现代化发展、振兴乡村的目标，乡村学校的建设和发展是重中之重。

办好乡村学校，尤其小规模学校，是实施科教兴国战略、加快教育现代化的重要任务，是实施乡村振兴战略、推进城乡基本公共服务均等化的基本要求，是打赢教育脱贫攻坚战、全面建成小康社会的有力举措。《国家中长期教育改革和发展规划纲要（2010—2020 年）》中指出，当下义务教育阶段的任务是：首先，巩固提高九年义务教育水平，保证学生就近入学，提高义务教育质量；其次，推进义务教育均衡发展，缩小区域、城乡、校际差距，均衡配置各项教育资源；最后，减轻中小学生课业负担，与社会、家庭合作，培养学生的兴趣和解决问题的能力，真正实现知行合一。

基于乡村学校在义务教育中担任的重要角色，国家致力于改善乡村教育环境，经过长期不懈的努力，乡村教育已有明显改善。南阳市作为人口大市、农业大市，受区位交通、经济综合实力等因素的影响，乡村学校的发展仍然面临严峻的挑战和困境，集中表现为：统筹布局规划不合理，办学条件较差，师资匮乏，乡村特色课程建设意识不强，教育评价体系不完善等。为此，本研究以南阳市乡村小学校长、教师、学生家长为调查对象，调查南阳市乡村小学发展现状和面临的困境，分析其原因，提出建议，以期能够助力乡村小学走出困境，为建成“小而美”“可持续发展”的乡村学校和乡村教育振兴提供建议。

一、南阳市乡村学校发展困境的调查

为准确了解南阳市乡村学校在发展中遇到的困境，并从根本上解决其在发展过程中遇到的问题，本研究中的问卷和访谈设计主要由被调查对象的基本信息和学校统筹布局规划、办学条件、师资建设以及教育评价体制建设四个指标的相关问题构成，通过对南阳市乡村小学的教师、校长、教育行政部门有关领导、学生家长进行问卷调查和访谈，收回教师有效问卷 1490 份，校长访谈有效问卷 65 份，结合教育行政部门有关领导、学生家长访谈进行成因分析，提出针对性的建议。

（一）统筹布局规划方面

本研究通过调查乡村学校的地理位置和学生数量、生源和教师流动情况（如图 1、表 1 和表 2 所示），了解南阳市对乡村小学的统筹布局规划。

1. 乡村学校的地理位置

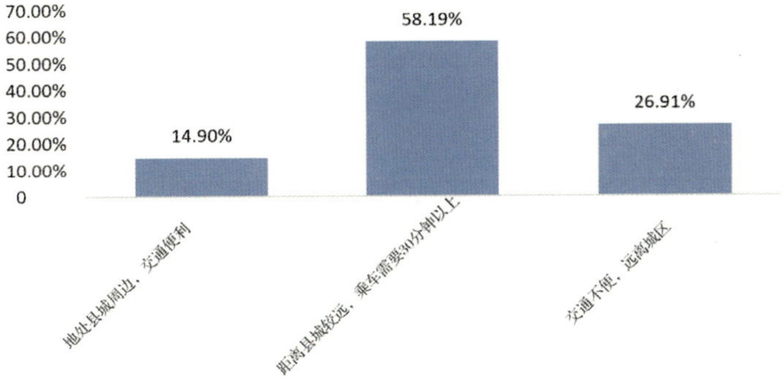

图 1 学校所处的地理位置

如图 1 所示，地处县城周边，交通便利的学校占比 14.9%；距离县城较远，乘车需 30 分钟以上到达的学校占比 58.19%；交通不便，远离城区的学校占比 26.91%，可以看出位置较偏僻且交通不便利的乡村学校占比居多，这是影响学校发展的原因之一。

2. 学生数量及生源情况

表 1　班级学生基本情况

	选项	百分比
在校学生	50 及以下	46.15%
	51—100 人	9.38%
	101—200 人	21.88%
	201 以上	21.88%
是否“一段一班”学校	是	80.00%
	否	20.00%

续表

生师比	50及以下	5 ∶ 1
	51—100人	8 ∶ 1
	101—200人	9 ∶ 1
	201以上	9 ∶ 1
班级学生人数	10人以下	16.44%
	11—20人	24.36%
	21—30人	15.44%
	31—40人	14.23%
	40人以上	29.53%
学生占比	留守儿童	72.42%
	单亲儿童	2.95%
	低保儿童	2.28%
	随迁儿童	0.40%
	其他	21.95%
学生流动性占比	学优生外流	54.03%
	学困生回流（从城镇回到本村）	17.38%
	无	28.59%

如表1所示，在所调查的乡村学校中，有55.53%的学校在校学生数量不足一百人，被调查的学校中有80%的学校采用“一段一班”的开设教学班；生师比方面，50人及以下的学校占比为5 ∶ 1，51—100人的学校占比为8 ∶ 1，101人以上学校占比均为9 ∶ 1，以上被调查乡村学校生师比均远超我国标准乡村教师生师比19 ∶ 1的要求。值得一提的是，在生师比的学校取样中，仅有少量学校能设置一至六年级的“一段一班”，其余学校均只能设置一至四年级的“一段一班”。学生人数在10人以下的班级占比16.44%；11—20人的班级占比24.36%；21—30人的班级占比15.44%；31—40人的班级占比14.23%；40人以上的班级占比29.53%。留守儿童占比72.42%，

单亲儿童占比 2.95%，低保儿童占比 2.28%。据对班级学生流动性调查，学优生外流占比 54.03%；学困生回流（从城镇回到本村）占比 17.38%。由此可以看出，乡村学校优质学生外流现象较为严重，同时在校学生总人数越少，留守儿童比例高，其中乡村小规模学校此状况尤为突出。

3. 乡村教师流动及补缺情况

表 2　乡村教师流动及补缺情况

	选项	百分比
教师流动情况	不大	67.69%
	大	27.69%
	未说明	4.62%
流动原因	内部因素	9.23%
	外部因素	52.31%
	未说明	38.46%
补缺情况	无补充	3.08%
	补充不足	3.08%
	及时补充	56.92%
	未说明	36.92%

关于乡村教师流动及补缺情况，从访谈 65 所乡村学校校长所得数据可以看出，有 67.69% 的学校教师流动性不大，27.69% 的学校教师流动性大。教师流动多为外部因素导致，占比为 52.31%，其中最主要原因是学校所在地较为偏远，也有 9.23% 的学校因教师无成就感等内部因素造成教师流动。在教师补缺方面，56.92% 学校都能通过人事招教、特岗招教等方式及时得到补充，但也有部分学校存在教师专业不对口、年长教师居多、年轻教师经验不足等问题。

为了进一步了解教育资源优化配置问题，专门电话询谈了两个差异较大的乡镇中心小学和乡村小规模学校，其中乡镇中心小学因其相对优越的地理位置、被广泛认可的教学质量和学习风气，被选为扶持目标，政府正逐年增加对学校的投入支持，目前该校已建成一定规模的教学楼，教师队伍也在逐步扩大，其覆盖行政村数量有所增加，在校生人数达 876 人，18 个教学班，摆脱小规模学校受制约发展的现状；而小规模学校在校生仅 22 人，教师 6 人，一至四年级 4 个教学班，教学条件较差，基本的多媒体教室没有，全校只有 1 台电脑，学校距离县城相对较远，对于周边村民而言，选择离家求学相对不便。面对乡村小学分布过于分散、教学资源浪费的现状，扩大部分学校规模，逐渐将教育资源重新优化配置成为乡镇与上级政府需要考虑的问题。

【访谈记录】

时间：2022 年 6 月 10 日 星期五 10:00—11:00

方式：电话询谈

访谈者：笔者

访谈对象：受访者 A（乡镇中心小学校长）、受访者 C（小规模学校校长）

笔者：您认为乡村学校存在的价值是什么？

受访者 A：乡村小规模学校存在的价值，最根本的是适应了当前我国乡村义务教育发展的普遍实际。我国乡村义务教育发展已经取得一定成就，乡村学校尤其是小规模学校具有不可替代的作用。

1. 乡村学校的存在体现了义务教育的本质特征。解决了农村孩子“有学上”“上好学”的问题，乡村学校在教育的普及性、公益性、强制性上，都承担着中国教育发展最基础的教学使命和担当。

2. 地区经济和社会发展水平决定了乡村学校的发展水平，同样也决定了规模。我所在乡镇发展相对缓慢，有 10 所小学，除中心小学外，每所小学依村而建，一般覆盖 2—4 个自然村。整合资源虽节约成本，集中办校虽能使教学质量有保障，但落后地区实力有限，且集中办校可能导致“服务一方水土，为乡村百姓提供便利，建设好家乡”的文化使命难以完成。

受访者 C：“有学上”“上好学”是我们最基本的目标，这也是我们这一类乡村学校存在的最重要的意义。教育是改善乡村孩子生活现状最便捷的路，我们作为土生土长的农村人，希望现在的孩子也能享受优质的教育，希望能培养孩子们具有更好的适应社会的能力，未来能回乡为乡村做贡献。

（二）办学条件方面

调查数据显示：南阳市近50%的乡村小学办学条件较差，尤其是地理位置偏僻的乡村小学办学条件更差，满足基本的教学需求都困难。乡村小学的经费投入主要源于地方拨款，有限的资金多用于维持学校的基础设施建设和支付教师的薪酬，几乎无力建设学校其他的配套设施，而且大部分教师认为学校应加大教学工作投入。

1. 乡村学校文体运动设施情况

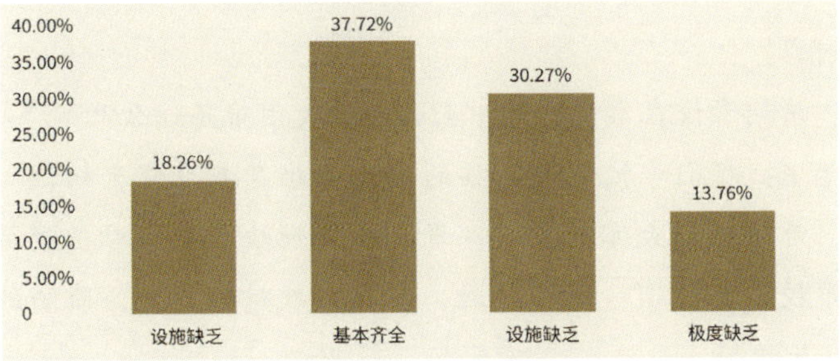

图2　学校文体运动设施

如图2所示，乡村学校设施齐全占比18.26%；基本齐全占比37.72%；设施缺乏占比30.27%；极度缺乏占比13.76%。

2. 乡村学校的计算机和多媒体等现代教学工具设备

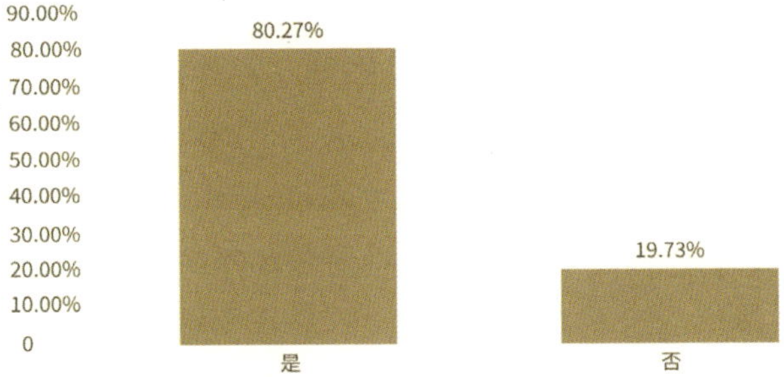

图3　学校是否拥有计算机和多媒体等现代教学工具

如图 3 所示，80.27% 的学校拥有计算机和多媒体等现代教学工具，仍有 19.73% 的学校采用传统教学方式上课。

为了准确掌握乡村学校教育经费问题，笔者分别与两所学校的校长和普通教师以电话询谈的方式进行了解。以下系笔者访谈记录：

【访谈记录】

时间：2022 年 6 月 10 日星期五 10:00—11:00

访谈方式：电话询谈

访谈者：笔者

访谈对象：受访者 E、F（乡村小学校长）、受访者 B、D（乡村小学教师）

访谈内容：

笔者：请问贵校在学校发展中面临的最大困难是什么？

受访者 E：我们学校目前面临的最大困难是教育资金短缺。因为学校太小，无法得到大家的重视，资金一直短缺，教师对福利待遇多有抱怨，学校设施陈旧，图书匮乏，教具、教材不齐全，简陋的学习条件招致家长抱怨。

受访者 B：学校现在主要的困难是教学设备不足，难以满足高质量教学水平的要求。作为教师，体检、住房等福利待遇较差，对于学生和家长们更高教育质量的需求，实感心中有愧。

受访者 F：当前学校主要问题就是缺高素质年轻老师，我校仍有两位民师转正教师年龄偏大，40 岁以下的年轻老师少，民师 40 岁以下的人也少之又少，受我校的环境条件影响，我们学校想留住年轻教师的强烈愿望很难实现。

受访者 D：由于学校不少学生离学校比较远，中午不方便回家，要留在学校。但我们学校条件太差，孩子们吃饭喝开水很不方便，长此以往孩子们易造成营养不良；另外，较差的教学条件和传统的教师观念限制了乡土文化课程资源的开发和利用。

由以上数据和访谈内容可以看出，乡村学校教育资金依然短缺，主要表现在：教师福利待遇较差，优秀教师缺乏；学校环境无力改善，基础设施以及教学设备不全，使乡村学校教学质量难以提高，发展受挫。

（三）师资建设方面

经数据统计分析，南阳市乡村小学尤其是乡村小规模学校师资力量相对薄弱。计算机、音乐、美术等学科教师短缺，教师承担2—3门学科课程居多，日工作量大，负担过重，教师素质和能力参差不齐。对教师的培养培训相对不足，教师个人自主成长缺乏动力。

1. 教师基本情况

表3　教师基本情况

	选项	百分比
性别	女	67.11%
	男	32.89%
年龄	30岁以下	29.60%
	31—40岁	25.91%
	41—50岁	35.57%
	50岁以上	8.93%
第一学历	中师（含高中、中专）	36.51%
	专科	39.60%
	本科	23.89%
	研究生	0
最后学历	中师（含高中、中专）	2.35%
	专科	34.83%
	本科	62.62%
	研究生	0.20%
教龄	5年以内	35.23%
	5—10年	17.05%
	11—20年	6.44%
	21—30年	33.76%
	30年以上	7.52%

续表

职称	初级及以下	44.97%
	中级	46.11%
	副高	8.86%
	正高	0.07%
是否有教师资格证	有	98.59%
	无	1.41%
是否是师范类教师	是	73.49%
	否	26.51%
入职当教师的途径	招录	87.72%
	民师转正	1.61%
	代课	0.94%
	支教	0.87%
	其他	8.86%
当前月薪	2001—3000 元	52.68%
	3001—4000 元	28.59%
	4001—5000 元	16.78%
	其他	1.95%

如表 3 所示，在教师性别比例上，所调查的 1490 名乡村教师中，女教师占比 67.11%，男教师占比 32.89%，可以看出乡村学校男女教师比例差距大，虽然女教师具有天然亲和力，工作中比较细心和有耐心，但对于男性人格的教育，女教师根本无法替代，学校中女教师过多，对学生尤其是男孩子极其不利，不利于学生健康发展。在教师年龄差距上，年龄在 30 岁以下的教师占 29.6%；31—40 岁的教师占 25.91%；41—50 岁的教师占 35.57%；50 岁以上的教师占 8.93%，可以看出 40 岁以上中年教师占比较大，随着现代信息技术和多媒体教学设备的普及，电教化教学已经是教学工作的常态，但是很多中老年教师制作课件、使用多媒体教学设备的技术有限，不能充分发挥这些仪器设备的作用，起不到应有的教学效果。在教师第一学历上，乡村教师第一学历为中师（含高中、中专）占比 36.51%；专科占比 39.6%；本科占比 23.89%，可以看出乡村学校的教师第一学历普遍不高，多数

为中师或专科，本科占比一般，无研究生学历的人才；在教师最后学历上，教师最后学历为中师（含高中、中专）占比 2.35%；专科占比 34.83%；本科占比 62.82%；研究生占比 0.20%，可以看出乡村教师中经继续教育学习后，学历均有不同程度的提升，但仍有部分教师为中师学历且缺乏高学历教师。在教师的教龄上，有 5 年以内教龄的教师占比 35.23%；有 5—10 年教龄的教师占比 17.05%；有 11—20 年教龄的教师占比 6.44%；有 21—30 年教龄的教师占比 33.76%；有 30 年以上教龄的教师占比 7.52%，可以看出乡村教师的教龄分布成两头高中间低态势，刚就职教学经验少的年轻教师和富有教学经验但很传统的老教师居多，年龄适中的骨干教师偏少。在教师职称上，有初级及以下职称的教师占比 44.97%；有中级职称的教师占比 46.11%；有副高职称的教师占比 8.86%；有正高职称的教师仅占 0.07%，可以看出中级以下职称的教师占比偏高。在教师持有教师资格证上，98.59% 的教师都有教师资格证，仅有 1.41% 的教师未取得教师资格证。在教师专业是否为师范类上，73.49% 的乡村教师属于师范类教师，26.51% 的教师不属于师范类。在教师入职的途径上，通过招录入职的教师占比 87.72%；民师转正的教师占比 1.61%；代课教师和支教教师分别占比 0.94%、0.87%；8.86% 的教师通过其他途径入职当教师。从教师持有教师资格证、专业是否为师范类和入职的途径三个方面的数据可以看出乡村学校师资主要来自师范类毕业生的人事招聘和特岗教师招聘，少部分优秀教师和代课教师支教于乡村小规模学校。在教师的月薪上，月收入在 2001—3000 元的教师占比 52.68%；月收入在 3001—4000 元的教师占比 28.59%；月收入在 4001—5000 元的教师占比 16.78%；其他占比 1.95%。由此可以说明，在编乡村教师薪酬是按照职称级差发放，福利补贴部分受所在县域和乡镇区域经济制约。

2. 乡村教师的教育教学

(1) 教师第一学历所学专业及任教学科情况

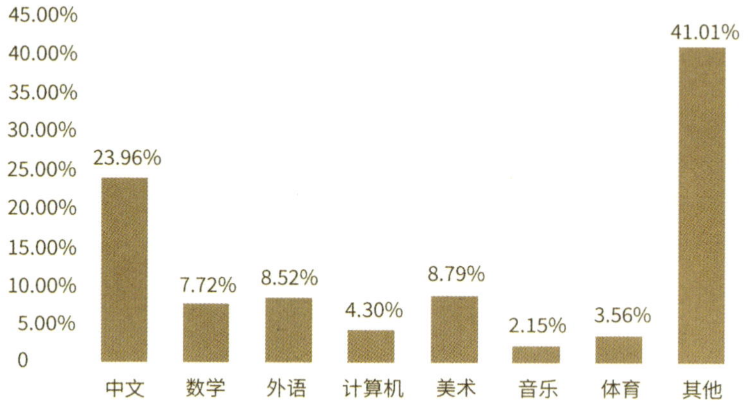

图 4 乡村教师第一学历所学专业

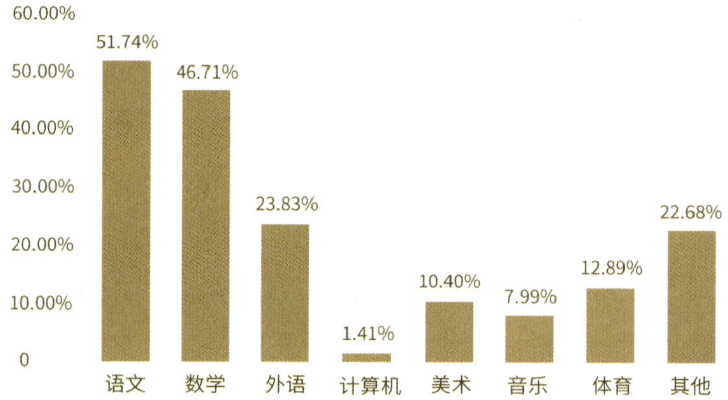

图 5 乡村教师目前任教学科

如图 4 所示，乡村教师中第一学历是中文专业，占比 23.96%；数学专业占比 7.72%；外语专业占比 8.52%；计算机专业占比 4.3%；美术专业占比 8.79%；音乐专业占比 2.15%；体育专业占比 3.56%；其他专业占比 41.01%。如图 5 所示，任教语文学科的教师占比 51.74%；任教数学学科的教师占比 46.71%；任教外语学科的教师占比 23.83%；任教计算机学科的教师占比 1.41%；任教美术学科的教师占比 10.4%；任教音乐学科的教师占比 7.99%；任教体育学科的教师占比 12.89%；任教其他学科的教师占比 22.68%。从以上数据可以看出，乡村学校开设课程主要是基础文化课程，教师以承担语文、数学等基础学科课程授课为主，根据需要兼任其他学科课程授课任务。

⑵ 计算机和多媒体等现代教学工具设备的运用

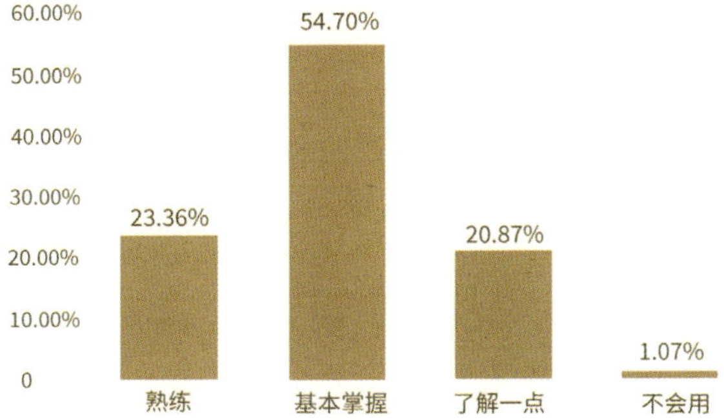

图 6　计算机和多媒体等现代教学工具设备的运用

如图 6 所示，熟练掌握现代教学技术的教师占比 23.36%；基本掌握的教师占比 54.7%；了解一点的教师占比 20.87%；不会用的教师占比 1.07%。可以看出乡村教师能够熟练使用计算机和多媒体等现代教学工具设备辅助教学的占比不高，了解一点和不会用教师占比虽然较少，但是与现代教学要求仍有差距，这与学校的教学条件、教师培训不足有关。

⑶ 乡村教师的工作量情况

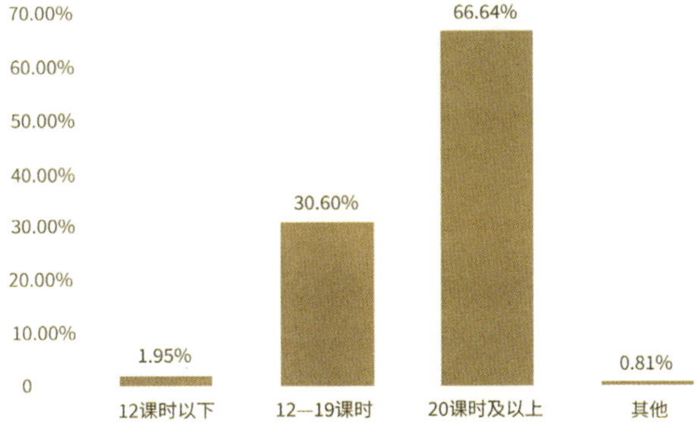

图 7　乡村教师课时量

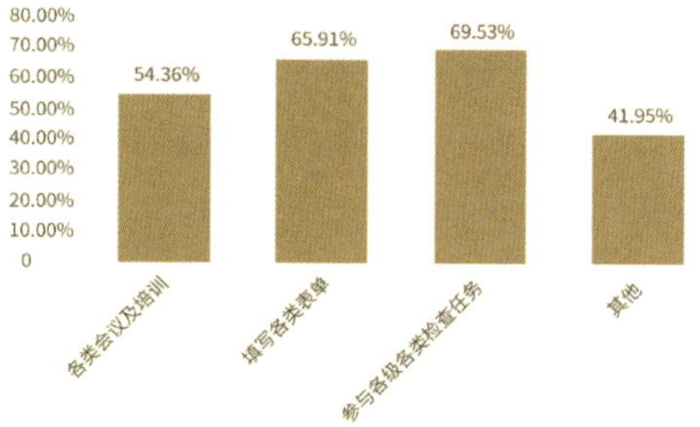

图 8 教师平日工作中承担的非教学任务

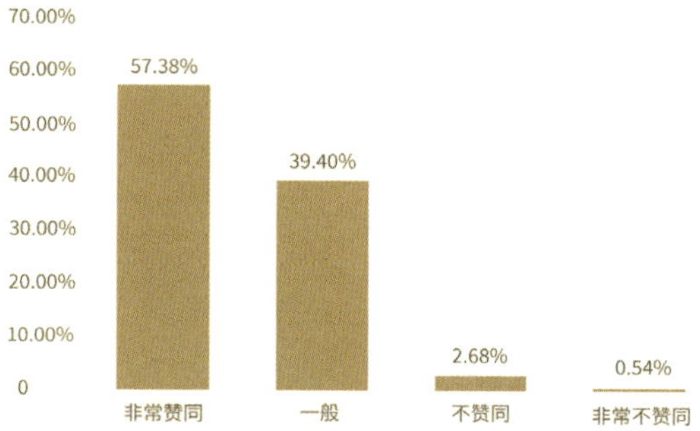

图 9 教师感到当前工作量太大，负担过重

如图 7 所示，一周课时量在 12 课时以下的教师占比 1.95%；一周课时量在 12—19 课时的教师占比 30.6%；一周课时量在 20 课时及以上的教师占比 66.64%，可以看出乡村教师工作量大，这也是乡村教师流失优秀教师的主要原因之一。如图 8 所示，平时参加各类会议及培训的教师占比 54.36%；填写各类表单占比 65.91%；参与各级各类检查任务占比 69.53%；其他任务占比 41.95%，可以看出乡村教师平时非教学任务重，工作量大。如图 9 所示，57.38% 的教师非常赞同当前工作量太大，负担过重；39.4% 的教师认为一般；2.68% 的教师不赞同；0.54% 的教师非常不赞同。由此可以说明小规模乡村教师工作境遇较差，在乡村从教的成就感和幸福感较低。

(4) 特色课程开展情况

表 4 乡村学校各类课程开展情况

	选项	百分比
基础课程	开展	98.46%
	开展不充分	1.54%
	无	0
	未说明	0
非文化课程	开展	46.15%
	开展不充分	43.08%
	无	6.15%
	未说明	4.62%
特色拓展课程	开展	44.62%
	开展不充分	38.46%
	无	12.31%
	未说明	4.62%

关于乡村学校各类课程开展情况，从汇总的 65 所乡村学校校长访谈结果表 4 可以看出，基础课程开展的学校为 98.46%；基础课程开展不充分的学校为 1.54%；特色拓展课程开展的学校为 44.62%；非文化课程开展的学校为 46.15%。其中有将近半数乡村学校的非文化课程和特色拓展课程开展均不充分，有 12.31% 的学校没有开展特色拓展课程。由此可以看出，各个学校高度重视基础课程开设，几乎所有学校都能依据国家有关标准开展基础课程，其开展非常充分；有超过半数学校的特色拓展课程开展不充分。另外，非文化课程、特色拓展课程的教师多为基础课程教师兼任，开展的活动内容也多为美术、棋类等，乡土文化生活资源利用和乡土体验课程很少，仅有个别学校开有把乡土文化融入教学内容的校本特色课程。

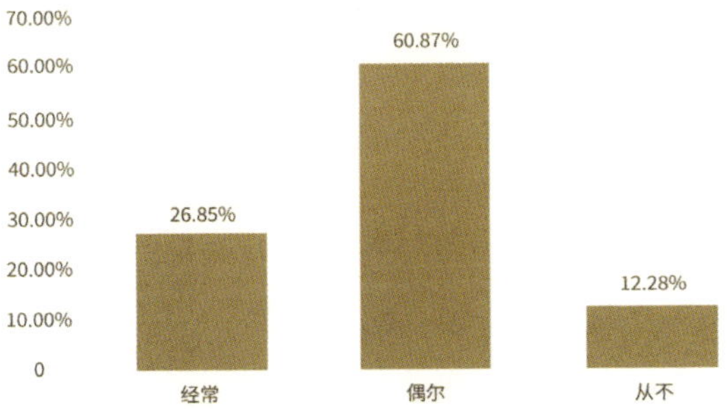

图 10 教师对学生开展结合乡村生活的体验课程情况

如图 10 所示，教师经常对学生开展结合乡村生活的体验课程的学校占比 26.85%；偶尔开展占比 60.87%；从不开展占比 12.28%，可以看出乡村学校对学生开展结合乡村生活的体验课程重视不够，或者没有意愿和精力去做此类事情。

3. 参加培训情况

表 5 参加培训情况

	选项	百分比
近三年平均每年参加培训次数	0 次	2.75%
	1 次	18.99%
	2—3 次	68.39%
	其他	9.87%
当前教师培训方面存在的问题	培训时间不切实际，没有考虑到乡村小学的实际情况	52.62%
	培训内容与教学工作联系不紧密	32.21%
	培训流于形式，没有实效	32.82%
	其他	34.36%
培训对自己的教学或科研	帮助很大	38.32%
	作用一般	54.50%
	没有实效	7.18%

如表 5 所示，近三年没有参加过培训的教师占比 2.75%；平均每年参加过一次培训的教师占比 18.99%；平均每年参加过 2—3 次培训的教师占比 68.39%；还有 9.87% 的教师参加的培训次数为其他。52.62% 的教师认为当前教师培训方面存在的问题是培训时间不切实际，没有考虑到乡村小学的实际情况；32.21% 的教师认为存在的问题是培训内容与教学工作联系不紧密；有 32.82% 的教师认为存在的问题是培训流于形式，没有实效；还有 34.36% 的教师认为当前教师培训方面存在其他问题。在调查过程中，38.32% 的教师认为培训对自己的教学或科研帮助很大；54.5% 的教师认为培训对自己的教学或科研作用一般；还有 7.18% 的教师认为培训对自己没有实效。

综上所述，乡村学校尤其是乡村小规模学校的师资问题主要体现在教师年龄、学历和职称等方面。师资是教学质量最直接的制约因素，乡村学校地处偏远，生存环境与其他经济相对发达地区相比弱势明显，因此乡村教师短缺问题更加严峻。首先是乡村小规模学校教师年龄年轻化和老龄化较普遍，乡村因环境较差，又难以留住年轻教师，导致其年龄均值呈较大趋势；其次，乡村教师学历和教学质量偏低，乡村教师多来源于附近村庄的民师转正和代课教师，由于受生产力约束，大部分村民受教育程度本身就不高，来自当地的教师也多是高中，甚至有初中学历，直接导致教学质量偏低；最后，乡村教师与普通学校相比，职称较低，而且晋升机会较少。

除以上问题外，大部分乡村小学还存在教育结构单一和教学目的单一、教学内容工具化的问题，所开设的课程只为升学目的，多数只有语、数、外三个基本课程，学习内容与乡村生活毫无关系，致使乡村小学教学结构单一，教学缺乏特色，而且培养出来的人才多数远离乡村，奔向城市或发达地区，乡村文明逐渐失守。

（四）学校评价

从问卷调查和访谈可以看出，南阳市乡村小学仍沿用传统的唯分数、唯升学的评价体系，评价内容依然坚持以智力教育为主，而且评价主体仍然局限在教师层面，致使家庭无力参与到学生的成长过程中，学生也无法实现德、智、体、美、劳全面发展，家长对乡村教师颇有微词，尊重程度逐渐降低，社会对乡村教师的评价一般，导致乡村教师工作成就感不高。

1. 乡村教师的评价

表 6 对乡村教师的评价

	选项	百分比
乡村教师在乡村受尊重程度	非常尊重	3.29%
	尊重	17.18%
	一般	56.91%
	不太受人尊重	22.62%

续表

乡村教师工作成就感	成就感强烈 成就感一般 成就感低落 完全没有成就感	12.82% 59.80% 18.59% 8.79%
社会对乡村教师的评价	很高 一般 不高 很不高	7.58% 63.56% 19.80% 9.06%

如表 6 所示，乡村教师在乡村受尊重程度上，非常受尊重占比 3.29%；受尊重占比 17.18%；一般尊重占比 56.91%；不太受人尊重占比为 22.62%。12.82% 的教师认为乡村教师的工作成就感强烈；59.8% 的教师成就感一般；18.59% 的教师成就感低落；8.79% 的教师觉得完全没有成就感。7.58% 的教师认为社会对乡村教师的评价很高；63.56% 的教师认为社会对乡村教师的评价一般；19.8% 的教师认为社会对乡村教师的评价不高；9.06% 的教师认为社会对乡村教师的评价很不高。

2. 学校发展评价

为了更加深入地了解乡村学校的评价体系，改革评价方式，提高育人质量，促进学校发展，就乡村学校的发展问题和有关建议，笔者分别电话询谈了两个学校的校长和学生家长，详情如下。

【访谈记录】

时间：2022 年 6 月 12 日星期六 10:00—12:00

访谈方式：电话询谈

访谈者：笔者

访谈对象：受访者 E、F（小学校长），受访者 G、H（小学学生家长）

笔者：您认为本校发展存在哪些问题或不足（从学校投入、师资建设、学校环境、教学评价等方面谈）？

受访者 E:

1. 学校投入："费用需求多，软件硬件都得花钱"。乡村学校依靠义务教育保障经费运行，由于学生数少，经费除正常开支外，软硬件投入明显不足。

2. 师资建设：乡村学校师资扩充基本依靠统一招编，招聘数量因地而异。学校师资尤其是高素质年轻教师和音乐、美术等学科教师明显不足。

3. 学校环境：在上级统筹下，今年改建了个别教室，校内文化环境有一定改善。在农村，留守儿童多，家校合作的外部环境远不及城镇，家庭教育真的令人堪忧。

4. 教学评价：上级对学校有成绩指标，教育局对教师业绩有成绩指标，家长对师生有成绩期望。校际之间、班级之间差异较大，不存在均衡一说。新《义务教育法》中强调义务教育均衡发展，教育评价要破"唯成绩论"，许多年轻教师深受新教育思想影响，改革愿望强烈但却举步维艰。

受访者 F:

1. 学校投入：近几年，国家教育投入逐年增加，我们学校的环境在逐渐改善，但是我们的基础设施条件需要加大投入。

2. 师资建设：我们学校的教师老龄化凸显，希望能够招到更多优秀的专业教师，如果能招到更多的年轻教师就更好了。

3. 学校环境：我们学校环境这几年比起往年已经改善太多，但依然不能满足学校发展需要，希望能有更好的环境促进学生的全方面发展。

4. 教学评价：为满足上级和家长对教育的期待，我们不得不始终将学生成绩放在重要的位置，基于基础教育改革要求，我们也希望构建更全面、科学的评价体系。

笔者: 您对当地学校、教育部门有何建议或意见?

受访者 G:

1. 政府加大经费投入，改善学校设施条件，让留守儿童有一个全新的校园，并幸福成长。

2. 支持学校开展有关乡土生活、农耕课程。

3. 招聘音乐、美术专业教师，配齐专业教师，开设美术课、音乐课。

4. 真正实现农村教育多样化、素质化，不要只讲知识而忽略学生能力的培养，改革评价体系，不要整天就是考试。

受访者 H：

1. 提高孩子们的伙食质量。

2. 希望重视农村教育，改善教学设施、办公条件，提高学校的教育环境。

3. 多让孩子们参加一些有意义的活动，使学生热爱学校，留住学生。

4. 希望能减轻老师负担和学生负担，不要有过多的抽考排名，丰富学生课程，特别是体育课、音乐课和劳动课，尽可能让学生健康快乐地学习。

二、南阳市乡村学校发展困境的成因

通过调研数据显示，南阳市乡村学校尤其是小规模学校发展困境成因主要有以下几点：

（一）地方政府财政投入不足、执行国家政策不力

一直以来，我国农村义务教育实行“在国务院领导下，由地方政府负责、分级管理、以县为主”的管理体制（国办发〔2002〕28 号），2005 年国务院发布《关于深化农村义务教育经费保障机制改革的通知》（国发〔2005〕43 号），其中提出关于农村义务教育经费保障机制的思路是：明确各级责任、中央地方共担、加大财政投入、提高保障水平、分步组织实施，由此可以看出：农村义务教育主要由县级人民政府负责，其他各级政府分担部分责任，而中央政府在必要时给予支持。在实施过程中，该管理体制存在的不足之处主要表现在两个方面：一是地方政府财政投入整体不足。经调查统计显示，我国的财政性教育经费支持占国内生产总值的 4% 左右，与世界平均水平 4.9% 存在一定

差距，与发达国家 6.9% 更是相差甚远；二是地区间教育不均衡现象日益严重。在“以县为主”的体制下，教育经费筹措责任被划分到基层，经济基础决定上层建筑，当地教育发展水平受其经济能力所限，久而久之使教育发展不均衡现象日益严重。

从访谈教育局有关领导和乡村学校校长的结果，可以看出南阳市乡村学校已执行国家政策，其经费中 50% 左右来源于地方财政，但中央财政投入所占比例相对较少。另外，乡村小规模学校由于所处地理位置偏僻，农村经济相对欠发达，缺少其他收入来源，从而导致乡村小规模学校的财政收入困境。

（二）乡村人口流动量加大，导致学生数量减少

随着城市化进程的加快，越来越多的村民涌入经济发达地区寻求工作机会，而且村民以家庭为单位搬迁日益成为趋势，导致乡村人口逐年减少，由此造成乡村入学儿童数量骤减。此外，物质生活水平的提高，使得人们对文化需求发生转变，昔日乡村的教学质量已无法满足人们对高质量教学水平的要求，为了阻断代际贫困，每个家庭都竭尽全力为下一代谋求更好的教育，乡村周边的县级、市级学校成为乡村群众追逐的对象，导致生源大量外流、留在乡村的孩童数量日益变少。家庭环境条件不好的家长把孩子留给长辈看管自己外出打工，留守儿童的教育问题日益凸显。

（三）乡村文明失守，村民缺乏文化自信

在通往现代化的道路上，一方面，乡村为国家建设贡献了智慧和劳动力，但是自身却挣扎在生存线边缘；另一方面，在城市文明的冲击下，乡村日益被同化，乡村文明无以托付，只能作为城市文化的附庸，导致乡村逐渐沦为文化沙漠。乡村自身文化生态的破坏，加之父母在生长过程中的缺席，导致乡村留守儿童对其成长的乡村环境缺乏情感，对乡村不仅是漠视还有轻视，对乡村生活充满否定和无奈。除此之外，外来文化通过各种形式渗入乡村，使原本已经支离破碎的乡村文化更遇挑战，久而久之导致乡村群众缺乏文化根基，精神家园日渐失守。

众所周知，社会的发展离不开文化的支撑，乡村文化的衰落导致乡村的落后。若要实现乡村振兴，恢复乡村文化自信是必经之路，只有重塑乡村文化尊严才可以重新孕育乡村文化自身的增值意识和能力，使乡村文化复兴的根源在于乡村群众重拾文化自信，而群众文化水平的提高则依赖于良好的教育。对于乡村而言，好的教育应该是可以为生活做准备的教育，是引导群众重新发现生活价值的教育，是促进群众与乡村社会共同发展的教育。但是，由乡村学校教育发展现状可以看出，乡村文明的复兴还有漫漫征途。

（四）学校撤并，使小规模学校发展受挫

乡村学校的发展一直备受政府关注，其中包括小规模学校的发展。自 2000 年起，我国对乡村小规模学校的发展，态度发生了几次明显的变化：2001—2005 年，国家政策倡导合理撤并小规模学校；2006 年强调学校布局调整要遵循“实事求是、稳步推进、方便入学”的原则，提出适度保留、建设小规模学校的政策；2012 年国务院提出“办好村小学和教学点”，由此可以看出国家已着手保护小规模学校。

为调整教育资源配置，国家主张合并甚至撤销规模小、条件差和质量低的薄弱学校，但是各基层政府在执行国家政策时，采取“一刀切”政策，进一步增加了乡村上学难的困境，使国家重新考虑小规模学校的去留问题；随后国家推出适当保留小规模学校的政策，主张各个地区因地制宜、从当地经济真实发展现状出发，在保证教学质量的前提下，保留并进一步加强小规模学校建设，只是该政策并未得到有效贯彻，特别是“加强建设”政策因经济落后而无力实施，即便是国家随后提出的保护政策，也因学校各项资源匮乏而未得到有效实施。

三、南阳市乡村学校的发展建议

（一）健全保障制度，统筹规划，走“培根固本”的乡村特色学校发展之路

一方面，地方政府应为乡村学校尤其是小规模学校的发展提供相对稳定的保障制度。国家制度是保障学校稳步发展最直接、最有效的

手段，若是国家在学校的去留上纠结不定，必然会动摇学校发展的决心，乡村小规模学校在其发展过程中，一直面临撤并的风险，导致学校成员对发展持懈怠心理，如果国家明确建立保障制度，相信乡村小学定能呈现不同的发展状态。由调查资料可以看出，地方政府能够科学合理地进行统筹规划是关键，地方政府着手扶持的学校，基本已步入良性发展轨道。

另一方面，学校自身应开发其特色资源，体现乡村教育特点，加大安身立命的筹码。在义务教育改革的洪流中，乡村学校应充分利用国家政策的扶持，发掘并开发自身教学特色，优化配置自身占据的资源，借鉴乡村学校的成功范例，围绕农村丰富的乡土、农耕资源开设劳动教育课程、校本特色课程，提高其教学质量，争取为群众提供令人满意的教学，让乡村孩子就近享有优质教育，走“培根固本”的乡村特色学校发展之路。

（二）改善办学条件，突破城乡二元结构限制，推进县域内城乡教育一体化改革

对于乡村学校尤其小规模学校的办学环境，一方面，国家应加大投入，精准扶持农村教育，突破城乡二元结构限制，逐步缩小城乡差距，切实促进县域内城乡教育一体化发展，从而真正实现教育公平；另一方面，乡村学校可以尝试通过自身力量，与企业和社会合作，拓展增收渠道。国家财政投入不是学校财政的唯一来源，学校应充分利用自身资源，借助社会各方面的力量，为自身生存谋取可行性路径；再者，应充分利用“互联网 +”时代农村地区的发展优势，打破传统的向发达地区看齐的“追赶战略”，用丰富的乡土文化资源补齐乡村教育短板，再以文化教育的发展促进农村经济社会的发展；同时进一步推进乡村学校的数字校园体系建设，构建起国家—城乡—乡村学校间的三级课程体系，让每一所学校都享有信息化资源，每一个班级都有多媒体设备，每一个人都拥有信息化能力，从而缩小城乡间的教育差距。

（三）整合教师资源，提高待遇，实施“把根留住”的乡村教师支持计划

乡村教师在乡村，学校就在乡村。针对南阳市的乡村师资现状，地方政府应根据国务院颁布的《乡村教师支持计划（2015—2020 年）》实施“把根留住”的乡村教师支持计划。首先，应培植乡村教师的中国教育“乡土之根”观念。乡村学校尤其是小规模学校的发展不是简单的农村的事，也不是简单的教育的事，要从国家乡村振兴战略的高度认识它的意义，要从中国教育“乡土之根”的培植角度帮助乡村教师形成基本观念。其次，应致力于为现有的教师提供应有待遇，留住现有资源。当下任职的教师是学校得以生存的根本，只有留住教师，学校才有发展的可能。在留住教师资源方面，我国可以借鉴世界各国的方法，比如：一是根据教师教龄，增加乡村学校教师的工资和教龄津贴投入并适当延长假期；二是着重培养和开发现有的教师资源，提高教学质量。乡村因其特殊困境，很难在短时间内吸引到理想的教师资源，学校应着手培养其在职教师，着重提高其教学质量，保证并维持学校的存在与发展；与此同时适当放宽教师资格的限制，对于有意向且有潜力从事教师工作的人员，可以先招聘其为实习教师，签订就业协议并在短时间内对其进行专业课程培训，以便其可以尽快入职；再者应创造条件吸引更多的优质教师，不仅仅是学校内部环境，还包括改善学校所处的社区环境。乡村环境与城市相比虽然不理想，但若是逐步做出改变，对吸引人才也是可行的。

（四）关注留守儿童，改革评价标准，建立学校—地方政府—家庭协同育人合作共同体

由于时代的需求，一方面，学校仍应继续坚持现有评价标准，因为升学是群众所需，只有保证高升学率才可以赢得生源，才能够使自身得以生存；另一方面，学校应逐步推进教学评价改革，根据学校特色建立增值评价，使评价制度匹配学生德、智、体、美、劳等各方面的发展；再者，乡村学校乃至其他小规模学校，多数都面临着学生流失、

资源短缺、师资匮乏、教学质量低下、留守儿童的家庭教育缺失问题等诸多生存考验，虽然尚有可以努力的空间，但是所有的努力都需要经历长久的实践。乡村小规模学校发展前景不容乐观，但是若能关注留守儿童，改革评价标准，建立学校一地方政府一家庭协同育人合作共同体，仍有为一方水土育人的顽强生命力。

“百年大计，教育为本”，要实现乡村振兴，乡村教育现代化首当其冲。乡村学校尤其小规模学校作为乡村教育的主流形式，目前正有着由维持生存转向高质量发展的机遇，乡村学校尤其是小规模学校作为乡村文化的源头活水，若是与乡村资源有效结合，可以发挥其经济、文化和社会功能，从而促进乡村的全面发展。然而，乡村学校因其独特的环境所限，存在的“教师的教育观念消极、学校的评价方式单一和学校间生态位的重合”以及“重效率轻公平的发展观念、不合理的管理体制和积重难返的境遇”等是阻碍乡村学校发展的主要内外因素。在当下推进城市化进程、乡村振兴战略背景下，财政投入、师资建设以及评价体系中处于明显弱势地位的乡村学校发展已成为新时代赋予我们的新使命。

参考文献

[1] 范铭，郝文武．对农村学校布局调整三个“目的”的反思——以陕西为例［J］．北京大学教育评论，2011，9（02）:178-187.

[2] 郝文武．平等与效率相互促进的教育公平论［J］．教育研究，2007（11）:1—7.

[3] 于海英，秦玉友．城乡教育一体化视域下农村小规模学校问题研究［J］．现代教育管理，2012（11）:24—28

[4] 王鉴．西部农村小规模学校发展思路研究［J］．教育发展研究，2019（20）:25—29.

[5] 戴艳，王奕迪．西部农村小规模学中国乡村教育振兴的未来图景及其实现——基于百年乡村教育连续统的视角［J］．西南大学学报

（社会科学版），2022，48（3）:157—170.

［6］牙星欢. 乡村振兴战略背景下乡村教育发展研究［J］. 乡村科技. 2019（1）:53—54.

［7］张科华. 乡村振兴战略背景下周口市乡村教育发展存在的问题与对策［J］. 农村经济与科技 2020.31（16）:213—214.

［8］朱永迪. 教育生态学视角下农村小规模学校新教师发展研究［D］. 长东北师范大学，2018.

［9］张宏权. 校长领导力现状与提升策略研究——以新津县义务教育学院为例［D］. 成都：四川师范大学，2015:15.

［10］郝媛. 乡村振兴战略中的乡村小规模学校建设及发展研究［D］. 西安：陕西师范大学，2019:5.

乡村教师队伍建设的现状调查及对策研究
——以开封市 × 县为例

陈璐 张雨 曹文静 吴梦琦 刘清华

摘要： 乡村振兴需要高质量的乡村教育，而乡村教育的发展关键在于乡村教师队伍的建设。本文运用问卷调查法，选取开封市 × 县的教师作为调查对象，从乡村教师的基本情况出发，对乡村教师日常参与的培训情况、福利待遇、流动情况展开调查，研究发现乡村教师队伍建设存在这样的问题：队伍结构失衡、专业发展受限、薪资待遇水平不高、培训效果不佳、教师普遍职业认同感较弱。针对存在的问题，本文提出了解决对策：优化乡村教师队伍的学科结构、性别结构和职称结构、改善乡村教师的物质福利待遇、设置“精神奖励”以提高乡村教师的职业认同感、提高乡村教师培训的实效性与再教育力度。

关键词： 乡村教师；教师队伍建设；专业发展

乡村兴则国家兴，从长远来看，乡村教育是发展乡村、振兴乡村的根本战略。百年大计，教育为本；教育大计，教师为本。李克强总理指出：“最重要的教育资源不是楼房，不是课桌，而是教师。”要想实现乡村教育长久、积极地发展，关键在于乡村教师队伍的良好建设。据教育部数据显示，2015 年年底我国普通中小学共有 1085.61 万专任教师，其中 67.30% 为农村教师[1]。为了缩小城乡师资水平差异，国家出台了一系列促进乡村教师发展的策略。其中，国务院于 2015 年 6 月颁布《乡村教师支持计划（2015—2020 年）》，并明确指出把乡村教师队伍建设摆在优先发展的战略地位[2]。河南省政府积极响应，2015 年 12 月根据自身教育特点出台了《河南省乡村教师支持计划（2015—2020 年）实施办法》，切实加强河南省乡村教师队伍建设[3]。

即使如此，由于我国城乡经济的差异，乡村队伍建设过程中仍然存在着一系列问题。因此，对乡村村队伍的建设开展研究是十分必要的。本文试图通过对开封市 × 县的部分乡村教师进行问卷调查结果，分析乡村队伍建设中存在的问题，并探讨加强乡村教师队伍建设的对策。

一、研究方法

（一）研究对象

本研究采用问卷调查的方法，随机选取开封市 × 县的部分乡村教师为调查样本，运用编制好的问卷进行调查。本次调查采用问卷星的形式，共收回 129 份问卷，本次调查虽然所选样本数量 129 人，但覆盖面比较广泛，调查结果具有一定的信度与效度。

（二）研究工具

为较为全面地了解乡村教师队伍建设情况，根据研究对象、研究目的和研究问题，编制了“乡村教师队伍建设调查问卷”。该问卷由五个维度组成：第一维度是调查对象的基本信息，共设计了 9 个问题，包括参与调查的乡村教师的性别、年龄、职务等；第二个维度是调查对象的工作情况，共设计了 10 个问题，包括调查对象日常使用的教学方法、所任教的学科等；第三个维度为培训相关，共设计了 6 个问题，包括调查对象参与培训的频率、类型等；第四个维度为待遇情况，共设计了 4 个问题，包括调查对象所享受的待遇福利、月收入等；第五个维度为流动意愿，共设计了 7 个问题，其中有 3 个开放性题目。在问卷收回之后，主要利用 Excel 表格进行数据分析。

二、调查结果与问题分析

通过对回收的有效问卷进行全面系统的整理与统计，乡村教师队伍建设的调查结果与分析如下。

（一）调查结果分析

1.× 县乡村教师队伍内部结构

× 县乡村教师队伍的年龄分布。通过教师的年龄可对其教学经验和教育质量的高低做出初步判断。根据调查，× 县乡村教师出现老龄化现象。如表 1 所示，21—30 岁的乡村教师比例为 7.75%，31—40 岁的乡村教师比例为 25.58%，而 41—60 岁的乡村教师比例高达 66.67%。

表 1 × 县乡村教师队伍年龄结构

项目	人数	比例
21—30 岁	10	7.75%
31—40 岁	33	25.58%
41—50 岁	69	53.49%
51—60 岁	17	13.18%

× 县乡村教师队伍的性别比例结构。通过对问卷结果分析，在回收的 129 份有效调查问卷中，女性教师数量明显远多于男性教师，男女教师比例 1 ∶ 4.78，男女乡村教师比例严重失调。

2.× 县乡村教师综合素质

× 县乡村教师的综合素质主要通过学历层次和专业素养两个方面来评判。学历层次能够从一定程度上反映出乡村教师队伍的综合素质。根据调查统计数据显示，× 县乡村教师的学历层次普遍集中于专科和本科两个层面，其中专科层次以下的乡村教师比例为 2.33%，专科层次的乡村教师比例为 35.66%，本科层次的乡村教师比例为 62.2%，而研究生学历层次以上的乡村教师比例为 0%，具体情况见表 2。

表 2 × 县乡村教师学历层次统计

项目	人数	比例
专科以下	3	2.33%
专科	46	35.66%
本科	80	62.2%
研究生以上	0	0

乡村教师的专业素养主要以撰写学术论文和教学报告次数的形式体现，调查结果显示，经常撰写学术论文和教学报告的乡村教师占13.18%，较多撰写学术论文和教学报告的乡村教师占12.4%，较少撰写学术论文和教学报告的乡村教师占67.44%，几乎没有撰写学术论文和教学报告的乡村教师占3.88%，从来没有撰写学术论文和教学报告的乡村教师占3.1%，具体情况见表3。

表3 ×县乡村教师撰写学术论文和教学报告的次数统计

项目	人数	比例
经常	17	13.18%
较多	16	12.4%
较少	87	67.44%
几乎没有	5	3.88%
从来没有	4	3.1%

3. 乡村教师的工资、福利待遇

通过对问卷结果分析，如表4所示，乡村教师对工资福利待遇非常满意的占6.2%，较满意的占13.18%，一般的占52.71%，不满意的占26.36%，非常不满意的占1.55%。虽然乡村教师的平均工资在逐年提升，但是在调查中发现，部分乡村教师对于现有的工资水平和福利待遇状况并不十分满意，大部分教师对工作最主要、最迫切的诉求就是工资上涨，提高福利待遇。

表4 ×县乡村教师工资福利待遇满意度

项目	人数	比例
非常满意	8	6.2%
较满意	17	13.18%
一般	68	52.71%
不满意	34	26.36%
非常不满意	2	1.55%

4. 乡村教师职业发展

一般而言，各中小学教师的职称结构一般表现为金子塔型。也就是初级职称占多数，中级职称次之，高级职称占有一定的比例。但调查结果显示，× 县的乡村小学教师的职称结构则不然。如表 5 所示，我们可以看出：× 县未评职称的教师 10 人，占比 7.75%，中小学二级教师 45 人，占比 34.88%，中小学一级教师 56 人，占比 43.41%，中小学高级教师 18 人，占比 13.95%，中小学正高级为 0 人。教师上岗，根据教师业绩评定职称，高职称暗含着教师的职业进步。可见，× 县乡村小学高层次教师仍处于匮乏状态。

表 5　× 县乡村教师职称评定

项目	人数	比例
未评职称	10	7.75%
中小学二级	45	34.88%
中小学一级	56	43.41%
中小学高级	18	13.95%
中小学正高级	0	0

乡村教师的培训也在一定程度上影响乡村教师专业化的发展，调查结果显示，一次也没有参加过培训的乡村教师占 21.71%，参加 1 次培训的乡村教师占 25.58%，参加 2—3 次培训的乡村教师占 40.31%，参加 3 次以上的乡村教师占 7.75%，其他的占 4.65%，具体情况见表 6。

表 6　× 县乡村教师参加培训次数

项目	人数	比例
0 次	28	21.71%
1 次	33	25.58%
2—3 次	52	40.31%
3 次以上	10	7.75%
其他	6	4.65%

5. 乡村教师的流动意愿

对 × 县乡村教师的流动意愿调查，目前乡村教师向城镇学校单向流动已经成为一种大趋势。如表 7 所示，其中人际关系紧张，工作氛围差占比 8.53%；生活待遇低，医疗、住房条件差占比 56.59%；职称评定、培训制度不合理占比 29.46%，工作安排不合理占比 11.63%；难以取得工作成绩与实现个人价值占比 34.11%；为了家庭与孩子入学占比 37.21%；其他占比 13.18%。可见，生活待遇低、医疗、住房条件差是乡村教师流动的主要原因。乡村教师流动率较高的现象必然会导致乡村教师队伍的师资配置出现偏差，优秀教师紧缺，师资力量又难以及时补充，可谓是恶性循环，导致本来就不平衡的资源配置越来越难以维持，师资结构严重失调。

表 7　乡村教师流动意愿

项目	人数	比例
人际关系紧张，工作氛围差	11	8.53%
生活待遇低，医疗、住房条件差	73	56.59%
职称评定、培训制度不合理	38	29.46%
工作安排不合理	15	11.63%
难以取得工作成绩与实现个人价值	44	34.11%
为了家庭与孩子入学	48	37.21%
其他	17	13.18%

（二）问题分析

通过对调查结果的深入分析，× 县乡村教师队伍建设存在以下几个方面的问题，必须引起足够重视并加以有效应对。

1. 乡村教师队伍结构失衡

× 县乡村教师队伍存在结构失衡的问题，主要表现在以下几个方面：①年龄结构失衡，40 岁以上的教师比例多达 66.6%，大多数的教师在乡教学年限超过 10 年，可见，这些老教师是从年轻时就一直从事乡村教育工作，坚守在乡村教育岗位上，所占比例较高，而青年教师比例相对较低。②性别结构失衡，整体上看女教师比例偏高，男教师比例过低。乡村教师男女比例严重失衡会对学生的学习和成长产生不利的影响[4]。③职称结构不合理，乡村教师队伍中初级及以下职称的教师占比将近一半，获中级职称的教师占比将近一半，获高级职称的教师占比过低，且获得中小学正高级职称的教师数为0。④学科结构失衡，学科间分布不均，乡村教师队伍中语文数学教师居多，道德与法治、外语和科学教师次之，艺术类（音乐、美术、书法）教师较少，体育、心理健康、劳动技术和综合实践老师少之又少，可见部分乡村中小学某些学科教师严重不足，急需补充。

2. 乡村教师专业发展受限

对于乡村教师而言，乡村教育的条件，难以满足乡村教师的学习需求，难以实现乡村教师的专业发展。许多乡村教师都承担了跨年级或跨学科的教学任务，工作内容繁杂，无暇顾及教育科研和自我素质的提高。在乡村环境的影响下，部分教师缺少提升自身教学能力的动力而满足于现状，不积极主动学习新知识来适应时代变化，从思想和行动上来讲都缺乏职业热情。同时，存在乡村教育培训机制不完善的问题，导致部分乡村教师很难参加教学能力专业培训，在课堂上一直使用传统的教学模式。随着年龄的增大，自我发展和终身学习的意识淡薄，再加上机会和条件有限，乡村教师的专业发展存在很大阻碍。

3. 乡村教师薪资待遇不高

建设乡村教师队伍的关键是改善乡村教师的工作生活环境，提高工资待遇，从而激发乡村教师投身教育事业的热情。虽然政府在近几年努力提高乡村教师的收入水平，发放了一定的生活补助或福利，但实施成效却不尽如人意。经调查发现，乡村教师对自己的工资待遇满意度并不高，乡村教师工作待遇的差异主要表现在地方性补贴上，其中交通补助、住房补助和餐补落实不全面，大多数教师并没有享受到相关补助。工资待遇差也是乡村教师离职的主要原因之一，部分教师因为乡村生活待遇低、医疗和住房条件差流向城市，走向能够为自己提供更好条件的地方。

4. 乡村教师培训效果不佳

乡村教师培训是促进乡村教师专业发展的有利途径之一，是乡村教师队伍建设的重要举措之一，受到各级各类相关部门的重视。根据调查结果分析，× 县乡村教师培训方面还是存在一定的问题，导致培训效果不佳。大多数教师拥有参加专业培训的机会，其中县级、乡级的培训占比较多，相比来说参加省级市级培训的教师人数较少。相当一部分乡村教师认为培训时间安排不合理，没有考虑到农村的实际情况，给参加培训带来阻力。部分教师认为培训内容与教学工作结合不紧密，脱离了乡村的教学实际，很难真正帮助乡村教师解决专业发展和教学改革中遇到的实际问题，实用性不强。同时，很多培训活动流于形式，培训方式单向灌输，参训教师只能被动接受，培训效果大打折扣。

5. 乡村教师职业认同感较弱

一直以来，乡村教师处于社会不利地位，导致乡村教师教学自信心不足，出现乡村教师归属感不强、职业认同弱化现象[5]。在对 × 县乡村教师的调查中发现，很多教师对自己的工作缺乏成就感，认为在乡村学校任教难以取得工作成绩和实现个人价值，成为乡村教师流出的重要原因。乡村教师的收入水平偏低，福利待遇不完善，难以保证较好的生活水平。乡村学校办学条件一般，工作环境复杂，教育资源落后，使得许多教师不愿驻扎乡村。在参与职称评聘时乡村教师仍然缺少竞争优势，晋升难度较大，容易导致教师自我成就感的缺失。

三、对策与建议

（一）优化乡村教师队伍的学科结构、性别结构和职称结构

针对学科结构不合理、不完善的情况，要优化教师队伍的学科结构。首先，在师范生招生、入编以及职称评定时，可以向体、音、美、信息技术等学科教师给予适当的政策倾斜，来吸引该学科的专业老师[4]。其次，可以对有体、音、美等特长的乡村教师进行在职培养，为其提

供系统的培训学习，从而缓解乡村教师的结构性失衡，优化教师队伍的学科结构。调查结果显示，× 县乡村教师性别比例失衡。男、女教师在思维方式、教学特点等方面都有差异，较为均衡的性别结构有助于学生的思维发展。可以通过教育宣传的方式，鼓励引导男性加入到教师队伍中。在教师培养、招聘等环节从源头上调整性别比例。在乡村教师的职称结构上，利用物质奖励和精神奖励鼓励教师积极提高专业技能，努力发展成为高级、正高级教师。除了鼓励在校教师努力提高技能，还可以多渠道引进优秀教师到乡村来，优化乡村教师职称结构。

（二）改善乡村教师的物质福利待遇

切实改善乡村教师的物质福利待遇，认真贯彻执行《国务院关于进一步加强农村教育工作的决定》《中华人民共和国教师法》等法规文件，改善乡村教师的生活工作环境，提高其工资福利待遇，妥善解决好农村教师的住房、就医、子女入学等实际问题，解决其后顾之忧[6]。各级政府部门也应重视确保乡村教师福利待遇发放到位，将福利落到实处。发挥群众、社会媒体的舆论监督作用，及时曝光克扣乡村教师津贴的行为。

（三）设置“精神奖励”，提高乡村教师的职业认同感

部分教师在职业中获得的认同感、幸福感不高，无法从根本上守住教师的教育初心。在保障物质福利待遇的基础上，设置“精神奖励”，从而提高乡村教师的职业认同感、幸福感。政府和社会要明确乡村教师的社会地位，使其获得应有的尊重和待遇。加强对乡村教师工作成果的认同和许可，增强表彰力度。例如，自 2016 年起，黑龙江尚志市向在乡村教育事业工作 30 年及以上的在编教师授予“乡村教师从教 30 年教师荣誉证书”[7]。该项荣誉证书的颁布既能肯定了乡村教师的辛劳付出，有助于其职业认同感的提高，也有助于激励乡村教师扎根乡村教育事业，从而改善乡村教师“留不住”的情况。在 × 县有 81.4% 的教师在乡教龄长达 10 年以上，学校或政府可对在乡教学 10 年、20 年、30 年的乡村教师发放荣誉证书，并给予相应的物质奖励，从精神上和

物质上肯定乡村教师的付出，帮助其提高职业认同感、幸福感。

（四）提高乡村教师培训的实效性，提高教师再教育力度

在教师培训方面，政府出台了一系列在职教师培训，例如，“国培”“省培”等计划。乡村教师培训应符合乡村教育的实际，使乡村教师能够解决其在自己的教学实践中遇到的问题，并且提高自己的科研能力，通过科学研究来探究乡村教育实践中的问题[8]。要提高乡村教师培训的实效性，避免培训流于形式或以城市教师为中心的现象。要提高实效性，就需要上级部门和进修主管部门深入乡村学校进行调研，亲自体验乡村教育的教育情境，感受乡村教师真实的教育困境，从而为其提供适合乡村教师培训的方案，避免培训内容以城市状况为中心的情况。培训时间和方式也应更为灵活，与学校沟通协调相应的调课工作，不让其成为教师负担。要鼓励乡村教师不断进行学习提升，提高专业素养和学术素养。政府可通过奖励或表彰的方式提高教师的再教育力度，为其提供充分且方便的学习平台，发挥校内外、城乡优秀教师的联动优势，促进教师自身的专业发展，鼓励乡村教师利用网络、书籍或者培训来进行学术研究，切实在教学实践中发现并进行问题研究。

我国教育的现代化离不开乡村教育的现代化，乡村教育的现代化离不开乡村教师队伍的现代化。乡村教师作为乡村教育的中坚力量，乡村教师队伍的建设始终是乡村教育发展的关键。但乡村教师队伍建设却存在着一系列问题，要因地制宜，采取有效措施保障乡村教师队伍的建设与高质量发展，为基本实现教育现代化和实施好乡村振兴战略积累坚实的基础。

参考文献

［1］中华人民共和国教育部发展规划司［Z］．北京：人民教育出版社，2016.

［2］国务院办公厅．关于印发乡村教师支持计划（2015—2020 年）

的通知 . http://www.gov.cn/zhengce/zhengceku/2015-06/08/content_9833.htm.

［3］中华人民共和国教育部 . 河南省乡村教师支持计划（2015—2020 年）实施办法。

［4］邓亮，万文涛 . 乡村教师队伍建设的现状调查与对策［J］. 教学与管理，2020（33）: 36—38.

［5］明悦 . 乡村教师队伍建设的意义、存在问题及对策［J］. 高等继续教育学报，2017，30（03）: 16—19+27.

［6］丁霞 . 乡村教师队伍建设的问题透视与对策［J］. 文学教育，2017（08）: 106—107.

［7］赵松雪 . 黑龙江省尚志市乡村教师队伍建设问题研究［D］. 吉林大学，2018.

［8］吴梅，许晓君 . 我国乡村教师队伍建设面临的困境及其破解［J］. 当代教育科学，2017（06）: 61—64.

发展乡村教育，促进乡村振兴

行红芳

一、大力发展乡村教育的必要性

改革开放以来，我国的经济取得了巨大的成就，但城乡差距、区域差距和贫富差距依然存在，成为现阶段不得不面对的重要问题。在这种情况下，党中央先后实施了精准扶贫和乡村振兴策略，以达到缩小贫富差距，实现共同富裕的目标。可以说，乡村振兴是共同富裕的重要内容，共同富裕的实现也离不开乡村振兴。

乡村振兴包括产业振兴、人才振兴、文化振兴、生态振兴和组织振兴，其目标是实行城乡协调发展，实现共同富裕。乡村振兴的主体是人，要想实现乡村振兴，就必须有大量的青壮年人口。而目前的现实是中西部乡村的青壮年人口大量外流，空心村问题突出。乡村振兴的关键是人，尤其是青壮年人，而让人回流的关键是产业。有产业才有就业机会，有就业机会才能够吸引青壮年人回流。同时，不论是产业振兴、人才振兴还是文化振兴，都离不开教育。教育是培养人才的重要途径，也是提升乡村文化水平的重要途径，同时也是青壮年回流的重要影响因素——乡村是否能够解决其子女的教育问题，提供优质的教育资源，是需要考虑的重要内容。

二、乡村教育的现状与问题分析

（一）乡村教育的对象规模缩小

1. 农村新出生人口的减少使得乡村教育的群体规模缩小

第七次人口普查结果显示，全省家庭户均人口数量持续下降，从2000年的3.68人，降低到2010年3.47人，2020年的2.86人，二人户成为主体，四人以上户占比迅速下降；同时，近五年来，河南省新出生人口数量从2016年的152.76万开始，一直下降，2017—2021年，河南省的新出生人口分别为 144.09 万人、119.20 万人、113.88 万人、91.60 万人、79.3 万人。应该注意到，由于 2015 年 10 月底开始实行的“普通二孩”政策，2016 年和 2017 年新出生人口的增长实际是以前堆积的生育愿望释放的结果。之后，河南省的新出生人口就进入了迅速下降趋势。因此，必须认识到，新出生人口的减少已经成为一种事实，而乡村受教育人口的减少也是一种必然趋势。

以上是全省人口纵向的历史变化情况，我们再来看新出生人口的空间分布情况。我们从第七次人口普查数据中选择各地区分性别的出生人口和出生率，分析各省辖市在镇、村两级新出生人口的数量差异。因为这影响到六年之后，各地区需要入学的学生人数。我们选择前五位地市，具体情况如表 1 所示。

表 1　河南省前五位地区的乡村出生人口

（单位：人）

类别 出生人口 序号	镇 出生人口	村 出生人口
1	南阳（27597）	周口（63312）
2	郑州（27294）	商丘（51549）
3	周口（24349）	南阳（42435）
4	平顶山（21977）	驻马店（39941）
5	商丘（19985）	信阳（27759）

从表 1 可以看出，河南省农村新出生人口的空间分布情况。我们分镇和村两级来讨论这一问题。在乡镇一级，新出生人口的前五位分别是南阳、郑州、周口、平顶山和商丘；而在村一级，这一排序变成周口、商丘、南阳、驻马店和信阳。新出生人口数量的差异既与各地区的人口基数有关，也与各地区的文化、生育习惯和生育行为有重要关系。但需要认识到，新出生人口的规模与数量与未来对于幼儿教育、

小学教育、初中教育的需求存在着正相关关系。在 2023 年前后，豫东豫南五市村一级幼儿教育的需求比较大；在 2026 年前后，这五大地区对于小学教育的需求在省内最为突出；同时，南阳、商丘、周口这三个地市在镇一级将来对于幼儿教育和小学教育的需求也比较大。而郑州和平顶山则是镇一级新出生人口多，村一级问题不算突出。

2. 大规模的乡—城流动导致乡村儿童进一步减少

第七次人口普查数据显示，河南省流动人口共计 21201722 人，其中省内流动人口为 19928072 人，跨省流动人口为 1273650 人。人口流出地以豫东豫南的周口、南阳、信阳、驻马店、商丘五个经济欠发达的人口大市为主，流动人口在省内多流入郑州，跨省流动多流入珠三角、长三角、京津地区。

截至 2020 年年底，全省 20 岁以下流动人口共计 830 万，其中镇及人口流动数量约为 390 万，占本年龄段流动人口总数的 47%，其流动原因主要为教育培训和随同离开。10—19 岁的儿童和青少年成为流动的主体，最主要的流动原因为教育培训。其流动的具体情况如表 2 所示。

表 2　河南省 0—19 岁流动人口的年龄、类型及数量情况表

（单位：万人）

年龄	城市	镇	村	总计
0—4	66.95	54.92	7.08	129
5—9	81.45	79.18	8.72	169
10—14	81.34	84.29	9.20	175
15—19	163.30	171.51	22.14	357
总计	393.05	389.90	47.15	830

由于城乡差距和地区差距的存在，中部农村地区的青壮年人口大量向沿海地区以及城市流动，出现了壮观的“民工潮”。青壮年人

口的大规模流动所产生的后果之一就是流动儿童和留守儿童的产生。2013年，中华全国妇女联合会发布《全国农村留守儿童、城乡流动儿童状况研究报告》中估算，全国有6122.5万农村留守儿童，城乡流动儿童3581万。截至2020年年底，河南省普通小学中流动儿童共计47.8万人，当年毕业者6.02万人，入普通小学者7.8万；流动儿童中初中在校人数为19.70万人，当年毕业5.10万人，入学6.38万；农村留守儿童的规模更为庞大，小学阶段在校生共有117.87万，初中阶段在校生共有55.08万，共计172.95万人。两者相比，农村留守儿童的规模均为流动儿童中同一参照群体规模的两倍以上。由此可以看出，由于2 /3的流动父母不具备将子女带到身边就读的经济基础及人力基础，他们的子女被迫成为农村留守儿童。这么大规模的农村留守儿童缺乏其父母的教养与照顾，将可能给其心理、社会及其他方面带来一系列的问题与挑战。

表3　河南省流动儿童和留守儿童基本情况表

（单位：人）

阶段 类别	普通小学			初中		
	招生人数	在校人数	毕业人数	招生人数	在校人数	毕业人数
流动儿童	78412	478251	60248	63763	196996	51001
农村留守儿童	177779	1178659	134210	177843	550844	145076

（数据来源：河南省统计年鉴2021）

（二）从教育的提供方来看，“撤村并校政策”的实施导致农村中小学数量减少、规模增大

2001年，国务院颁布了《关于基础教育改革与发展的决定》，要求对农村学校教育资源进行整合、布局进行新的调整，摒弃村村办学模式，即“撤村并校”政策。这一政策带来了学校小学数量的巨变。我国普通小学数量从2000年的55.36万，所减少到2011的24.12万所，

11 年间减少了 31.24 万所，减幅达 56.42%；而同期小学在校生数量减少了 3086.88 万人，减幅为 23.72%。河南省的普通小学从 2000 年的 41269 所迅速下降至 2010 年 28603 所和 2020 年的 17687 所，分别下降了 30.69% 和 38.16%，下降的速度惊人。其具体情况如图 1 所示。

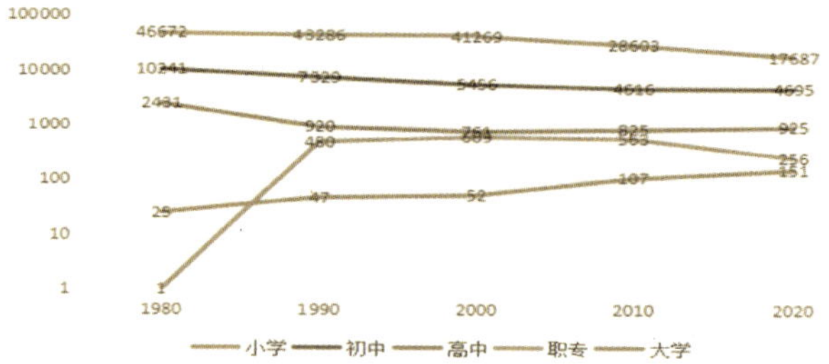

图 1 河南省各级各类学校数量（1980—2020 年）

在学校数量迅速减少的同时，学生人数变化不大，河南省普通小学在校人数从 2000 年的 1130.63 万，增长到 2010 年的 1070.53 万，到了 2020 年则降低到 1021.59 万。全省小学校均在校生人数从 2000 年的 274 人增长到 2010 年的 374 人、2020 年的 578 人；而全省小学校均专任教师数量则从 2000 年的 11 人，增长到 2010 年的 17 人、2020 年的 30 人。撤村并校政策的实施对于小学影响巨大，导致了普通小学数量的急剧减少，同时也导致校均学生人数和教师人数的迅速增长，这说明随着小学数量的集中，普通小学的规模在迅速扩大。

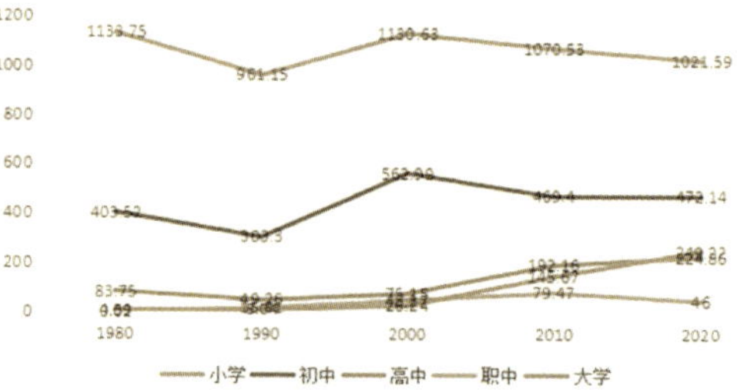

图 2 河南省各级各类学校在校生人数（1980—2020 年）
（单位：万人）

从图 2 可以看出，从 1980——2020 年，河南省小学和初中在校生人数呈现出相近的变化趋势；而自 2000 年后，高中、职中教育和大学教育则呈现出不同的发展趋势，主要区别在于职中在校生数量的快速下降。

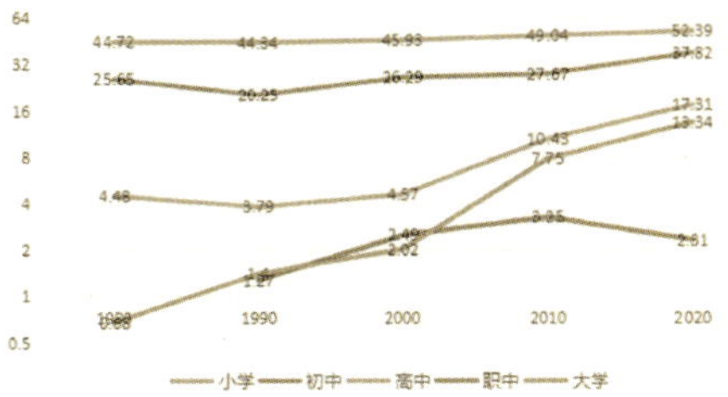

图 3　河南省各级各类学校教师人数（1980—2020 年）

与此同时，教师人数并没有与学生数量保持同步变化。从图 3 可以看出，小学教师的数量变化不大，40 年间只有缓慢增长；初中教师人数呈现出先下降、后上升的发展趋势。而这两者对于乡村教育影响巨大。

（三）农村中小学的集中化给乡村教育带来的负面影响

第一，家校距离的增加导致学生上学的时间成本、心理距离及到校的劳累程度增加。对于农村中小学生的家校距离，国内教育界进行了各种调研和测算。2009 年华中师范大学针对 11 个省的调研显示，撤村并校政策实施后，学生的平均家校距离由 1.6 公里提高到 4.05 公里，学生步行上学时间从 26 分钟提高到 44 分钟①。郭清扬的研究发现，农村小学的校均服务半径为 2.8 公里，初中为 12.2 公里②。2012 年教育部计算出，全国农村服务半径为 7.2 公里，农村初中的服务半径平均为 15.9 公里③。尽管这些研究的具体数字存在差异，但都揭示了农村撤村

①雷万鹏，徐璐．农村校车发展中的政府责任——以义务教育学校布局调整为背景，中国教育学刊［J］，2011（1）：16—19

②郭清扬，王远伟．我国农村中小学布局调整的总体评价［J］．河北师范大学学报（教育科学版），2008（3）：71—78

③王定华．关于我国农村义务教育学校布局调整的调查与思考［J］．华中师范大学学报（人文社会科学版），2012（6）：141—146

并校后，学生往返学校所需要的时间和学生心理距离及到校后的劳累程度显著增加。家校距离的增加对学生的上学积极性有显著的负面影响，导致学生入学率的降低[④]。

第二，农村中小学家校距离的增长使学生安全风险增大。农村中小学生家校距离的增长导致学生不得不使用交通工具走读上学，由此引发的安全问题成为家长和学生关心的重要议题。近年来，中国校车事故频繁发生，全国每年有 2 万多名中小学生因交通事故伤残、死亡。交通事故已经成为中小学生安全事故意外伤亡当中最主要的“杀手”。如 2011 年 11 月 16 日，甘肃正宁县发生重大校车安全事故，酿成了 21 死 43 伤的惨剧；2011 年 12 月，江苏某大型客车，因操作不当，造成车内的 23 名学生伤亡。2011 年，全国共有学生上学接送车辆 28.5 万辆，其中符合国家标准要求的只有 2.9 万辆，占 10.2%[⑤]。特别是在偏远山区，学生上学要经过危险的山路，遇到灾害性天气，学生的人身安全更是面临极大的风险。

第三，农村中小学家校距离增加了农村家庭的经济负担和人力负担。由于学生上学需要到行政村或镇上上学，上学距离和所耗费的时间增加。对于小学生来说，他们不具备独自上学的能力，需要家长接送。这就要求家中必须有人来接送孩子上学与放学，一般是由家庭中的祖父母，或者妈妈来接送孩子上学与放学；或者家庭就需要到乡镇、县城租房或者买房，进行陪读。2010 年，教育部委托开展的对 11 省份多名学生的调查表明，住宿生一年额外花费的交通费、住宿费和伙食费平均是 1331 元，走读生额外花费的费用平均 950 元。其中，从教学点、村小、中心小学到初中，学生额外付出的教育费用依次增加，

---

④秦玉友．农村学校布局调整评价研究［M］．北京：社科文献出版社 2019：173—175.

⑤刘利民．城镇化背景下的农村义务教育［J］．求是，2012（23）：55—57.

分别从教学点的 769 元，增加到村小的 1113 元、中心小学的 1356 元、初中的 2041 元、九年一贯制学校的 2112 元⑥。而目前我省多数县城的房价已经涨到每平方米 6000—7000 元。

从河南省农民家庭的人均收入情况来看，上述的开支对于农村家庭来说，仍然是一笔不小的开支。尤其对于大部分农民家庭来说，如果在县城购买住房，需要耗费他们多年的收入。

表 4　河南省农民家庭人均收入结构（2020 年）

（单位：元）

项目 类别	总收入	工资性收入		经营性收入		财产性收入		转移性收入		
		数量	比例	数量	比例	数量	比例	数量	比例	
全省平均	19409	6153	31.7	8110	41.8	253	1.3	4893	25.2	3172
低收入户	10226	2653	25.9	4077	39.9	136	1.3	3360	32.9	2082
中低收入户	13123	4662	35.5	4267	32.5	127	1.0	4067	31.0	2904
中等收入户	16422	5944	36.2	5332	32.5	181	1.1	4965	30.2	3583
中高收入户	21841	8494	38.9	7466	34.2	280	1.3	5602	25.6	3477
高收入户	40559	10791	26.6	22223	54.8	662	1.6	6883	17.0	3877

* 指家庭外出从业人员寄回、带回的收入。

（数据来源：根据《河南省统计年鉴 2021》的相关表格整理）

（四）农村教育固有的缺陷对农村教育质量的制约

1. 农村教育资源的稀缺

农村教育资源的稀缺主要体现为农村中小学数量的缺乏，撤村并校后这一现实更为突出。这一问题前面已经分析过，此处不再赘述。教育资源的稀缺还体现为师资，尤其是优质的中小学教师师资的缺乏上。比如，许多小学没有或者缺少美术、音乐、体育老师，而这些素质的培养对于学生的健康成长发挥着重要作用；或者现有教师的教学

⑥王定华，关于我国农村义务教育学校布局调整的调查与思考［J］. 华中师范大学学报（人文社会科学版），2012（6）：141—146.

水平、教学能力和知识储备难以满足学生成长的需求，需要进一步提升；另外，由于省会一些学校实行跨市招聘，将地市、县里的优秀教师挖过来，严重破坏了当地的教育生态，加剧了基层地区资源缺乏的问题。

2. 农村教育理念的落后

由于农村人口整体受教育程度不高，大多数人倾向于获得现实的利益，他们难以认识到教育的重要性，对于教育重视程度不够。由于孩子由祖辈照顾，他们对于教育的理念也严重影响其孩子。同时，由于教育需要更多的家庭支出，而其回报又不是短期内能够看到了。少数坚持培养孩子的家庭实际上面临周围环境的压力。

3. 农村家庭教育的缺失

儿童的健康成长需要家庭教育、学校教育和社会教育相结合，共同发挥作用。在这个过程中，家庭教育是其中的重要组成部分，家长的陪伴对于儿童的身心健康具有重要的作用。而从农村的现实情况来看，由于大量的青壮年出去打工，子女成为留守儿童，由祖辈来照顾，而祖辈由于年龄、身体与精力的缺失，不足以很好地照顾这些儿童；其父母长期在外地，与子女见面机会很少，其家庭陪伴、教育以及维系良好的亲子关系都形同虚设。

农村中小学的撤村并校实现了农村中小学的优化配置，将教师和学生集中到部分教学点进行上课，有利于提高教育投资效益和教育质量，有利于提升农村教育质量，实现教育的均衡化发展。但与此同时，这一政策的实施也导致学生入学距离增加、家长负担增加、影响学生身心健康、安全事故增多、校舍资源浪费严重和新的教育紧张的负面后果。这些负面后果与农村教育本身固有的缺陷相结合，对农村教育的质量提升造成了制约与限制。而要实现乡村振兴，就需要人才，提升现有的农村儿童与青少年的素质，提升其人力资本，才能为实现乡村振兴和共同富裕实现强有力的支持。

三、大力发展乡村教育，促进乡村振兴

（一）根据新出生人口和流动人口的规模、趋势和流向来进行教育资源的调整与配置，实现教育资源的合理配置

近年来，河南省的新出生人口和流动人口都在发生着巨大的变化，主要表现为近五年以来新出生人口的迅速降低、新出生人口的空间分布不均衡、人口流动规模大、流动距离远、跨省流动现象突出。这些特征将对流入地和流出地的人口资源配置，对于乡村和城市的发展造成不同的影响。在教育方面，需要根据人口生育情况和人口流动情况进行教育资源的调整与配置，提高有限教育资源的利用效率。

（二）对撤村并校后的现实问题进行深入调查研究，降低其对乡村儿童与青少年的负面影响

撤村并校政策已经实施了 20 多年，不仅带来了正面效果，也带来了负面后果。我国现在已经进入到乡村振兴、实现共同富裕的新时期，需要根据现实情况的变化，对于这一政策所引起的正负面后果进行深入的调查研究，对于政策进行合理的调整，以满足乡村振兴和共同富裕的需要。

（三）促进乡村基础教育的质量提升，促进教育生态的合理化

从实际情况来看，目前多数乡村中小学硬件方面，包括校舍、教学设施的配备方面，与其他地方差距不大，差距比较大的是软件方面，即师资的质量与结构。因此，需要采取一定的倾斜手段和补贴措施，鼓励优秀教师到乡镇中小学任教，培训现有的乡镇中小学教师，提高他们的待遇，改善他们的工作氛围，使他们能够留下来，教得好。

禁止省会学校跨地区、区域招生，抢夺地市和县里的优质学生和优秀教师，促进在不同区域、城乡之间的教育均衡化，尤其是义务教育阶段的教育均衡化。

（四）推广终身教育的理念，将乡村教育的对象向非学龄群体延伸，进行技术及职业培训，提升乡村人力资源水平

乡村教育的对象不仅可以是学龄期的中小学生，而且可以是乡村

中的社会公众。20 世纪二三十年代在华北地区开展的乡村建设是知识分子改造乡村方面的最早尝试，对于改变当时的乡村面貌，促进社会发展具有重要的作用。这一实践对于当前的乡村振兴也有重要的借鉴意义。乡村振兴的关键是人才，需要着眼于现有乡村人口的素质提升与能力提升，这就需要考虑到当地的特色与优势，与一定的行业、企业相结合，对农村进行应用性的技术及职业培训，使其能够发家致富，或者从事其他产业，提升其能力与水平。

附录二　调研问卷

2011 年农村教师发展需求及外部支持状况调研问卷

一、您的基本情况：（请在横线上填空，或将选项字母填在括号中）

1. 您的性别是（　）

A. 男　B. 女

2. 您的年龄是_____岁

3. 您的家庭所在地域：（　）

A. 城市　B. 县镇　C. 农村

4. 您的第一学历：（　）

A. 高中或中师以下　B. 高中或中师　C. 大专

D. 本科　E. 硕研　F. 其他

5. 您的最后学历：（　）

A. 高中或中师　B. 大专　C. 本科　D. 硕研　E. 其他

6. 最后学历所学专业：_____

7. 您的教龄为_____年

8. 您现在所任教学段是（　）

A. 小学　B. 初中　C. 高中　D. 其他

9. 您现在所任教学科：______

10. 现职称及评上年份及岁数：（　）（____年，____岁）

A. 小教三级　B. 小教二级　C. 小教一级

D. 小教高级　E. 中教三级　F. 中教二级　G. 中教一级

H. 中教高级　I. 未评职称　J. 其他

11. 您是否调动过学校：（　）

A. 是　B. 否

12. 如果调动过，共（　）次

A.1 次　B.2 次　C.3 次　D.4 次及以上

二、关于专业发展状况和需要

13. 您采用专业发展的最主要方式（选择 3 项）（　）

A. 上网查阅资料　B. 读专业书籍　C. 参加教研活动

D. 开展课题研究　E. 跟随老师学习　F. 参加培训学习

G. 其他

14. 您认为影响您教学质量提高的主要因素是

		很大影响	较大影响	一定影响	较少影响	很少影响
1	学生基础薄弱					
2	学生不爱学习					
3	学生不会学习					
4	学生家庭环境不利					
5	学校缺乏教研氛围					
6	学科专业功底不厚实					
7	教学方法欠佳					
8	教学设备条件落后					
9	校风不好					
10	缺乏培训和教学指导					
11	其他					

15. 您目前需要解决的专业发展任务

	基本不需要	较少需要	有时需要	较为需要	非常需要
正确把握教材主要内容					
系统深入了解学生特点					
把握学科知识结构体系					
学会备课和上课					
纯熟驾御课堂教学					
深刻理解学科本质和思想方法					
能对学生进行有效个别指导					
开展教育研究或实验					
改变教育观念和思维方式					
总结和反思自己的教学					

16. 您认为在专业知识上最需要补充的是

		很需要	需要	中等	有点	不需要
1	本学科的基础知识					
2	本学科历史方面的知识					
3	本学科最新成果的知识					
4	其他学科领域的知识					

续表

5	针对学生个体差异因材施教的知识					
6	指导学生掌握学习方法的知识					
7	根据学生身心发展规律进行教育的知识					
8	新的教育理论的知识					
9	关于合作、自主、探究教学的知识					

17. 您希望通过什么形式来补充知识和经验（　）

A. 案例的知识　B. 理论的知识　C. 理论和案例结合

18. 您在教学方法和教学能力上希望提高的

		很希望	比较希望	中等	有点	不需要
1	深入进行教材分析					
2	了解学生已有知识基础和生活经验					
3	科学确定教学目标					
4	根据目标和学生实际设计教学活动					
5	针对学生的问题进行引导和讨论					
6	组织好学生的小组学习和合作学习					
7	维持课堂秩序进行课堂管理					

续表

8	调动学生学习的积极性和兴趣					
9	检查评价学生掌握的情况					

19. 在教育观念上您是否认为

		非常赞成	很赞成	比较赞成	有点赞成	不赞成
1	农村学校最重要的是让学生考入好学校					
2	每个学生都可以成才					
3	教育就是让每个学生的长处得到发展					
4	每个学生不一样，发展目标也应该不一样					
5	没有学不好的学生，只有教不好的老师					
6	适合学生的就是最好的					
7	教育要为学生终身发展打好全面基础					
8	农村孩子学习能力上比城市的差些					
9	课堂教学的目标就是让学生理解所教知识					
10	学生学习不好主要是缺乏好的家庭环境与指导					

20. 教师对学生应该

		非常赞成	很赞成	比较赞成	有点赞成	不赞成
1	关注学生的学习成绩					
2	关注学生的思维发展					
3	关注学生的心理健康					
4	关注学生的思想品德发展					
5	严格要求					
6	尊重学生人格尊严					
7	不对就要批评教育					
8	多沟通交流互动					

21. 在您的成长中，您认为有哪些关键的事件对您的成长产生了重要影响？（按照影响程度，由大到小列举三项）（ ）

A. 职业的选择　B. 特别好的书籍　C. 听精彩的观摩课

D. 自己做的第一节公开课　E. 领导的肯定　F. 教学上的难题

G. 著名专家的报告　H. 挫折和失败的课　I. 难教的学生

J. 思考方式的改变　K. 获得重要奖励　L. 其他

22. 您在专业发展过程中，解决问题的主要方法是什么？（ ）

		经常采用	较多采用	有时采用	较少采用	基本不采用
1	自主学习，参加培训					
2	实践积累，摸索经验					
3	请导师指导					

续表

4	观摩听课，寻找借鉴					
5	独立思考，专题研究					
6	其他					

三、对外部支持系统的看法

23. 近三年您参加的培训情况

	时间（年月）	内容	举办者（国家、省、市、县）	长度（几天，课时）	效果（优、良、中、差）
1					
2					
3					
4					

24. 您认为目前需要得到的支持及其程度是

		基本不需要	较少需要	有时需要	较为需要	非常需要
1	参加培训的机会					
2	有名师指导自己					
3	能经常外出观摩听课					
4	有研究问题的时间					
5	经常参加教研					
6	提供阅读的书籍					
7	提供教学用资料（试卷等）					
8	提供好的教学光盘					
9	配备电脑					

25. 制约你获得外部支持的原因主要是

		制约大	一定制约	制约小
1	缺乏经费支持			
2	不知道外部的相关信息			
3	地方偏僻、信息闭塞			
4	地方偏僻、路途远参加活动不便			
5	工作忙没有时间			
6	没有条件上网查阅资料或通邮			
7	领导不重视自己			
8	自己主动争取支持不够			
9	没有特别的需要			
10	其他			

四、对烛光行动效果的看法

26. 您是否参加过烛光行动的培训（ ）

A. 是 B. 否

27. 您参加过几次烛光行动的活动（ ）

A.1 次 B.2 次 C.3 次 D.3 次以上

28. 您参加过烛光行动的方式是（ ）

A. 外出培训 B. 本地参加短期培训 C. 网络上一对一交流
D. 其他

29. 你认为哪种方式对自己影响大

		影响大	有些影响	影响小
1	外出培训			
2	本地参加短期培训			
3	网络上一对一交流			
4	其他			

30、影响大的原因主要是（ ）（可多项选择）

A. 经验新颖先进值得学习 B. 现场观摩提供可学样板

C. 讲座内容丰富有用有启发　D. 观念上受到启发

31. 您对烛光行动的评价

		很好	较好	尚可	不够好	不好
1	内容安排					
2	培训方式采用					
3	师资水平					
4	组织管理上					
5	其他方面					

32. 您参加烛光行动后在自身素质上有什么样的收获和变化

		收获大	一些收获	收获小
1	教育观念上			
2	专业知识上			
3	教学方法上			
4	改革信息上			
5	其他			

33. 您参加烛光行动后，在教学实践中产生了什么变化

		有较大变化	有一定变化	变化不大
1	教学方法上的变化			
2	师生关系上的变化			
3	班级管理上的变化			
4	业务工作方式变化			
5	教学效果上的变化			
6	其他			

34. 您参加烛光行动后，在学校参加了以下哪几项工作（可多选）（　）

A. 给学校老师介绍培训内容　B. 参加或开展了教学改革或研究项目

C. 做了体现新思路的教学公开课

D. 积极参与学校管理和公共活动　E. 其他工作（注明）________

请确认回答了全部问题。感谢您的回答！

县级教师培训机构现状调研问卷

1. 您单位的名称 ____________________

2. 您单位的性质（　）

A. 全额拨款　B. 部分拨款

3. 您单位主管部门是（　）

A. 县教育局　B. 其他

4. 您单位承担了哪些任务（按任务主次排序）

A. 职业教育　B. 普通中学教育

C. 广播电视教育　D. 职业培训

E. 教师培训　F. 教学研究　G. 信息技术

	第一位	第二位	第三位	第四位	第五位	第六位
答案						

5. 您单位下设哪些机构部门，请写出

____

____

6. 您单位有多少教职工（　人）

7. 您单位有多少专任教师（　人）

8. 教职工中有多少人参与教师培训工作（　人）

9. 每年的培训资金大约有（　万元），其中，上级拨款资金：（万元）。

10. 培训师资外请大致比例是多少（　%）

11. 外请教师的主要来源（多选）（　）

A. 本地特级教师骨干教师　B. 本地教科研专家

C. 本地名校长　D. 外地高校专家

E. 外地特级教师骨干教师　F. 其他

12. 教师培训中承担的主要项目是（打钩）

		经常承担	较少承担	偶尔承担	没有承担
1	新教师培训				
2	幼儿园教师培训				
3	小学学科教师培训				
4	初中学科教师培训				
5	高中学科教师培训				
6	骨干教师培训				
7	校长培训				
8	学历教育				
9	班主任培训				
10	信息技术培训				
11	新课程改革培训				
12	其他（注明）				

13. 每年的培训人数大致多少（　　人次）

14. 各类教师培训一般安排多长时间（按天计算）（打钩）

		1 天	2—4 天	5—7 天	8—10 天	10 天以上
1	新教师培训					
2	幼儿园教师培训					
3	小学学科教师培训					
4	初中学科教师培训					
5	高中学科教师培训					
6	骨干教师培训					
7	校长培训					
8	学历教育					
9	班主任培训					
10	信息技术培训					
11	新课程改革培训					
12	其他					

15. 教师培训的时间通常安排在（　）

A. 寒暑假　B. 双休日

C. 平时上班时间　D. 均有

16. 对授课教师、培训教学和培训管理是否进行满意度评价（　）

A. 是　B. 否

17. 目前培训的主要方式是（打钩）

		经常采用	有时采用	很少采用
1	请人举办讲座			
2	通过讲课，进行教学研讨			
3	在网络上开展远程培训或教学研究			
4	组织到外地参观考察交流			
5	组织到本地学校交流			
6	通过做研究课题培训			
7	其他（注明）			

18. 目前教师培训是否按照项目管理办法实行（　）

A. 是　B. 否

19. 一般如何对参训教师进行考核（可多选）（　）

A. 写培训学习体会　B. 进行知识考试

C. 写篇教学论文　D. 让学员做研究课展示

E. 其他方式

20、您认为目前开展教师培训最大困难有（打钩）

		十分缺乏	有些缺乏	基本没问题
1	缺乏培训规划，任务不明确			
2	缺乏培训经费			
3	缺乏培训的师资			
4	缺乏培训管理经验			

5	缺乏培训场地和设施			
6	缺乏中小学学校支持			
7	一线教师参加培训意愿不高			
8	其他			

21. 您校是否参与了民盟中央的烛光行动（　）

A. 是　B. 否

22. 如果没有参加，是否愿意作为民盟中央的烛光行动教师培训基地（　）

A. 是　B. 否

请确认回答了全部问题。感谢您的回答！

乡村教师队伍建设调查问卷

尊敬的老师：

您好！打扰您抽出部分宝贵的时间参与本次问卷调查，本次问卷调查旨在了解乡村教师队伍现状，为优化乡村教师队伍结构和乡村教师队伍建设提供数据支持。本次问卷采取匿名的方式进行统计，我们会严格保密，请您放心作答。在仔细阅读每项题目后，请您客观真实地进行选择，在相应的选项上打“√”，所列各项没有对错之分，感谢您的支持与配合！

一、基本资料

1. 您的性别：A. 男 B. 女

2. 您的年龄：A.21—30 岁 B.31—40 岁 C.41—50 岁 D.51—60 岁

3. 您的教龄：A.1—4 年 B.5—10 年 C.10 年以上

4. 您的在乡教学年限：A.1—4 年 B.5—10 年 C.10 年以上

5. 您的职业类型：A. 代课教师 B. 特岗教师 C. 在编教师 D. 支教教师

6. 您的职称：

A. 未评职称 B. 中小学二级 C. 中小学一级 D. 中小学高级

E. 中小学正高级

7. 您的职务（可多选）：

A. 校级领导 B. 中层干部 C. 教研组长 D. 教师

8. 您的学历：

A. 专科以下 B. 专科 C. 本科 D. 研究生及以上

9. 您的家庭状况：A. 未婚 B. 已婚无子女 C. 已婚有子女

二、工作情况

1. 您是通过何种补充方式或渠道到您现在所在学校任教的?

A. 毕业分配 B. 定向培养 C. 公开招考招聘 D. 特岗计划

E. 支教 F. 调动 G. 教师引进 H. 其他

2. 您是否能从工作中体会到成就感？

A. 成就感强烈 B. 成就感一般 C. 成就感低落 D. 完全没有成就感

3. 您在教学中有进行教学设计的频率？

A. 从不 B. 偶尔 C. 有时 D. 经常 E. 总是

4. 您在日常教学中会采用的教学方法有哪些？（可多选）

A. 传统教学 B. 采用多媒体 C. 借助网络教育资源 D. 学习教育理论

5. 您撰写学术论文和教学报告的次数？

A. 经常 B. 较多 C. 较少 D. 几乎没有 E. 从来没有

6. 您所任教的学科（可多选）：

A. 语文 B. 数学 C. 外语 D. 道德与法治 E. 科学 F. 信息技术

G. 艺术（音乐、美术、书法） H. 体育与健康 I. 心理健康教育

J. 综合实践 K. 劳动技术

7. 您是否承担了跨年级或跨学科的教学任务： A. 是 B. 否

8. 您所教授学科是否与您所学专业相符？ A. 是 B. 否

9. 您是否具有与所教授学科及年级相符的教师资格证？ A. 是 B. 否

10. 您每周课时量：

A.4 节以下 B.4—8 节 C.9—12 节 D.13—16 节

E.17—20 节 F.21—24 节 G. 其他

11. 您的工作压力来自：（可多选）

A. 经济压力 B. 教学压力 C. 社会对教育期望的压力

D. 人际关系压力 E. 教师引进 G. 其他 H. 无

三、培训情况

1. 您曾参加何种机构组织教育教学的培训？（可多选）

A. 乡（镇）B. 县级 C. 市级 D. 省级 E. 无

2. 近三年您平均每年参加各种形式的培训次数有：

A.0 次 B.1 次 C.2—3 次 D.3 次以上 E. 其他

3. 您认为当前教师培训工作存在的最大问题是?

A. 培训时间不方便，没有考虑农村实际情况

B. 培训方式单向灌输、忽视培训成效

C. 培训内容与教学工作结合不紧密

D. 培训流于形式，没有实效

E. 其他 __________

4. 您认为培训对自己的教学与科研有用吗?

A. 帮助很大 B. 作用一般 C. 没什么效果

5. 您参加的培训类型有哪些?

A. 教师素养提升培训 B. 教师心理健康培训 C. 教师管理能力培训

6. 学校是否对教师参加培训有硬性要求? A. 是 B. 否

四、待遇情况

1. 您目前的月收入（包括各类补助）（税后）:

A.3000 元以下 B.3000—4000 元 C.4000—5000 元

D.5000—6000 元 E.6000 以上

2. 您目前享受到的工作待遇（可多选）:

A. 五险一金 B. 交通补助 C. 带薪年假 D. 免费培训

E. 体检活动 F. 住房补助 G. 餐补 H. 其他

3. 您对食宿方面的满意度?

A. 非常满意 B. 较满意 C. 一般 D. 不满意 E. 非常不满意

4. 您对工资、福利待遇方面的满意度?

A. 非常满意 B. 较满意 C. 一般 D. 不满意 E. 非常不满意

五、乡村教师的流动意愿

1. 您认为采取哪些措施更有利于城市教师到农村任教?

A. 对农村学校教师实行“农村教师岗位津贴”

B. 农村教师比城市教师更容易得到表彰和职称晋升

C. 加大投入改善农村学校的办学条件

2. 您认为是否有必要通过政策来调节教师流动?

A. 很有必要 B. 无所谓 C. 没必要

3. 您所在学校教师流出的主要原因是（可多选）

A. 人际关系紧张，工作氛围差 B. 生活待遇低、医疗、住房条件差

C. 职称评定、培训制度不合理 D. 工作安排不合理

E. 难以取得工作成绩与实现个人价值 F. 为了家庭与孩子入学

G. 其他 ______________

4. 如果有机会重新选择，你还会选择乡村教师这一职业吗?

A. 肯定会 B. 可能会 C. 肯定不会

5. 您对教师流动的其他意见和建议：

附录三　媒体报道

民盟“烛光行动”品牌效应逐步显现

《人民政协网》2009 年 12 月 28 日报道

自 2007 年民盟“烛光行动”全面启动以来，得到了全盟的积极响应。据不完全统计，截至 2009 年 10 月，已培训农村中小学校长及一线骨干教师 5 万余人次，援建学校 36 所，捐赠图书 12 万册，电脑 255 台，课桌椅 3000 余套；捐款捐物及援建学校资金共计 2500 多万元。“烛光行动”已产生广泛的社会影响，并日益成为民盟社会服务工作的一块响当当的品牌。

民盟“烛光行动”以加强农村教师队伍建设、缩小城乡教育差别为宗旨，通过师资培训，农村教师远程教育培训，网络“一对一”对口帮扶等多种形式，帮助加强农村教师专业素质、提高农村教育教学水平。近年来，各地民盟组织积极响应民盟中央号召投身“农村教育烛光行动”。民盟南京市委发挥名师团专家指导和送教下乡的作用，以六合区教师培训中心作为支教基地，通过教育理念培养、转变农村教师的教学方法、综合研讨等三个阶段的主题培训，对六合区农村教师进行了分步骤，分层次的轮训。民盟安徽省委制订了“烛光行动三年千人行计划”，在全省范围内开展“手拉手，让烛光温暖江淮”活动，省市联动，由点及面，带动安徽绝大多数地市盟组织在 2009 年年内启动了“烛光行动”。

近年来，随着“烛光行动”不断深入，呈现出几个新特点：第一，中央、省、市三级盟组织不断探索新的工作模式，推动行动的深入持续开展。2008、2009 年，民盟中央与北京新东方教育科技集团合作开展了“烛光行动——新东方教师社会责任行”活动，先后在河南、贵州、内蒙古等 12 个省区对 3000 多名中小学英语骨干教师进行先进的教育理念和教学方法的培训，取得了良好的培训效果。第二，省际合作不断加强，东西互助，联手开展“烛光行动”。两年多来，省际之间的合作不断深入和加强，东西互助成果丰硕。第三，汇聚社会各方力量，不断拓展行动的内容和方式。近年来，民盟中央及地方盟组织与北京新东方教育科技集团、清华大学教育扶贫办公室等，联合开展“烛光行动”，取得了良好的成效和广泛的社会影响。第四，由传统的扶贫支教活动逐步向纵深开展。许多地方盟组织建立长效工作机制，创新工作方法，力求活动能够取得实际成效。一些盟组织还将“烛光行动”与参政议政以及盟组织自身建设结合起来，在开展支教工作的基础上形成了一批有分量的议政调研提案。（记者：徐梓）

烛光行动传大爱

——民盟“农村教育烛光行动”纪实

《国际在线》2011 年 12 月 2 日报道

国际在线消息：“我们学校有 100 多名教师，过去每年只有几个到城里接受培训的名额。‘烛光行动’把这里作为帮扶基地，让我们和南宁多所中学的民盟教师们结对子，通过课堂观摩、教学研讨、课下交流等形式，使我们在教学中遇到的难题一一得到解答。”广西百色市田东县林逢中学的黄明珍老师在参加完“烛光行动”培训后，发出这样的感慨。

“烛光行动”，是由民盟中央倡导的一项旨在帮助加强农村教师队伍建设、推动中国城乡义务教育的均衡发展和城乡教育公平的支教行动。活动开展四年多来，近十万名农村教师得到培训，更多的农村学生从中受益。正如季羡林先生的题词所说的那样——“烛光行动传大爱”。

20 万盟员的“烛光”情结

民盟有 20 余万名盟员，其中有六成是教育工作者。在全国人大常委、民盟中央副主席李重庵看来，如果把教师比作“蜡烛”，那么民盟希望通过这 10 多万支“红心蜡烛”来点燃农村千万支“蜡烛”，让农村教师以更明亮和炽热的烛光去照亮和温暖农村孩子的心。“农村教育烛光行动”由此得名。

作为一个主要由文化教育以及科学技术界的中高级知识分子组成的具有政治联盟特点的参政党，民盟始终强调重视教育，特别是基础教育在经济社会发展中的先行作用，较早地提出了建立义务教育的国家投入保障机制，并通过各种渠道向有关部门提出促进农村教育发展的合理化建议。近年来，民盟中央关于教育问题的提案，内容涉及教育投入、义务教育均衡发展、教师待遇和队伍建设、农村贫困儿童教育保障等诸多方面。

结对模式更显帮扶实效

“烛光行动”实施以来，民盟各地组织探索出了很多好的经验和方法，其中最经典就是“一帮一，结对子”模式，包括学校与学校之间、教师与教师之间、地区联合互助等多种形式。

学校与学校之间的“手拉手”结对是最常见的形式。民盟组织将大中城市重点学校与农村中小学校结成“手拉手”帮扶学校，帮助农村学校提高校本教研。同时，许多地方的“烛光行动”志愿者教师与农村教师之间建立“一对一”的长期联系。

民盟东西部省区之间联手教育扶贫已坚持多年，东西省级盟组织合作开展“烛光行动”是“结对子”的另一模式。例如民盟江苏省委会多次选派优秀教师、专家学者赴甘肃定西、天祝等地开展讲学活动，并与民盟甘肃省委会携手组织甘肃农村教师赴江苏发达地区学校进修学习。

除结对帮扶外，各地民盟组织还进行了多种创新模式的尝试。比如农村学校点单，城市学校选课，开展“送出去、请进来”等形式的教师培训活动；通过援建“烛光学校”，捐赠图书和学习用品，设立奖学奖教基金等方式，帮助改善农村学校的办学条件和教师工作条件等。

越来越多社会力量参与

随着“烛光行动”社会影响力的日益扩大，越来越多的教育机构、企业和社会组织成为了“烛光行动”的战略合作伙伴。

民盟中央与盟员俞敏洪担任总裁的北京新东方教育科技集团，连续四年合作开展“烛光行动——新东方教师社会责任行”活动，还在北京建立了民盟中央教育扶贫基地。先后在全国27个省（区、市）培训中小学英语教师万余名。2011年暑期，这项活动在山东、海南等11个省市继续开展，超过3000名农村英语教师接受了培训。

“烛光行动”还与北京四中网校确立合作关系，签署了远程教育烛光行动合作协议，通过互联网，把先进的教育理念和教学资源以及人文关怀带给更多的农村一线教师，而这也将是以后各地开展“烛光行动”的重要形式之一。

北师大教师教育研究中心、清华大学继续教育学院、北京中关村教育基金会、福建商会等越来越多的教育和社会机构正在积极参与到“烛光行动”中来。

“四两帮扶”拨动“千斤教育”

目前，“烛光行动”活动范围已覆盖全国30个省级民盟组织；培训农村教师9.9万余人次，援建学校72所，捐赠图书23万册，协调资金4800万元……

“民盟的力量和资源有限，工作只能是少而精，力争在一些点上和有限的范围内开展深入扎实的工作，希望被帮扶学校和教师能够起到种子的作用；也希望吸引更多的社会力量关心和帮助农村教师素质能力的提高。”李重庵的一番话道出了“烛光行动”在两方面的示范和带动意义。

“烛光行动”的内容之一是通过实践和调研，发现和分析农村教师队伍建设的普遍性问题，建言献策，推动有关改革和制度建设。目前，民盟中央“烛光行动”专家顾问组正在几个省开展专题调研，围绕农村教师队伍专业发展的需求与支持条件等问题进行调查分析，研究对策和政策建议。

在各级民盟组织和广大盟员的不懈努力下，“烛光”的社会影响力日益扩大。2009 年全国两会期间，中国国家主席胡锦涛对“烛光行动”给予了充分肯定。中共中央统战部和教育部领导都对“烛光行动”给予了充分肯定，希望把行动打造成“精品工程”。目前，“烛光行动”已纳入统一战线“同心”品牌。

乡村不灭的“烛光学校”闪耀中原大地

《中国新闻网》2020 年 9 月 6 日报道

夜幕降临，王屋山上空繁星点点，王屋山下的“烛光学校”依然灯火通明。

“巡查、检修、打扫，不放过一个死角。”秋季开学后，身为河南省济源市五龙口镇民盟烛光小学校长的张东江，每天都忙至很晚才会打道回府。

五龙口镇民盟烛光小学前身为五龙口镇中心小学，始建于 1929 年。

曾经，这座有着 90 年历史的乡村小学远近闻名。20 世纪 90 年代，该校师生规模高达 500 余人。

“进入 21 世纪后，教学楼年久失修，加之整体校园环境不容乐观，我们学校遇到了发展瓶颈。”张东江介绍说，尤其是一些生源不断向城市流失，在校师生一度仅剩 100 余人。

2016 年，五龙口镇民盟烛光小学落成揭牌，一座焕然一新的学校屹立于王屋山下。

“新教学楼、运动场，还有各类健身器材，城市小学有的我们也有了。”张东江介绍说，“通过环境改善，教师的工作心情舒畅了，学生们的学习劲头更足了。”

环境变美了、设施齐全了、师资力量提升了……渐渐地，流失师生的回归让校园重现生机。

据统计，今年秋季开学后，该校师生已达 400 余人。

“五龙口镇民盟烛光小学是民盟教育扶贫中的一个典型代表。”河南省副省长、民盟河南省委会主委霍金花接受中新社记者专访时表示，多年来，民盟中央打造的社会服务品牌“农村教育烛光行动”在河南省援建了 20 余所“烛光学校”，实现了全省 18 个地市全覆盖。

如今，这些“烛光学校”犹如夜空中的点点繁星，不仅点亮了中原大地，还向外扩散。

2008 年，汶川地震，四川省江油市太平镇龙门村龙门小学受到重创，教室坍塌，桌椅损坏。

2009 年，经过认真考察，民盟河南省委会决定捐建“龙门民盟烛光小学”。其中，捐建资金 71 万多元全部来自河南省 6800 余名盟员的个人捐款。

四川省江油市太平镇龙门烛光小学校长王国昌介绍说，援建“龙门民盟烛光小学”是民盟河南省委会实践民盟中央“农村教育烛光行动”真实的写照。

“烛光行动”贵有烛光，老师就是点燃烛光的人。故而，教师的质量决定着“烛光行动”的质量。

民盟河南省委会专职副主委柳锋波介绍说，为提升“烛光学校”教师素质，从 2014 年开始，民盟河南省委会联合省教育厅等部门已连续 7 年开展“烛光行动”教师培训、“烛光杯”示范课大赛，并多次选派校长、骨干教师赴外省参加专题培训活动，传播了先进的教育理念，交流了教学经验，提升了参训教师的教学技能，为提升偏远农村教育教学质量，具有积极的推动作用。

在鹤壁市山城区鹿楼乡陈家湾民盟烛光小学校长周海明看来，“烛光行动”更像是乡村里一盏不灭的烛火，不仅照亮乡村无数孩子前行的路，还温暖乡村贫困家庭的心，也指引老师们开阔了视野。

在参加培训后，焦作市聂村民盟烛光小学英语教师杨丽丽深有感触道：“通过教学交流、观摩学习、送教下乡、教学比赛等活动，感觉自己收获很大，比如尽量在教学过程使用英语教学，借助手势、口令、动作等来挖掘自身教育资源，提升同学们的学习兴趣。”

2019 年，民盟河南省委会先后选派 20 位民盟烛光学校校长赴湖南、江苏等地参加专题培训。“烛光行动筑就梦想”英语教师培训活动自 2008 年开展以来，已连续举办 12 年，累计培训英语教师 1.5 万人。（记者：李贵刚、阚力）

在贫困山区点燃一盏烛光

《河南日报》2017 年 8 月 31 日报道

8 月 29 日上午，鹤壁市山城区陈家湾民盟烛光小学校园外，传来一阵阵朗朗的读书声。学生们正坐在宽敞明亮的教室里集体诵读国学诗文。

对陈家湾及周边村庄的村民来说，这个能容纳 600 多名学生的民盟烛光小学，不仅解决了农村孩子上学难的问题，还为贫困山区的教育点燃了一盏烛光。

“学校的前身是陈家湾小学，校园环境差、师资力量弱。4 年前，民盟河南省委得知情况后，捐赠和协调资金 200 万元，援建了这栋三层综合教学楼。”陈家湾民盟烛光小学校校长陈海明告诉记者，民盟河南省委动员社会力量为学校捐助办公用品、关注学生的健康发展。

据悉，自 2007 年民盟中央在全国启动了“农村教育烛光行动”后，民盟河南省委已累计捐赠和协调资金 3800 万元，先后在全省 18 个省辖市和四川江油地震灾区援建了19所“烛光小学”，实现了全省18个省辖市“烛光行动”全覆盖。

“自2008年在开封通许县援建第一所民盟烛光小学以来，民盟河南省委利用60%以上的盟员都在教育战线上工作的独特优势，先后邀请知名教育专家，通过多种形式、多种途径，开展烛光行动。”民盟河南省委主委、省科协主席霍金花表示，近年来民盟河南省委已累计开展捐资助学公益活动50余次，民盟成员向贫困学子、留守儿童、偏远学校捐物捐款达1000多万元。

为了提高学校的办学效果，民盟河南省委每年都要举办多期培训班培训教师。各地的民盟烛光小学教职员工都要分批次定期参加学习培训、教学交流、技能比赛等，以确保教师的教学水平不断提高，缩小城市和乡村的教学差距，促进城乡教育均衡发展。

“为了提升民盟烛光小学的教学质量，我们还专门组建了一支教育志愿者服务队，组织民盟成员送教下乡、对口帮扶学校发展。”民盟鹤壁市委副主委冯雁阁称，让贫困地区的孩子在义务教育阶段得到更全面的发展，是民盟盟员们共同努力的方向。

援建“烛光小学”，改善办学条件；传播先进理念，培训乡村教师；关爱贫困学子，开展公益捐赠……作为以文化教育为主体界别的参政党，民盟河南省委在改变农村教育落后面貌，促进城乡教育均衡协调发展等方面做出了积极贡献、产生了良好的社会影响。（记者：刘一宁）

农村教育烛光行动

《人民政协报》2022年5月18日报道

照亮乡村孩子求学路

近日，中共河南省开封市委统战部、民盟河南省开封市委会、开封市教育体育局联合下发通知，针对开封市属义务教育阶段乡村学校开展定向公益捐赠活动。这是民盟开封市委会开展“农村教育烛光行动"助力乡村教育振兴的又一举措。

2017 年以来，民盟开封市委会积极响应民盟中央“农村教育烛光行动”号召，发挥民盟教育界别优势，创新打造开封民盟“烛光行动”和“爱心书屋”品牌活动，聚力偏远农村教育振兴。

为扎实开展“烛光行动”，民盟开封市委会认真谋划、总结经验，带领民盟开封市小教支部探索开展“手拉手”结对帮扶农村学校行动。组织开封市重点学校盟员教师与农村中小学校教师建立"一对一"长期跟踪帮扶机制，举办“烛光杯”示范课大赛、开展教师交流培训等，不断提高农村教师素质和学校教学水平。为开阔农村孩子视野，汲取更多知识，民盟开封市委会还持续地组织农村地区学生外出参观考察，走进开封市“博物馆”“图书馆”“规划馆”“焦裕禄纪念馆”等进行参观学习，为孩子们举办“趣味运动会"，开展“书法进校园”“风筝技巧课堂”“同唱一首歌”“法制宣传你我同行”等形式多样的兴趣课堂，激发学生学习的动力与潜力。

据不完全统计，2017 年至今，民盟开封市委会先后为开封市属农村中小学校组织教师培训 500 余人次，帮助 20 多所农村学校改善教学条件与水平，为学生们捐赠各类生活学习用品，价值 50 万元。（作者：李军涛，记者：王有强）

用心用情打造民盟乡村教育名片

——记河南省新郑市薛店镇民盟烛光小学

《人民政协报》2022 年 6 月 10 日报道

快到下课时间，记者扫码后走进河南省新郑市薛店镇民盟烛光小学，遇到一群孩子从教室出来，有的抱着足球、有的揣着纸笔、有的拿着曲谱，跑向不同的方向。“孩子们要去上多彩课了！”校长高新伟望着跑远的孩子笑着对记者说。

薛店镇民盟烛光小学原名为薛店镇常刘完全小学，是一所创办于1970年的普通农村小学。在民盟河南省委会、民盟郑州市委会和民盟新郑总支的援建下，从一所农办小学逐步转变为以“遵循教育规律，促进内涵发展”为工作要求、以“让师生快乐幸福成长”为办学理念、以“求真·致美”为文化内涵的现代化新型示范学校。2020年，学校被河南省教育厅评定为“河南省首批义务教育标准化管理特色校”。

为了让更多的孩子享受家门口的优质义务教育，民盟河南省委会、民盟郑州市委会和新郑市人民政府齐心协力，相继投入70万元打造了行知广场、合唱教室、版画教室、录播教室等一批寓教于乐的特色教学场所。学校还接收民盟河南省委会、民盟郑州市委会各类捐赠计60万元。此外，他们组织教育专家到学校定期开展调研，帮助学校建立师德培养长效机制，把职业理想、学术规范、心理健康教育等融入教师日常管理和考核奖惩，以“师德标兵评选”“‘师魂’论坛”等系列活动为载体，全面提升教师队伍师德素养、争做新时代“四有”好老师。

党梦佳是薛店镇民盟烛光小学六(5)班班长兼美术课代表。谈起儿童版画，她眉飞色舞地说：“我从三年级时就加入了版画社团，从学习到创作，现在已有《捉迷藏》《踢足球》《跑步》等多幅版画作品在省市大赛中获奖……”在她看来，学习版画能有效锻炼抽象思维和动手协作能力，更在学习与创作过程中深深体会到老师的关爱、同学的热情和学校的温暖。

2020年，民盟新郑总支被民盟中央授予“盟务工作先进基层组织”。而薛店镇民盟烛光小学在民盟新郑总支的带领下，坚持“五育并举”，将民盟先贤、人民教育家陶行知“生活即教育”“社会即学校”“教学做合一”的教育思想贯穿教学全程，用心用情打造出了一张独具魅力的教育名片。（作者：冯煜、杨东强、人民政协报记者王有强）

后记

“农村教育烛光行动”是2007年民盟中央在全盟倡导开展的支教助学公益活动。目的是发挥民盟十几万教育工作者的人才优势，支持帮助偏远农村贫困地区教育事业的发展。在各级盟组织和广大盟员的热情参与下，在社会各界的大力支持下，“农村教育烛光行动”已覆盖全国30个省、市、自治区，已成为统一战线服务社会民生，参与脱贫攻坚，服务乡村振兴的重要民生品牌。“农村教育烛光行动”先后荣获“中国扶贫创新项目奖”“各民主党派、工商联、无党派人士为全面建成小康社会作贡献社会服务优秀成果奖”，先后赢得了胡锦涛、习近平等党和国家领导人的高度赞誉。

民盟河南省委员会积极响应民盟中央号召，结合自身实际，全面推进“农村教育烛光行动”，累计捐赠和协调资金3800万元，援建民盟烛光小学21所，培训贫困地区乡村教师21500余名，捐赠各类教育教学资源、学习生活用品，总共价值8000余万元，并与“民盟烛光小学”结成长期对口帮扶关系，全面提升“烛光小学”的教学质量，为助力教育扶贫，推进河南城乡教育的均衡发展，做出了应有的贡献。

随着脱贫攻坚任务完成、全面建成小康社会目标实现，民盟社会服务工作需要与时俱进、转型升级，从助力脱贫攻坚向服务乡村振兴的过渡和转变。“农村教育烛光行动”作为民盟组织服务乡村教育的传统品牌，面临新的形势和任务。为加强理论研究，总结十几年来民盟河南省委“农村教育烛光行动”的成就和经验，推动“农村教育烛光行动”提质升级，更好的发挥民盟的人才优势、界别优势，动员全省盟组织和广大盟员服务乡村教育，助力乡村振兴，民盟河南省委员会决定编撰出版《乡村里的烛光——农村教育烛光行动探索与展望》一书。

本书由民盟河南省委员会主持编写，各章分别由冯岩、魏仕雯、贾天仓、刘钦荣、杜鹃、张雨、冯浩志、李先永、张贺、姜猛、付云燕等编写审核，全书由贾天仓统稿。

本书在编写出版的过程中得到了民盟中央社会部、河南省基础教育课程与教学发展中心、民盟各市委员会、河南各民盟烛光小学的支持和帮助，在此一并致谢。

编 者

2022 年 11 月